Lehrbücher

des

Deutschen Reichsrechtes.

II.

Der Reichs-Strafprozeß

von

Adolf Dochow.

Berlin und Leipzig.
Verlag von J. Guttentag.
(D. Collin.)
1880.

Der

Reichs-Strafprozeß.

Von

Dr. Adolf Dochow,
ordentlichem Professor der Rechte in Halle.

Dritte verbesserte und vermehrte Auflage.

Berlin und Leipzig.
Verlag von J. Guttentag.
(D. Collin.)
1880.

Vorwort.

Die vorliegende systematische Bearbeitung des Reichs-Strafprozesses, von der die beiden ersten Auflagen im Sommer des vorigen Jahres erschienen sind, enthält nicht nur die Grundsätze, sondern eine vollständige Darstellung des Reichs-Strafprozesses nach der Strafprozeßordnung für das deutsche Reich und den ergänzenden Reichsgesetzen. Sie soll allen Denjenigen, welche sich mit den betreffenden Gesetzen bekannt zu machen haben, diese Aufgabe erleichtern. Um diesen Zweck zu erreichen, habe ich mich bei Anordnung und Darstellung des Stoffes möglichst an die Gesetze selbst angeschlossen.

Bei der Herstellung der dritten Auflage habe ich die über das Buch bisher erschienenen Kritiken und private Mittheilungen sorgfältig benutzt. Mehr als in den beiden ersten Auflagen bin ich jetzt auf die zahlreichen Kontroversen, die sich bereits ergeben haben, eingegangen. Auch die Literatur ist mehr wie früher berücksichtigt. Daß ich auf Löwe's vorzüglichen Kommentar mit Vorliebe hingewiesen, wird Jeder begreiflich finden.

Ich entlasse das Buch mit dem Wunsche, daß dasselbe in den Kreisen, für welche es bestimmt ist, auch ferner als brauchbar sich erweisen und die Kenntniß der complicirten Strafprozeßordnung fördern möge. Jede Berichtigung wird mit Dank angenommen.

Halle im April 1880.

A. Dochow.

Abkürzungen.

Abs. = Absatz.
AG. = Ausführungsgesetz.
A. M. = Anderer Meinung.
Anm. = Anmerkung.
Art. = Artikel.
BGes. = Bundes-Gesetz.
bes. = besonders.
betr. = betreffend.
bzw. = beziehungsweise.
CPO. = Civilprozeßordnung.
d. h. = das heißt.
DHGB. = Deutsches Handelsgesetzbuch.
EG. = Einführungsgesetz.
GebO. = Gebührenordnung.
GebO. für Z. u. S. = Gebührenordnung für Zeugen und Sachverständige.
GKG. = Gerichtskostengesetz.
GVG. = Gerichtsverfassungsgesetz.
Ges. = Gesetz.
JMB. = preußisches Justiz-Ministerial-Blatt.
KO. = Konkursordnung.
Nr. = Nummer.
RAO. = Rechtsanwaltsordnung.
RGB. = Reichs-Gesetzblatt.
RGes. = Reichs-Gesetz.
RVerf. = Verfassung für das deutsche Reich.
S. = Seite.
StGB. = Strafgesetzbuch für das deutsche Reich.
StPO. = Strafprozeßordnung.
u. a. = und andere.
u. s. w. = und so weiter.
Vgl. = Vergleiche.
Z. = Ziffer.

HH. = von Holtzendorff's Handbuch des deutschen Strafprozeßrechts. 1879. 2 Bde.
Löwe = Die Strafprozeßordnung für das deutsche Reich u. s. w. Kommentar 1879.
Meves = Das Strafverfahren nach der deutschen Strafprozeßordnung. 2. Auflage. 1880.
von Schwarze = Commentar zu der deutschen Strafprozeßordnung 1878.
von Schwarze Erörterungen = Erörterungen praktisch wichtiger Materien aus dem deutschen Strafprozeßrechte. Heft 1. 1880.
Boitus Kontroversen = Kontroversen betreffend die Strafprozeßordnung und das Gerichtsverfassungsgesetz. 1879.

Inhaltsverzeichniß.

Zweiter Abschnitt.

Vorverfahren.

Dritter Abschnitt.

Hauptverfahren.

Vierter Abschnitt.

Rechtsmittel.

Einleitung.

§. 1.

1. Entstehungsgeschichte der Strafprozeßordnung für das deutsche Reich.[1]

Der bisherige Rechtszustand auf dem Gebiete des Strafprozesses war in den Staaten des deutschen Reichs ein sehr mannigfaltiger. In einigen Staaten (Mecklenburg-Schwerin, Mecklenburg-Strelitz, Schaumburg-Lippe und Lippe) galt mit größeren oder geringeren Modifikationen noch der gemeinrechtliche Inquisitionsprozeß, in allen übrigen der auf Anklageform und Mündlichkeit beruhende reformirte Strafprozeß, jedoch mit dem sehr wesentlichen Unterschiede, daß in Sachsen-Altenburg und Lübeck nur ständige Richter, sonst auch nicht ständige, als Geschworene oder als Schöffen, bei der Strafrechtspflege betheiligt waren. Nicht geringere Abweichungen enthielten die Detailbestimmungen der deutschen Strafprozeßgesetze. Mehrere deutsche Bundesstaaten (Preußen, Bayern und Hessen) hatten es sogar nicht einmal zu einem einheitlichen Strafprozeßgesetze gebracht.

[1] Vgl. hierüber meine ausführliche Darstellung in HH. Bd. I S. 105—137, Löwe S. X ff., von Schwarze S. IX ff.

Der erste erfolgreiche Schritt, welcher dem deutschen Reiche Einheit im Gebiete des Strafprozesses verschaffte, war der Antrag, den die Abgeordneten Wagner (Altenburg) und Planck in der Sitzung des norddeutschen Reichstags am 30. März stellten, der Reichstag am 18. April und der Bundesrath am 5. Juni 1868 annahmen. Dieser Antrag lautete dahin: „Den Bundeskanzler aufzufordern, Entwürfe eines gemeinsamen Strafrechts und eines gemeinsamen Strafprozesses, sowie der dadurch bedingten Vorschriften der Gerichtsorganisation baldthunlichst vorbereiten und dem Reichstage vorlegen zu lassen."

Nachdem der Entwurf eines Strafgesetzbuchs vollendet war, wurde der preußische Justizminister Dr. Leonhardt von dem Bundeskanzler unter dem 12. Juli 1869 ersucht, „die Aufstellung des Entwurfes einer Strafprozeßordnung zu veranlassen". Diese Aufgabe wurde dem Geh. Ober-Justizrath (jetzt preuß. Justizminister) Dr. Friedberg übertragen.

Eine besondere Gestalt mußte der Entwurf dadurch erhalten, daß gewisse Materien, z. B. Organisation der Gerichte und der Staatsanwaltschaft, Heranziehung des Laienelementes, Rechtshülfe, Oeffentlichkeit des Verfahrens u. s. w. einem speciellen Gesetze vorbehalten waren, welches auch als Grundlage für die Civilprozeßordnung dienen sollte.

Der Entwurf, welcher wie die heutige deutsche Strafprozeßordnung in sieben Bücher zerfällt, war im November 1870 vollendet, wurde im Sommer 1871 wiederholten Berathungen im preußischen Justizministerium unterzogen und erst im Januar 1873 dem Bundesrathe vorgelegt, auch durch den Buchhandel verbreitet. Beigegeben waren demselben sehr werthvolle Motive und ein Band Anlagen, in welchen solche Gegenstände behandelt sind, „bei denen es der Beibringung eines umfassenden Materials bedurfte".

Auf Grund eines Beschlusses des Bundesraths vom 13. März 1873 wurde der erwähnte (erste) Entwurf einer Kommission von elf Juristen zur Vorberathung überwiesen. Diese Kommission tagte in Berlin vom 17. April bis zum 3. Juli 1873. Bei den Berathungen derselben wurden auch, soweit es nothwendig war, Bestimmungen aus dem Gesetz-Entwurfe über die Verfassung der Gerichte berücksichtigt. Der Entwurf der Strafprozeßordnung nach den Beschlüssen der Kommission (zweiter Entwurf) wurde nebst Motiven durch den Buchhandel verbreitet.

Die beiden ersten Entwürfe der Strafprozeßordnung gingen davon aus, daß große, mittlere und kleine Schöffengerichte die Strafgerichte erster Instanz bilden sollten. Zur Rechtfertigung dieser Organisation erschien im Jahre 1873 eine im preußischen Justizministerium ausgearbeitete „Denkschrift über die Schöffengerichte", zu welcher noch ein „Nachtrag zu den Motiven einer Deutschen Strafprozeßordnung und eines Gesetzes über die Verfassung der Gerichte im Deutschen Reiche" herausgegeben wurde. In diesem Nachtrage sind Gutachten über die Erfahrungen mitgetheilt, welche im K. Sachsen mit dem Schöffengerichte gemacht waren.

Da die Schöffengerichtsverfassung nicht durchzuführen war, das Schwurgericht vielmehr beibehalten werden mußte, so bedurfte der zweite Entwurf der Strafprozeßordnung nothwendig einer Umarbeitung, die durch den Justizausschuß des Bundesraths und durch den Bundesrath vorgenommen wurde. In der veränderten Gestalt wurde der (dritte) Entwurf nebst Motiven und Anlagen zugleich mit dem Entwurfe des Gerichtsverfassungsgesetzes u. s. w. dem Reichstage übermittelt. Der Entwurf des Gerichtsverfassungsgesetzes, mit dessen Ausarbeitung bereits im Jahre 1870 begonnen war, beruht im wesentlichen auf den Beschlüssen der Konferenzen, welche zu diesem Zwecke in Berlin von den Justizministern der größeren deutschen Bundesstaaten abgehalten worden waren, und enthält nicht eine vollständige Gerichtsverfassung, sondern nur Bruchstücke zu einer solchen, die eine gleichmäßige Anwendung der Civil- und der Strafprozeßordnung verbürgen sollen.

Am 24. November 1874 trat der Reichstag in die erste Berathung der Entwürfe. Dieselben wurden einer Kommission von 28 Mitgliedern, der sog. Reichs-Justiz-Kommission, zur Vorberathung überwiesen. An den Berathungen derselben betheiligten sich Vertreter des deutschen Reichs und der einzelnen Bundesstaaten. Auf Beschluß der Kommission, deren Protokolle gedruckt wurden, sollten dem Reichstage schriftliche Berichte erstattet werden. Referent für die Strafprozeßordnung war der Abg. Dr. von Schwarze, Korreferent der Abg. Klotz.

Die zweite Berathung der Entwürfe im Reichstage begann am 7. November 1876; sie erstreckte sich jedoch nur auf die geschäftliche Behandlung der Entwürfe und der zu denselben ergangenen Beschlüsse des Bundesraths. Diese Beschlüsse wurden der Justiz-Kommission des Reichstags, in welche die 28 Mitglieder der Reichs-Justiz-Kommission gewählt waren, zur Vorberathung überwiesen. Das Resultat der Berathungen war, daß die Mehrzahl der Beschlüsse des Bundesraths abgelehnt wurde.

In der Sitzung vom 17. November 1876 begann nun die zweite Berathung der Entwürfe selbst. Sie endigte, ohne daß sich die Differenzen zwischen dem Bundesrathe und dem Reichstage verringert hatten.

Vor der dritten Berathung der Entwürfe ging dem Reichstage ein Schreiben des Reichskanzlers zu, in welchem eine Anzahl der von dem Reichstage in zweiter Berathung gefaßten Beschlüsse von dem Bundesrathe als unannehmbar bezeichnet wurde.

In die dritte Berathung der Entwürfe trat man erst am 18. Dezember 1876. Inzwischen hatten einige Mitglieder des Reichstags einen Versuch gemacht, das Scheitern der sog. Reichs-Justizgesetze (Gerichtsverfassungsgesetz, Civilprozeß-, Strafprozeß- und Konkursordnung) zu verhindern. Dieser Versuch glückte, es kam ein Kompromiß zu Stande und die dritte Berathung (18. bis 21. Dezember 1876) endigte mit der Annahme der Entwürfe.

Nach erfolgter Zustimmung des Bundesraths wurden die Strafprozeßordnung nebst Einführungsgesetz am 1. Februar 1877 (RGB. S. 253—348) und das Gerichtsverfassungsgesetz nebst Einführungsgesetz am 27. Januar 1877 (RGB. S. 41—80) verkündigt.[2]

Zu den Quellen des Reichs-Strafprozeßrechts gehören, abgesehen von der Strafprozeßordnung, dem Gerichtsverfassungsgesetze und den strafprozeßrechtlichen Bestimmungen in anderen Reichsgesetzen, zunächst auch die Civilprozeßordnung nebst Einführungsgesetz vom

[2] Die gesammten Materialien zu den Reichs-Justizgesetzen (Entwürfe, Protokolle, Anträge, Verhandlungen im Reichstage) sind auf Veranlassung des kaiserl. Reichs-Justizamts vom Geh. Ober-Justizrath C. Hahn (Berlin, R. v. Decker's Verlag) herausgegeben. Bd. I in zwei Abtheilungen enthält die Materialien zum GVG. und Bd. III diejenigen zur StPO.

30. Januar 1877 (RGB. S. 83—250), auf welche in der Strafprozeßordnung an mehreren Stellen[3] ausdrücklich verwiesen ist, und die folgenden Reichsgesetze: Ges. über den Sitz des Reichsgerichts vom 11. April 1877 (RGB. S. 415); das Gerichtskostengesetz vom 18. Juni 1878 (RGB. S. 141—165); die Gebührenordnung für Gerichtsvollzieher vom 24. Juni 1878 (RGB. S. 166—172); die Gebührenordnung für Zeugen und Sachverständige vom 30. Juni 1878 (RGB. S. 173—176); die Rechtsanwaltsordnung vom 1. Juli 1878 (RGB. S. 177—198) und die Gebührenordnung für Rechtsanwälte vom 7. Juli 1879 (RGB. S. 176—192).

§. 2.

2. Geltungsgebiet der Strafprozeßordnung.

1. Die Strafprozeßordnung ist im ganzen Umfange des Reichs am 1. Oktober 1879 gleichzeitig mit den vorher erwähnten Reichsgesetzen in Kraft getreten.[1] Sie wird auf alle Strafsachen angewendet, gleichviel ob dieselben bereits anhängig sind oder nicht.[2] Diese Regel ist jedoch nicht ohne Ausnahmen. Nicht die Strafprozeßordnung, sondern die bisherigen Prozeßgesetze sind anzuwenden, wenn in einer Strafsache vor dem 1. Oktober 1879 ein Endurtheil[3] erster Instanz ergangen ist. Eine in dieser Lage befindliche Strafsache

---

[3] Vgl. StPO. §§. 37, 325, 419 Abs. 3, 495, 503 Abs. 5.

[1] EG. zur StPO. §. 1; EG. zum GVG. §. 1.

[2] EG. zur StPO. §. 8 Abs. 1.

[3] Der Ausdruck „Endurtheil" ist deßhalb hier gewählt, weil bisherige Prozeßgesetze den Ausdruck „Urtheil" in einem weiteren Sinne als die StPO. nehmen; vgl. Löwe S. 202.

ist bis zur rechtskräftigen Entscheidung nach dem bisherigen Prozeßgesetze zu erledigen.[4] Wird jedoch das in erster Instanz ergangene Endurtheil in der höheren Instanz aufgehoben und die Strafsache zur nochmaligen Verhandlung in die erste Instanz zurückgewiesen, so regelt sich das weitere Verfahren nach den Vorschriften der Strafprozeßordnung.[5]

Die Strafvollstreckung soll[6] nach den Vorschriften der Strafprozeßordnung erfolgen, auch wenn die Strafe vor dem 1. Oktober 1879 erkannt ist.[7]

2. Die Strafprozeßordnung findet Anwendung auf alle Strafsachen, welche vor die ordentlichen Gerichte[8] (Amts-, Land-, Oberlandesgerichte und Reichsgericht) gehören.[9] Hierbei ist der Begriff der Strafsache in dem Sinne zu nehmen, daß die Fälle ausscheiden, welche nur Exekutiv-, Ordnungs-[10] oder Disciplinarstrafen nach sich ziehen.

Vor die ordentlichen Gerichte gehören alle Strafsachen,[11] für welche nicht entweder

---

[4] EG. zur StPO. §. 8 Abs. 2.

[5] EG. zur StPO. §. 9; vgl. StPO. §§. 369, 394. Da die Wiederaufnahme eines durch rechtskräftiges Urtheil geschlossenen Verfahrens in der StPO. nicht aus dem Gesichtspunkte eines Rechtsmittels, sondern eines neu eröffneten Verfahrens aufzufassen ist, so sind die Vorschriften der StPO. auch dann maßgebend, wenn das Urtheil, welches aufgehoben werden soll, vor dem 1. Oktober 1879 erlassen oder rechtskräftig geworden war; vgl. EG. zur StPO. §. 10 und Th. III Abschn. 5 dieses Buches.

[6] EG. zur StPO. §. 12.

[7] In Betreff der am 1. Oktober 1879 anhängigen Verfahren wegen Beleidigungen und Körperverletzungen sind besondere Bestimmungen aufgestellt; vgl. EG. zur StPO. §. 11, EG. zur CPO. §. 18.

[8] Vgl. Th. I §. 4.

[9] EG. zur StPO. §. 3 Abs. 1.

[10] Vgl. jedoch in Betreff der bei Ausübung der Sitzungspolizei vorkommenden Ordnungsstrafen GVG. §§. 177—184, StPO. §§. 36 Abs. 1, 162.

[11] GVG. §§. 13, 14.

a) die Zuständigkeit von Verwaltungsbehörden oder Verwaltungsgerichten begründet ist,[12] oder

b) reichsgesetzlich besondere Gerichte bestellt (Militär-[13] Konsulargerichte[14]) oder zugelassen sind (Rheinschifffahrts- und Elbzollgerichte und Gewerbegerichte).

3. Das Geltungsgebiet der Strafprozeßordnung kann dadurch eine Ausdehnung erfahren, daß es auch die Strafsachen umfaßt, für welche besondere Gerichte zugelassen sind, wenn die Landesgesetzgebung dieselben den ordentlichen Gerichten überwiesen und ein von der Strafprozeßordnung abweichendes Verfahren nicht angeordnet hat. In gleicher Weise ist die Strafprozeßordnung auf die Strafsachen anzuwenden, welche vor die reichsgesetzlich oder landesgesetzlich bestellten besonderen Gerichte gehören, wenn dies ausdrücklich bestimmt oder auf die allgemeinen Strafprozeßvorschriften hingewiesen ist.[15]

4. Abgesehen von der Ausdehnung des Geltungsgebietes der Strafprozeßordnung findet sich aber auch eine Beschränkung desselben insofern, als die Strafprozeßordnung auf gewisse Personen überhaupt nicht oder nur bedingt anzuwenden ist:

Für die deutschen Landesherren, die Mitglieder der landesherrlichen Familien und der fürstlichen Familie Hohenzollern gilt[16] die Strafprozeßordnung nur insoweit, als nicht be-

[12] Vgl. hierüber besonders Löwe S. 31 ff.

[13] EG. zum GVG. §. 7; vgl. Löwe S. 10 ff. In Betreff der Kriegsgerichte und Standrechte, welche theils als reichsgesetzlich bestellte, theils als zugelassene besondere Gerichte anzusehen sind, vgl. Löwe S. 34, 39 f.

[14] Vgl. RGes. über die Konsulargerichtsbarkeit vom 10. Juli 1879 §§. 1, 5 ff., 21 ff.

[15] Vgl. Löwe S. 193, Dochow in HH. Bd. I S. 135.

[16] EG. zum GVG. §. 5, Motive hierzu S. 210 f.; EG. zur StPO. §. 4, StPO. §. 71.

sondere Vorschriften[17] der Hausverfassungen oder der Landesgesetze abweichende Bestimmungen enthalten.

Unanwendbar ist die Strafprozeßordnung auf die Chefs und Mitglieder der bei dem deutschen Reiche oder einem Bundesstaate beglaubigten ausländischen Missionen, weil sie der inländischen Gerichtsbarkeit nicht unterworfen sind. Wenn diese Personen dagegen Staatsangehörige eines der Bundesstaaten sind, so sind sie nur insofern von der inländischen Gerichtsbarkeit befreit, als der Staat, dem sie angehören, sich der Gerichtsbarkeit über sie begeben hat.[18] Auch für die Familienglieder, das Geschäftspersonal der genannten Personen und auf solche Bedienstete derselben, welche nicht Deutsche sind, gelten die vorstehenden Bestimmungen.[19] Die im Deutschen Reiche angestellten Konsuln können die Exemtion von der inländischen Gerichtsbarkeit nur beanspruchen, wenn sie ihnen durch besondere Staatsverträge eingeräumt ist.[20]

§. 3.

3. Verhältniß der Strafprozeßordnung zu dem bisherigen Strafprozeßrecht.

1. Die prozeßrechtlichen Vorschriften der bisher ergangenen Reichsgesetze werden durch die Strafprozeß-

[17] Diese gelten nur für den Heimatsstaat der betreffenden Personen.

[18] GVG. §. 18 Abs. 1 und Abs. 2 Satz 1. Eine Beschränkung der Gerichtsbarkeit eines Bundesstaates findet sich in Betreff der Chefs und Mitglieder der bei demselben beglaubigten Mission eines anderen deutschen Bundesstaates und der Mitglieder des Bundesraths, welche nicht von demjenigen Staate abgeordnet sind, in dessen Gebiete der Bundesrath seinen Sitz hat; vgl. GVG. §. 18 Abs. 2.

[19] GVG. §. 19.

[20] GVG. §. 21.

ordnung nicht berührt.[1] Dieselben stimmen mit den Grundsätzen, auf welchen die Strafprozeßordnung beruht, im wesentlichen überein, nur in einzelnen Bestimmungen finden sich Abweichungen, so daß Differenzen zwischen ihnen und der Strafprozeßordnung vorkommen können.[2] Man hat jedoch die Strafprozeßordnung nicht für den geeigneten Ort zu einer Revision der in den Specialgesetzen enthaltenen Bestimmungen angesehen.

2. Im Gegensatze hierzu treten die prozeßrechtlichen Vorschriften der Landesgesetze, gleichviel ob sie mit der Strafprozeßordnung übereinstimmen oder nicht, innerhalb des Geltungsgebietes der Strafprozeßordnung außer Kraft, insoweit nicht von der letzteren auf sie verwiesen ist.[3]

Auf die Landesgesetze wird zunächst in der Weise verwiesen, daß ihnen Abweichungen von dem Reichsstrafprozeßrecht gestattet sind.[4] In gewissen Fällen müssen die reichsrechtlichen Vorschriften, um anwendbar zu sein, durch landesrechtliche ergänzt werden.[5] Und endlich wird noch ausdrücklich bestimmt, daß einzelne landesrechtliche Bestimmungen durch das Reichsrecht nicht berührt werden. Hierhin gehören besonders die folgenden landesrechtlichen Bestimmungen:[6]

---

[1] EG. zur StPO. §. 5 Abs. 1. — Der Abs. 2 enthält keine Ausnahme von dem obigen Grundsatze, sondern eine nothwendig gewordene Ergänzung der Seemannsordnung.

[2] Vgl. hierüber die Motive zum EG. zur StPO. S. 256; Löwe S. 196 ff.

[3] EG. zur StPO. §. 6 Abs. 1; vgl. besonders Löwe S. 199 ff.

[4] Vgl. EG. zur StPO. §§. 3 Abs. 3, 4, StPO. §§. 39, 483 Abs. 3; EG. zum GVG. §. 11, GVG. §. 17.

[5] Vgl. StPO. §§. 64, 73, 288, 420, 453, 459.

[6] EG. zur StPO. §. 6 Abs. 2; vgl. außerdem noch EG. zum GVG. §§. 6 und 7.

1. über die Voraussetzungen, unter welchen gegen Mitglieder einer gesetzgebenden Versammlung während der Dauer einer Sitzungsperiode eine Strafverfolgung eingeleitet oder fortgesetzt werden kann;[7]
2. über das Verfahren bei Zuwiderhandlungen gegen die Gesetze über das Vereins- und Versammlungsrecht;
3. über das Verfahren im Verwaltungswege bei Uebertretungen, wegen deren die Polizeibehörden zum Erlaß einer Strafverfügung befugt sind, und bei Zuwiderhandlungen gegen die Vorschriften über die Erhebung öffentlicher Abgaben und Gefälle, insoweit nicht die §§. 453—455 und 459—463 der Strafprozeßordnung abändernde Bestimmung treffen.

Die einzelnen Bundesstaaten sind befugt, auch nach dem 1. Oktober 1879 prozeßrechtliche Vorschriften zu erlassen; sie müssen sich jedoch an die Grenzen halten, welche für das Landesstrafprozeßrecht aufgestellt sind.[8]

---

7 Vgl. RVerf. Art. 31.

8 Löwe S. 200.

Erster Theil.

Strafgerichtsverfassung.

Erster Abschnitt.

Die Strafgerichte.

§. 4.

1. Strafgerichtsbarkeit.

Strafgerichtsbarkeit ist die Befugniß zu richterlicher Thätigkeit in Strafsachen. Diese Befugniß steht ausschließlich dem Staate zu und wird im Namen des Staates bzw. des Staatsoberhauptes durch die hierzu bestellten Gerichte ausgeübt. Innerhalb des Geltungsgebietes der Strafprozeßordnung sind alle Gerichte Staatsgerichte, ist die Privatgerichtsbarkeit, welche bisher ausnahmsweise als standesherrliche Gerichtsbarkeit und als städtische und ritterschaftliche Patrimonialgerichtsbarkeit von Bestand geblieben war, aufgehoben und finden Präsentationen für Anstellungen bei den Gerichten nicht statt.[1]

Die Strafgerichtsbarkeit wird durch Amtsgerichte und Landgerichte, durch Oberlandesgerichte und durch das Reichsgericht ausgeübt.[2] Die Schöffengerichte,

---

[1] GVG. §. 15. Vgl. hierüber die Motive zum GVG. S. 46 ff.

[2] GVG. §. 12.

welche bei den Amtsgerichten, und die Schwurgerichte, welche bei den Landgerichten gebildet werden, sind keine selbständigen staatsrechtlichen Gerichtskörper. Abgesehen von dem Reichsgericht sind alle Gerichte Behörden der Bundesstaaten. Es ist hierbei jedoch nicht ausgeschlossen, daß gemeinsame Gerichte für verschiedene Bundesstaaten gebildet werden.[3]

Die Unabhängigkeit der Gerichte ist durch reichsrechtliche Bestimmungen geschützt. Die Gerichte sind nur dem Gesetze unterworfen;[4] ein persönlicher Einfluß des Inhabers der Strafgerichtsbarkeit auf die Entscheidungen in Strafsachen ist ausgeschlossen. Justiz und Verwaltung sind derartig von einander getrennt, daß den ordentlichen Gerichten nur Geschäfte der Justizverwaltung übertragen werden dürfen.[5] Ausnahmegerichte sind unstatthaft. Niemand darf seinem gesetzlichen Richter entzogen, d. h. die reichsrechtliche Ordnung der Gerichte kann nur durch Reichsgesetze geändert werden. Die gesetzlichen Bestimmungen über Kriegsgerichte und Standrechte werden hiervon jedoch nicht berührt.[6]

Weitere Garantien für die Unabhängigkeit der Gerichte enthalten die reichsrechtlichen Bestimmungen über die persönliche Stellung der Richter. Die letzteren werden auf Lebenszeit ernannt;[7] sie beziehen in ihrer richterlichen Eigenschaft ein festes Gehalt mit Ausschluß der Gebühren;[8] sie können

---

[3] Vgl. z. B. die Staatsverträge, welche Preußen mit verschiedenen Bundesstaaten abgeschlossen hat, bei Struckmann und Koch, preuß. Ausführungsgesetze zu den Reichs-Justizgesetzen (1879) S. 109 ff.

[4] GVG. §. 1.

[5] EG. zum GVG. §. 4. Hierdurch ist jedoch nicht ausgeschlossen, daß einzelnen Mitgliedern der betreffenden Behörden auch andere Verwaltungssachen übertragen werden.

[6] GVG. §. 16; vgl. RVerf. Art. 68, Löwe S. 39 f.

[7] GVG. §. 6.

[8] GVG. §. 7.

wider ihren Willen nur kraft richterlicher Entscheidung und nur aus den Gründen und unter den Formen, welche die Gesetze bestimmen, dauernd oder zeitweise[9] ihres Amts enthoben oder an eine andere Stelle oder in Ruhestand versetzt werden;[10] der Rechtsweg wegen vermögensrechtlicher Ansprüche der Richter aus ihrem Dienstverhältnisse,[11] insbesondere auf Gehalt, Wartegeld oder Ruhegehalt darf nicht ausgeschlossen werden.[12]

Eine Ergänzung hierzu enthalten die reichsrechtlichen Bestimmungen über die Bildung der Kammern und Senate bei den Kollegialgerichten,[13] über die Vertretung der Richter und über die Zuziehung von Hülfsrichtern, wodurch die mittelbare Einwirkung der Verwaltungsorgane ausgeschlossen werden soll. Für die zeitweilige Wahrnehmung richterlicher Geschäfte gelten die landesrechtlichen Bestimmungen.[14] Die Zuziehung von Hülfsrichtern ist bei dem Reichsgerichte unzulässig;[15] bei den Oberlandesgerichten dürfen nur ständig angestellte Richter,[16] bei den Landgerichten auch nicht ständig angestellte Richter, aber nur unter gewissen Bedingungen zu Hülfsrichtern berufen werden.[17]

---

[9] Die kraft Gesetzes eintretende vorläufige Amtsenthebung wird hierdurch nicht berührt, GVG. §. 8 Abs. 2.

[10] GVG. §. 8 Abs. 1. — Ausnahmen GVG. §. 8 Abs. 3, EG. zum GVG. §. 21.

[11] GVG. §. 9, vgl. §. 70 Abs. 3.

[12] Vgl. noch GVG. §. 152.

[13] GVG. §§. 61 ff., 121, 133.

[14] GVG. §. 10; vgl. preuß. AG. zum deutschen GVG. vom 24. April 1878 §§. 2—4.

[15] GVG. §. 134.

[16] GVG. §. 122.

[17] GVG. §. 69; vgl. das in Anm. 14 citirte preuß. AG. §§. 5, 38.

§. 5.

2. Aeußere Organisation der Strafgerichte.

1. Die äußere Organisation der ordentlichen Gerichte[1] als Strafgerichte hängt zunächst von den Strafsachen ab, für welche sie zuständig sein sollen. Die (sachliche) Zuständigkeit der Strafgerichte ist gewöhnlich nach der Dreitheilung der strafbaren Handlungen in Verbrechen, Vergehen und Uebertretungen geregelt. In dem Gerichtsverfassungsgesetze hängt die Zuständigkeit allerdings auch besonders von der Höhe der in den Strafgesetzen angedrohten Strafe ab, daneben sind aber noch andere Umstände berücksichtigt: die Höhe der im konkreten Falle muthmaßlich zu erkennenden Strafe, die Natur der strafbaren Handlung, die Höhe des durch die strafbare Handlung verursachten Schadens,[2] die Person des Thäters,[3] die Art der Strafverfolgung.[4] In Folge dessen kann die Dreitheilung nicht mehr als Grundlage der äußeren Organisation angesehen werden.

Bei der äußeren Organisation der Strafgerichte muß außerdem darauf Rücksicht genommen werden, daß richterliche Entscheidungen (Urtheile, Beschlüsse, Verfügungen) durch Rechtsmittel (Beschwerde, Berufung, Revision) anfechtbar sein sollen. In der Regel genügen zwei Instanzen, ausnahmsweise sind jedoch drei nothwendig.

Die verschiedene Thätigkeit der Strafgerichte, je nachdem sie als beschließende oder erkennende, als Untersuchungs- oder als Beschwerdegerichte u. s. w. fungiren, übt auf die äußere

---

[1] Vgl. Th. I §. 4.

[2] GVG. §. 27 Z. 4—8.

[3] GVG. §. 73 Z. 3.

[4] Von Amtswegen oder auf Antrag, durch öffentliche Klage oder durch Privatklage, GVG. §§. 27 Z. 3, 75 Z. 4 und 5.

Organisation derselben keinen Einfluß aus, wenn auch die Strafgerichte mit Bezug hierauf nicht immer gleichmäßig besetzt sind.

2. Nach dem Gerichtsverfassungsgesetze ergibt sich die folgende complicirte äußere Organisation der Strafgerichte: die Amtsgerichte, die Schöffengerichte und die Schwurgerichte sind nur Strafgerichte erster Instanz; die Landgerichte sind Strafgerichte erster und zweiter Instanz; die Oberlandesgerichte sind Strafgerichte zweiter und dritter Instanz und das Reichsgericht ist Strafgericht erster, zweiter und dritter Instanz. Es sind demnach

a) Strafgerichte erster Instanz: die Amtsgerichte, die Schöffengerichte, die Landgerichte, die Schwurgerichte und das Reichsgericht.

b) Strafgerichte zweiter Instanz: die Landgerichte, die Oberlandesgerichte und das Reichsgericht; und

c) Strafgerichte dritter Instanz: die Oberlandesgerichte und das Reichsgericht.

Der Uebersichtlichkeit wegen ist in den nachfolgenden Paragraphen (6—11) jedes Strafgericht mit seiner inneren Organisation und seinem Geschäftskreise für sich dargestellt.

§. 6.

3. Die Amtsgerichte.

I. Besetzung.

Den Amtsgerichten stehen Einzelrichter vor. Ist ein Amtsgericht mit mehreren Richtern besetzt, so erledigt jeder die ihm obliegenden Geschäfte als Einzelrichter. Er ist in dieser Hinsicht unabhängig von den übrigen, doch kann durch die Landesjustizverwaltung einem Richter die allgemeine Dienstaufsicht übertragen[1] werden.[2]

II. Geschäftskreis.

1. Für die Verhandlung und Entscheidung von Strafsachen werden bei den Amtsgerichten Schöffengerichte gebildet.[3] Die außerhalb der Hauptverhandlung erforderlichen Entscheidungen in Schöffengerichtssachen erläßt der Amtsrichter.[4]

Der Amtsrichter kann in dem Falle der Vorführung des Beschuldigten mit Zustimmung der Staatsanwaltschaft ohne Zuziehung von Schöffen Uebertretungen aburtheilen, wenn der Beschuldigte die ihm zur Last gelegte That eingesteht.[5] Außerdem kann durch Landesgesetze angeordnet werden, daß Forst- und Feldrügesachen ohne Zuziehung von Schöffen zu verhandeln und zu entscheiden sind.[6]

2. Der Amtsrichter ist befugt, die zur Zuständigkeit der Schöffengerichte gehörigen Strafsachen, abgesehen von einigen Ausnahmen,[7] durch schriftlichen Strafbefehl zu erledigen.[8]

3. Bei den Amtsgerichten können Anzeigen strafbarer

[1] GVG. §. 22. — Die Vertheilung der Geschäfte unter die mehreren Amtsrichter erfolgt durch die Landesjustizverwaltung und zwar in der Regel nach örtlich abgegrenzten Bezirken oder nach Gattungen oder nach Gattungen und Bezirken. — Für die Stellvertretung eines Amtsrichters gelten die landesrechtlichen Bestimmungen; vgl. preuß. AG. zum deutschen GVG. vom 24. April 1878 §§. 2, 24.

[2] Ueber detachirte Strafkammern bei den Amtsgerichten vgl. Th. I §. 8 I.

[3] GVG. §. 25; vgl. über die Zusammensetzung der Schöffengerichte Th. I §. 7.

[4] GVG. §. 30 Abs. 2; vgl. auch StPO. §. 31 Abs. 2.

[5] StPO. §. 211 Abs. 2.

[6] EG. zur StPO. §. 3 Abs. 3.

[7] GVG. §. 27 Nr. 3—8.

[8] StPO. §§. 447 ff.; vgl. noch §. 455 und EG. zur StPO. §. 5 Abs. 2.

Handlungen und Anträge auf Strafverfolgung angebracht werden.[9] Der Amtsrichter nimmt die zur Vorbereitung[10] der öffentlichen Klage erforderlichen Untersuchungshandlungen vor.[11] Er kann Beschlagnahmen und Durchsuchungen anordnen, Haftbefehle erlassen und ist zuständig für die hierbei nothwendigen richterlichen Entscheidungen.[12] Durch Beschluß des Landgerichts oder durch den Präsidenten des Reichsgerichts kann einem Amtsrichter die Führung einer Voruntersuchung oder die Stellvertretung eines Untersuchungsrichters übertragen werden.[13]

4. Das Ersuchen um Rechtshülfe ist bei den Amtsgerichten zu stellen und die verlangten Handlungen sind von ihnen vorzunehmen.[14]

5. Den Amtsrichtern kann durch Anordnung der Landesjustizverwaltung die Vollstreckung der von ihnen bzw. den Schöffengerichten erkannten[15] Strafen übertragen[16] werden.[17]

6. Die Amtsrichter sind endlich noch betheiligt bei der Bildung der Listen für die Schöffen- und Schwurgerichte.[18]

---

[9] StPO. §§. 156 f.

[10] StPO. §. 200.

[11] StPO. §§. 160, 163, 164, 171, 184 Abs. 3; vgl. noch §. 157.

[12] StPO. §§. 98 Abs. 2, 100 Abs. 3, 105, 125, 126, 128, 129, 132.

[13] StPO. §§. 183, 184 Abs. 2.

[14] GVG. §. 158; vgl. Th. I §. 25.

[15] StPO. §. 483 Abs. 3. Nach dem Ausdrucke des §. sind nur die zur Zuständigkeit der Schöffengerichte gehörigen Strafsachen (GVG. §. 27) gemeint, allein es liegt kein Grund vor, die den Schöffengerichten überwiesenen Strafsachen (GVG. §. 75) hier auszuschließen; vgl. Löwe S. 912, Meves S. 195 f.

[16] Vgl. noch preuß. Ges. betr. den Forstdiebstahl vom 15. April 1878 §§. 33 ff.

[17] In Betreff des Geschäftskreises der Amtsgerichte sind noch zu vergleichen StPO. §§. 463, 494.

[18] Vgl. Th. I §§. 17, 18.

§. 7.

4. Die Schöffengerichte.

I. Besetzung.

Die Schöffengerichte sind nicht ständige Gerichte; sie werden bei den Amtsgerichten für die Verhandlung und Entscheidung von Strafsachen gebildet[1] und bestehen aus dem Amtsrichter als Vorsitzendem und zwei Schöffen.[2]

Die Schöffen üben während der Hauptverhandlung, insoweit nicht Ausnahmen bestimmt sind,[3] das Richteramt im vollen Umfange und mit gleichem Stimmrecht wie die Amtsrichter aus. Sie entscheiden nicht nur über Schuld und Strafe des Angeklagten, sondern nehmen auch an denjenigen im Laufe einer Hauptverhandlung zu erlassenden Entscheidungen Theil, welche in keiner Beziehung zur Urtheilsfällung stehen und welche auch ohne vorgängige mündliche Verhandlung erlassen werden können.[4] Bei den Entscheidungen, welche nach der absoluten Mehrheit der Stimmen erfolgen,[5] stimmt der nach dem Lebensalter jüngste Schöffe zuerst, der Vorsitzende zuletzt.[6]

Die außerhalb der Hauptverhandlung erforderlichen Entscheidungen erläßt der Amtsrichter.[7]

II. Geschäftskreis.

Die Schöffengerichte sind nur erkennende Gerichte; sie sind zuständig entweder in Folge gesetzlicher Bestimmung oder in Folge Ueberweisung durch die Strafkammer.

---

1 GVG. §. 25.

2 GVG. §. 26.

3 GVG. §. 56; StPO. §. 31.

4 GVG. §. 30 Abs. 1; vgl. noch StPO. §§. 239, 240.

5 GVG. §. 198 Abs. 1; vgl. auch Abs. 3.

6 GVG. §. 199.

7 GVG. §. 30 Abs. 2.

1. In Folge gesetzlicher Bestimmung[8] sind sie zuständig:

a) für alle Uebertretungen;

b) für diejenigen Vergehen, welche nur mit Gefängniß von höchstens drei Monaten, oder Geldstrafe von höchstens sechshundert Mark, allein oder neben Haft, oder in Verbindung mit Einziehung bedroht sind,[9] mit Ausnahme der im §. 320 des Strafgesetzbuchs und im §. 74 des Gerichtsverfassungsgesetzes bezeichneten Vergehen;

c) für die nur auf Antrag zu verfolgenden Beleidigungen und Körperverletzungen, wenn die Verfolgung im Wege der Privatklage geschieht;[10]

d) für das Vergehen des Diebstahls, der Unterschlagung, des Betruges und der Sachbeschädigung,[11] wenn der Werth des Gestohlenen u. s. w. fünfundzwanzig Mark nicht übersteigt; und

e) für das Vergehen der Begünstigung und für das Vergehen der Hehlerei in den Fällen des §. 258 Nr. 1 und des §. 259 des Strafgesetzbuchs, wenn die Handlung, auf welche sich die Begünstigung oder Hehlerei bezieht, zur Zuständigkeit der Schöffengerichte gehört.

Stellt sich bei den unter d) aufgeführten Vergehen[12] in der Hauptverhandlung heraus, daß der Werth oder

---

8 GVG. §. 27.

9 Die hierher gehörigen Vergehen sind im Anhang Nr. 1 aufgeführt.

10 StGB. §§. 194, 232; StPO. §. 414. Geschieht die Verfolgung im Wege der öffentlichen Klage (StPO. §. 416), so ist an sich das Landgericht zuständig, das Schöffengericht kann jedoch in Folge Ueberweisung zuständig werden, vgl. Anm. 17.

11 StGB. §§. 242, 246, 263, 303.

12 GVG. §. 27 Nr. 4—7.

Schaden mehr als fünfundzwanzig Mark beträgt, so hat das Gericht nur dann seine Unzuständigkeit auszusprechen, wenn aus anderen Gründen[13] die Aussetzung der Verhandlung d. h. die erneute Anberaumung der Hauptverhandlung[14] geboten erscheint.[15]

2. In Folge Ueberweisung können die Schöffengerichte zuständig werden für folgende an sich zur Zuständigkeit der Landgerichte gehörige Vergehen:[16]

a) StGB. §§. 113, 114, 117 Abs. 1, 120 (Widerstand gegen die Staatsgewalt), 123 Abs. 3, 137 (Vergehen wider die öffentliche Ordnung), 183 (V. wider die Sittlichkeit), 194 (Beleidigung),[17] 223a, 230 (Körperverletzung),[17] 242 (Diebstahl), 246 (Unterschlagung), 257, 258 Nr. 1, 259 (Begünstigung und Hehlerei), 263 (Betrug), 288, 298 (strafbarer Eigennutz), 303, 304 (Sachbeschädigung), 327 Abs. 1 und 328 Abs. 1 (gemeingefährliche Vergehen);

b) für diejenigen Vergehen, welche nur bedroht sind mit Gefängnißstrafe von höchstens sechs Monaten oder Geldstrafe von höchstens eintausendfünfhundert Mark, allein oder in Verbindung mit einander oder in Verbindung mit Einziehung, mit Ausnahme der in den §§. 128, 271, 296a, 301, 331 und 347 des Strafgesetzbuchs und der im §. 74 des Gerichtsverfassungsgesetzes bezeichneten Vergehen[18] und

---

[13] StPO. §§. 145, 216, 227, 245, 261, 264; vgl. §. 270.

[14] Eine Unterbrechung gehört nicht hierher.

[15] GVG. §. 28.

[16] GVG. §§. 29, 75.

[17] Vorausgesetzt, daß die Beleidigung bzw. Körperverletzung nicht durch Privatklage, sondern durch öffentliche Klage verfolgt wird; vgl. Anm. 10.

[18] Die hierher gehörigen Vergehen sind im Anhang Nr. 2 aufgeführt. Das in §. 320 des

c) für solche Zuwiderhandlungen gegen die Vorschriften über die Erhebung öffentlicher Abgaben und Gefälle, deren Strafe in dem mehrfachen Betrage einer hinterzogenen Abgabe oder einer anderen Leistung besteht.[19]

Die Ueberweisung geschieht auf Antrag der Staatsanwaltschaft[20] durch die Strafkammer des Landgerichts bei Eröffnung des Hauptverfahrens. Sie kann jedoch nur dann erfolgen, wenn nach den Umständen des Falles anzunehmen ist, daß wegen des Vergehens auf keine andere und höhere Strafe, als auf die im §. 27 Nr. 2 des Gerichtsverfassungsgesetzes und auf keine höhere Buße als sechshundert Mark zu erkennen sein werde.

Durch die Ueberweisung und von dem Zeitpunkte der Ueberweisung an wird das Schöffengericht in die Lage gebracht, als ob es für die betreffenden Strafsachen in Folge gesetzlicher Bestimmung zuständig wäre. Das Schöffengericht ist daher an die Ansicht, von welcher die Strafkammer bei der Ueberweisung ausging, nicht gebunden, sondern kann die Strafe innerhalb des gesetzlichen Strafrahmens aus-

StGB. enthaltene Vergehen, welches in §. 27 des GVG. ausdrücklich der Zuständigkeit der Schöffengerichte entzogen ist, ist hier nicht ausgeschlossen und kann daher durch Ueberweisung zur Verhandlung und Entscheidung an die Schöffengerichte gelangen; vgl. hierüber Voitus Kontroversen S. 102—106.

[19] Sind die obigen Zuwiderhandlungen Uebertretungen, so gehören sie zur Zuständigkeit der Schöffengerichte, sind sie dagegen Vergehen, so gehören sie zur Zuständigkeit der Landgerichte und können nur durch Ueberweisung an die Schöffengerichte gelangen; vgl. Löwe S. 86 f., von Schwarze S. 23 und bes. Voitus Kontroversen S. 125—132; a. M. Keller Gerichtsverfassungsgesetz (1877) S. 51 Nr. 9.

[20] Hat in den unter c) aufgeführten Fällen die Verwaltungsbehörde die öffentliche Klage erhoben, so steht ihr auch der Antrag auf Ueberweisung zu; GVG. §. 75 Abs. 3.

wählen. Ebenso darf es sich nur aus denselben Gründen für unzuständig erklären, aus welchen dies bei den Strafsachen gestattet ist, welche in Folge gesetzlicher Bestimmung zur Zuständigkeit der Schöffengerichte gehören.[21]

Der Beschluß der Strafkammer, durch welchen eine Strafsache dem Schöffengerichte überwiesen oder der Antrag auf Ueberweisung abgelehnt wird, ist, soweit es sich dabei um die Ueberweisung handelt, durch Beschwerde nicht anfechtbar.[22]

§. 8.

5. Die Landgerichte.

I. Besetzung.

1. Bei den Landgerichten werden für die Erledigung der Strafsachen[1] eine oder mehrere Strafkammern[2] gebildet. Es ist nicht nothwendig, aber auch nicht ausgeschlossen, daß für die verschiedenen Funktionen, welche den Landgerichten in Strafsachen obliegen, verschiedene Strafkammern bestimmt werden. Die Gesetze sprechen nur von einer Strafkammer, die jedoch verschieden besetzt ist, je nachdem sie als beschließendes oder als erkennendes Gericht, in erster oder in zweiter Instanz, thätig ist.

Die Strafkammer ist in der Hauptverhandlung mit fünf Mitgliedern[3] einschließlich des Vorsitzenden besetzt.[4] In der

---

[21] GVG. §. 28; vgl. Th. I §. 7 II. 1.

[22] GVG. §. 75 Abs. 2; Löwe S. 87, von Schwarze S. 54.

[1] GVG. §. 59.

[2] Ueber die Vertheilung der Mitglieder des Landgerichts und der Geschäfte und über die Vertretung eines Mitgliedes vgl. GVG. §§. 61—69.

[3] Ueber die relative Unfähigkeit gewisser Mitglieder, in der Hauptverhandlung mitzuwirken, StPO. §. 23 Abs. 2 und 3, vgl. Th. I §. 19.

[4] GVG. §. 77.

Berufungsinstanz bei Uebertretungen, in der Berufungsinstanz bei Privatklagesachen, auch wenn die Staatsanwaltschaft die Strafverfolgung übernimmt,[5] und als beschließendes Gericht ist die Strafkammer nur mit drei Mitgliedern einschließlich des Vorsitzenden besetzt.[6]

2. Ausnahmsweise kann eine Strafkammer, sog. detachirte oder auswärtige Strafkammer, durch die Landesjustizverwaltung wegen großer Entfernung des Landgerichtssitzes bei einem Amtsgerichte für den Bezirk eines oder mehrerer Amtsgerichte desselben Landgerichtsbezirks gebildet werden.[7] Es kann einer solchen Strafkammer die gesammte[8] Thätigkeit als erkennendes und beschließendes Gericht oder nur ein Theil derselben zugewiesen werden. Die Anordnung der Landesjustizverwaltung darf sich jedoch nicht auf einzelne Sachen erstrecken, sondern muß generell und zwar auf die Dauer eines Geschäftsjahres erfolgen.

Das Verhältniß der detachirten Strafkammer zu dem Landgerichte ist reichsrechtlich nicht näher geregelt. Man wird dieselbe als eine Abtheilung des Landgerichts mit besonderer örtlicher Zuständigkeit anzusehen haben.[9] Ein Untersuchungsrichter wird bei einer detachirten Strafkammer ebenso wenig wie ein besonderer Beamter der Staatsanwaltschaft bestellt; es ist jedoch nicht ausgeschlossen, daß die letztere einem ihrer Beamten den Sitz bei der detachirten Strafkammer anweist.

Die detachirte Strafkammer kann mit Mitgliedern des

---

[5] StPO. §§. 414, 416, 417.

[6] GVG. §. 77.

[7] GVG. §. 78 Abs. 1.

[8] GVG. §. 82 findet jedoch auf die det. Strafkammer keine Anwendung.

[9] Ueber die Schwierigkeiten, welche entstehen, wenn die det. Strafkammer nicht ausschließlich als erkennendes Gericht zu fungiren hat, vgl. Löwe S. 89 ff.

Landgerichts oder Amtsrichtern des Bezirks, für welche dieselbe gebildet wird, besetzt werden. Der Vorsitzende wird durch die Landesjustizverwaltung ständig,[10] die Amtsrichter auf die Dauer des Geschäftsjahres berufen. In Betreff der Mitglieder des Landgerichts, welche bei der detachirten Strafkammer mitwirken sollen, kann die Landesjustizverwaltung nur die Zahl festsetzen, die Auswahl erfolgt durch das Präsidium des Landgerichts.[11]

3. Bei den Landgerichten und aus den Mitgliedern derselben sind durch die Landesjustizverwaltung Untersuchungsrichter und zwar auf die Dauer eines Geschäftsjahres zu bestellen.[12]

II. Geschäftskreis.

1. Die Strafkammern sind zuständig als erkennende Gerichte

A. erster Instanz:

a) für das an sich zur Zuständigkeit der Schöffengerichte gehörige, aber diesen entzogene im StGB. §. 320 enthaltene Vergehen;[13]

b) für die ebenfalls an sich zur Zuständigkeit der Schöffengerichte gehörigen, aber diesen entzogenen im GVG. §. 74 enthaltenen Vergehen (RGes. betr. die Nationalität der Kauffahrteischiffe, betr. die Kommanditgesellschaften auf Aktien u. s. w., betr. die Inhaberpapiere mit Prämien, betr. die Beurkundung des Personenstandes und Reichs-Bankgesetz);[13]

10 d. h. nicht auf die Dauer des Geschäftsjahres und derartig, daß ihm der Vorsitz nicht wider seinen Willen entzogen werden darf.

11 GVG. §. 78 Abs. 2.

12 GVG. §§. 60, 64; vgl. auch Anm. 3.

13 GVG. §. 27 Nr. 2.

c) für die Vergehen, welche nicht zur Zuständigkeit der Schöffengerichte gehören,[14] d. h. mit anderen als den im GVG. §. 27 Nr. 2 erwähnten Strafen bedroht sind;[15]

d) für diejenigen Verbrechen, welche mit Zuchthaus von höchstens fünf Jahren, allein oder in Verbindung mit anderen Strafen bedroht sind,[15] mit Ausnahme der im StGB. §§. 86, 100 und 106 enthaltenen;[16]

e) für das an sich zur Zuständigkeit der Schwurgerichte gehörige, aber diesen entzogene im StGB. §. 176 Nr. 3 enthaltene Verbrechen der Unzucht;[17]

f) für die ebenfalls an sich zur Zuständigkeit der Schwurgerichte gehörigen, aber diesen entzogenen im StGB. §§. 243, 244, 260, 261 und 264 enthaltenen Verbrechen des Diebstahls, der Hehlerei und des Betruges[18] und

g) für die Verbrechen der Personen, welche zur Zeit der That das achtzehnte Lebensjahr noch nicht vollendet hatten, auch wenn an sich die Zuständigkeit der Schwurgerichte begründet wäre.[19]

B. zweiter Instanz:

für die Verhandlung und Entscheidung über das Rechtsmittel der Berufung gegen die Urtheile der Schöffengerichte.[20]

---

[14] GVG. §. 73 Nr. 1.

[15] Die hierher gehörigen Verbrechen und Vergehen sind im Anhang Nr. 3 aufgeführt.

[16] GVG. §. 73 Nr. 2.

[17] GVG. §. 73 Nr. 4.

[18] GVG. §. 73 Nr. 5—7.

[19] GVG. §. 73 Nr. 3.

[20] GVG. §. 76.

2. Die Strafkammern sind als beschließende Gerichte[21] zuständig für diejenigen die Voruntersuchung und deren Ergebnisse betreffenden Entscheidungen, welche nach den Vorschriften der Strafprozeßordnung[22] von dem Gerichte[23] zu erlassen sind.[24] Sie entscheiden ferner über die Beschwerden gegen Verfügungen des Untersuchungsrichters und des Amtsrichters,[25] sowie gegen Entscheidungen[24] der Schöffengerichte.

Außerdem erledigen die Strafkammern die in der Strafprozeßordnung den Landgerichten zugewiesenen Geschäfte. Hierhin gehören besonders die außerhalb der Hauptverhandlung erforderlichen Entscheidungen in den Strafsachen, in welchen die Strafkammern als erkennende Gerichte zuständig sind, und die in Schwurgerichtssachen außerhalb der Dauer der Sitzungsperiode[26] erforderlichen Entscheidungen.[27]

3. Die Landgerichte sind außerdem noch betheiligt bei der Bildung der Vorschlags- und der Spruchliste für die Schwurgerichte. Die Besetzung der Landgerichte ist hierfür besonders geregelt.[28]

§. 9.

6. Die Schwurgerichte.

I. Besetzung.

1. Die Schwurgerichte sind nicht ständige Gerichte;

---

[21] GVG. §. 72.

[22] StPO. §§. 81, 121, 122, 124, 138, 141, 178, 179, 183, 195—197, 199, 200—205, 207, 208.

[23] In Reichsgerichtssachen trifft der erste Strafsenat des Reichsgerichts die obigen Entscheidungen; vgl. GVG. §. 138 Abs. 1.

[24] Gemeint sind nur Beschlüsse und Verfügungen.

[25] Ausnahmsweise entscheidet das Oberlandesgericht, GVG. §. 160.

[26] GVG. §§. 82, 98, 99.

[27] Vgl. noch StPO. §§. 463, 490 ff., 501, 502 u. a.

[28] GVG. §§. 89 Abs. 2, 91 Abs. 1; vgl. Th. I §. 18.

sie treten periodisch bei den Landgerichten zusammen.[1] Es ist nicht nothwendig, daß bei jedem Landgerichte ein Schwurgericht zusammentritt; die Landesjustizverwaltung kann vielmehr bestimmen, daß die Bezirke mehrerer Landgerichte zu einem Schwurgerichtsbezirke zusammengelegt und die Sitzungen des Schwurgerichts bei einem der Landgerichte abgehalten werden.[2] Auch kann die Strafkammer des Landgerichts beschließen, daß einzelne Sitzungen des Schwurgerichts nicht am Sitze des Landgerichts, sondern an einem anderen Orte innerhalb des Schwurgerichtsbezirks abzuhalten seien.[3]

2. Die Schwurgerichte bestehen aus zwei getrennten Kollegien: a) dem Schwurgerichtshofe oder dem Gerichte[4] und b) der Geschworenenbank.

a) Der Schwurgerichtshof ist mit drei richterlichen Mitgliedern einschließlich des Vorsitzenden besetzt.[5] Der Vorsitzende wird für jede Sitzungsperiode von dem Präsidenten des Oberlandesgerichts aus der Zahl der Mitglieder des Oberlandesgerichts oder der zu dem Bezirke des Oberlandesgerichts gehörigen Landgerichte ernannt. Der Stellvertreter des Vorsitzenden und die übrigen richterlichen Mitglieder werden von dem Präsidenten des Landgerichts aus der Zahl der Mitglieder des Landgerichts bestimmt.[6]

Der Schwurgerichtshof hat, abgesehen von der Entscheidung der Schuldfrage und der Frage nach dem Vorhandensein mildernder Umstände, in den bei den Schwur-

---

[1] GVG. §. 79.

[2] GVG. §. 99 Abs. 1.

[3] GVG. §. 98 Abs. 1; vgl. auch Abs. 2.

[4] Die StPO. braucht den letzteren Ausdruck, der leicht zu Verwirrungen Anlaß gibt; vgl. StPO. §§. 279 Abs. 2, 291 Abs. 2, 309, 314 Abs. 1, 317 Abs. 1 und 2.

[5] GVG. §. 81.

[6] GVG. §. 83 Abs. 1 und 2.

gerichten anhängigen[7] Strafsachen alle richterlichen Funktionen wahrzunehmen, welche nach dem Gerichtsverfassungsgesetze und der Strafprozeßordnung von dem erkennenden Gerichte wahrzunehmen sind. Die außerhalb der Dauer der Sitzungsperiode erforderlichen Entscheidungen erfolgen durch die Strafkammern der Landgerichte.[8] So lange der Vorsitzende des Schwurgerichts noch nicht ernannt ist, erledigt der Vorsitzende der Strafkammer des Landgerichts die in der Strafprozeßordnung dem Vorsitzenden des Gerichts zugewiesenen Geschäfte.[9]

b) Die Geschworenenbank besteht aus zwölf Geschworenen. Sie sind berufen zur Entscheidung der Schuldfrage[10] und der Frage nach dem Vorhandensein mildernder Umstände.[11]

II. Geschäftskreis.

Die Schwurgerichte sind nur erkennende Gerichte und als solche zuständig[12] für die Verbrechen, welche nicht zur Zuständigkeit der Strafkammern[13] oder des Reichsgerichts[14] gehören:

a) für die an sich zur Zuständigkeit der Strafkammern gehörigen, aber diesen entzogenen im StGB. §§. 86, 100 und 106 enthaltenen Verbrechen;[15]

b) für diejenigen Verbrechen, welche mit Zuchthaus von mehr als fünf Jahren, allein oder in Verbindung mit anderen Strafen, oder welche mit Todesstrafe bedroht sind.[16]

Hiervon sind jedoch ausgenommen und der Zustän-

---

[7] StPO. §§. 201, 205.
[8] GVG. §. 82.
[9] GVG. §. 83 Abs. 3.
[10] GVG. §. 81, StPO. §. 262 Abs. 2 und 3.
[11] StPO. §. 297.
[12] GVG. §. 80.
[13] Vgl. Th. I §. 8.
[14] Vgl. Th. I §. 11.
[15] GVG. §. 73 Nr. 2.
[16] Die hierher gehörigen Verbrechen sind im Anhang Nr. 4 aufgeführt.

digkeit der Strafkammern bzw. des Reichsgerichts überwiesen:

1. die im StGB. §§. 176 Nr. 3, 243, 244, 260, 261 und 264 enthaltenen Verbrechen;[17]
2. die Verbrechen der Personen, welche zur Zeit der That das achtzehnte Lebensjahr noch nicht vollendet hatten[18] und
3. die Verbrechen des Hoch- und Landesverraths, insofern sie gegen den Kaiser oder das Reich gerichtet sind.[19]

Außerdem gehören in einigen Bundesstaaten die durch die Presse begangenen strafbaren Handlungen zur Zuständigkeit der Schwurgerichte. Die in dieser Hinsicht bestehenden landesgesetzlichen[20] Vorschriften bleiben in Gültigkeit.[21]

§. 10.

7. Die Oberlandesgerichte.

I. Besetzung.

Bei den Oberlandesgerichten werden für die Erledigung der Strafsachen Strafsenate gebildet.[1] Dieselben entscheiden in der Besetzung von fünf Mitgliedern[2] einschließlich des Vorsitzenden.[3]

---

[17] GVG. §. 73 Nr. 4—7.

[18] GGV. §. 73 Nr. 3.

[19] GVG. §. 136 Nr. 1.

[20] Vgl. bayer. AG. zum Reichs-GVG. vom 23. Februar 1879 Art. 35; württemb. AG. zum Reichs-GVG. vom 24. Januar 1879 Art. 12; badisches Ges. vom 11. März 1879 betr. die Einführung der Reichs-Justizgesetze §. 6.

[21] EG. zum GVG. §. 6.

[1] GVG. §. 120.

[2] Ueber die Vertheilung der Mitglieder u. s. w. vgl. GVG. §§. 121, 122.

[3] GVG. §. 124.

II. Geschäftskreis.

Die Oberlandesgerichte sind zuständig:

1. als erkennende Gerichte:

a) zweiter Instanz[4] für die Verhandlung und Entscheidung über die Rechtsmittel der Revision gegen Urtheile der Strafkammern in erster Instanz, sofern die Revision ausschließlich[5] auf die Verletzung einer in den Landesgesetzen enthaltenen Rechtsnorm gestützt wird, und

b) dritter Instanz für die Verhandlung und Entscheidung über die Rechtsmittel der Revision gegen Urtheile der Strafkammern in der Berufungsinstanz, gleichviel ob reichs- oder landesrechtliche Rechtsnormen verletzt[6] sind.[7]

2. als beschließende Gerichte (Beschwerdegerichte) über die Rechtsmittel:

a) gegen strafrichterliche Entscheidungen erster Instanz,[8] soweit nicht die Zuständigkeit der Strafkammern[9] begründet ist, d. h. soweit es sich nicht um Beschwerden gegen Verfügungen des Untersuchungsrichters und des Amtsrichters oder gegen Entscheidungen der Schöffengerichte handelt,[10] jedoch mit den Ausnahmen, welche

---

[4] GVG. §. 123 Nr. 3.

[5] Ist dies nicht der Fall, so ist das Reichsgericht zuständig; vgl. GVG. §. 136 Nr. 2.

[6] GVG. §. 123 Nr. 2. Ausnahmsweise ist das Reichsgericht zuständig, GVG. §. 136 Abs. 2.

[7] Für den Fall, wenn sich mehrere Oberlandesgerichte oder ein Oberlandesgericht und das Reichsgericht über die Zuständigkeit streiten, gilt StPO. §. 388.

[8] Vgl. StPO. §§. 346, 347.

[9] GVG. §. 72.

[10] Es gehören also hierher die Strafkammern bzw. der Vorsitzende derselben, der Schwurgerichtshof bzw. der Vorsitzende desselben und der beauftragte Richter.

durch die §§. 160 (Rechtshülfe) und 183 (Verhängung von Ordnungsstrafen) des Gerichtsverfassungsgesetzes ausdrücklich den Oberlandesgerichten vorbehalten sind;[11]

b) gegen Entscheidungen der Strafkammern in der Berufungsinstanz[11] und

c) gegen Entscheidungen der Strafkammern in der Beschwerdeinstanz,[11] insofern sie Verhaftungen[12] betreffen.

In den unter c) erwähnten Fällen sind die Oberlandesgerichte Beschwerdegerichte zweiter Instanz, in allen übrigen Fällen Beschwerdegerichte erster Instanz.[13]

III. In denjenigen Bundesstaaten, in welchen mehrere Oberlandesgerichte errichtet werden, kann[14] die Verhandlung und Entscheidung der zur Zuständigkeit der Oberlandesgerichte gehörigen Revisionen und Beschwerden in Strafsachen[15] ausschließlich einem der mehreren Oberlandesgerichte zugewiesen werden.[16]

§. 11.

8. Das Reichsgericht.

I. Besetzung.

1. Das Reichsgericht hat seinen Sitz in Leipzig.[1]

2. Bei dem Reichsgerichte werden für die Erledigung der

---

[11] GVG. §. 123 Nr. 5.

[12] StPO. §. 352.

[13] Vgl. noch StPO. §§. 4, 12—15, 19, 170 ff.

[14] EG. zum GVG. §. 9.

[15] GVG. §. 123 Nr. 2, 3 und 5.

[16] Nach dem preuß. AG. zum deutschen GVG. vom 24. April 1878 §. 50 ist hierfür das OLG. (Kammergericht) zu Berlin und nach dem bayer. AG. zum Reichs-GVG. vom 23. Februar 1879 Art. 41 das OLG. zu München bestimmt.

[1] RGes. über den Sitz des Reichsgerichts vom 11. April 1877 §. 2.

Strafsachen Strafsenate gebildet. Die Zahl derselben bestimmt der Reichskanzler,[2] doch müssen es mindestens drei sein.[3]

Die Strafsenate[4] entscheiden in der Besetzung von sieben Mitgliedern mit Einschluß des Vorsitzenden.[5] Einem jeden Strafsenate können jedoch mehr als sieben Mitglieder zugetheilt sein. Handelt es sich um eine Entscheidung des vereinigten zweiten und dritten Strafsenats[6] oder ist eine Strafsache an die vereinigten Strafsenate überwiesen, weil ein Strafsenat in einer Rechtsfrage von einer früheren Entscheidung eines anderen Strafsenats oder der vereinigten Strafsenate abweichen will,[7] so ist die Theilnahme von mindestens zwei Drittheilen aller Mitglieder mit Einschluß des Vorsitzenden erforderlich.[8]

3. Einen ständigen Untersuchungsrichter gibt es bei dem Reichsgerichte nicht. Der Präsident des Reichsgerichts bestellt vielmehr aus den Mitgliedern des Reichsgerichts den Untersuchungsrichter für die betreffende Strafsache, er kann aber auch jedes Mitglied eines anderen deutschen Gerichts und jeden Amtsrichter zum Untersuchungsrichter, oder für einen Theil der Geschäfte des Untersuchungsrichters zum Vertreter desselben bestellen.[9]

II. Geschäftskreis.

1. Das Reichsgericht ist zuständig als erkennendes Gericht

---

[2] GVG. §. 132.

[3] GVG. §. 138 Abs. 2.

[4] Ueber die Vertheilung der Mitglieder u. s. w. vgl. GVG. §§. 133, 141.

[5] GVG. §. 140.

[6] GVG. §. 138 Abs. 2.

[7] GVG. §. 137 Abs. 2.

[8] GVG. §. 139 Abs. 1; vgl. über das in diesen Fällen zu beobachtende Verfahren bei der Abstimmung Abs. 2.

[9] StPO. §. 184.

a) erster und letzter Instanz in den Fällen des Hochverraths und des Landesverraths, insofern diese Verbrechen gegen den Kaiser oder das Reich gerichtet sind.[10] Der erste Strafsenat hat hierbei diejenigen Geschäfte zu erledigen, welche im §. 72 Abs. 1 des Gerichtsverfassungsgesetzes der Strafkammer des Landgerichts zugewiesen sind. Das Hauptverfahren findet vor dem vereinigten zweiten und dritten Strafsenate statt.[11]

b) In zweiter Instanz ist das Reichsgericht zuständig für die Verhandlung und Entscheidung über die Rechtsmittel der Revision gegen Urtheile der Schwurgerichte und der Strafkammern in erster Instanz.[12] In diesem letzteren Falle muß die Revision auf die Verletzung einer in den Reichsgesetzen enthaltenen Rechtsnorm gestützt sein; gleichgültig ist es, ob daneben auch noch in Landesgesetzen enthaltene Rechtsnormen als verletzt gerügt werden.

c) In dritter Instanz kann das Reichsgericht zuständig werden für die Verhandlung und Entscheidung über das Rechtsmittel der Revision gegen Urtheile der Strafkammern in der Berufungsinstanz in Strafsachen

---

[10] GVG. §. 136 Nr. 1; StGB. §§. 80—92.

[11] GVG. §. 138. Die Bestimmungen über das reichsgerichtliche Verfahren finden sich an verschiedenen Orten; StPO. §§. 140 Abs. 1, 170 Abs. 3, 176 Abs. 1, 184, 198 Abs. 2, 207 Abs. 1, 346 Abs. 3, 484, 485, 494 Abs. 3 und 4, 506; vgl. noch Löwe S. 120, Meves S. 176 ff.

[12] GVG. §. 136 Nr. 2. Handelt es sich ausschließlich um die Verletzung einer in den Landesgesetzen enthaltenen Rechtsnorm, so ist das Oberlandesgericht zuständig, GVG. §. 123 Z. 3.

wegen Zuwiderhandlungen gegen die Vorschriften über die Erhebung öffentlicher in die Reichskasse fließender Abgaben und Gefälle, wenn dies von der Staatsanwaltschaft bei Einsendung der Akten an das Revisionsgericht (Oberlandesgericht)[13] beantragt[14] wird.

2. Beschwerdegericht ist das Reichsgericht nur ausnahmsweise und zwar in einem Falle der Rechtshülfe[15] und für Beschwerden gegen die Verfügungen des Untersuchungsrichters,[16] welcher in einer zur Zuständigkeit des Reichsgerichts in erster und letzter Instanz gehörenden Strafsache thätig ist, gleichviel ob derselbe dem Reichsgerichte angehört oder nicht.[17]

§. 12.

9. Die Disciplinargewalt der Gerichte.

1. Die Aufrechthaltung der Ordnung in der Sitzung (Sitzungspolizei) liegt dem Vorsitzenden ob.[1] Ihm ist es überlassen, die geeigneten Anordnungen zu treffen, um Störungen der Verhandlung abzuwenden und zu unterdrücken. Den Anordnungen des Vorsitzenden haben sich alle in der Sitzung anwesenden Personen, gleichviel ob sie bei der Verhandlung betheiligt sind oder nicht, zu fügen.[2] Antrag auf

---

[13] StPO. §. 387 Abs. 2.

[14] GVG. §. 136 Abs. 2; vgl. Löwe S. 121 f.

[15] GVG. §. 160.

[16] StPO. §. 184, GVG. §. 138 Abs. 1.

[17] Hinsichtlich der weiteren Zuständigkeit des Reichsgerichts vgl. noch StPO. §§. 9, 12—15, 19; EG. zum GVG. §§. 3 Abs. 2, 11, 17.

[1] GVG. §. 177.

[2] Auch der Vertreter der Staatsanwaltschaft. Bei der Ausübung der Sitzungspolizei gegenüber diesem letzteren wird der Vorsitzende zu berücksichtigen haben, daß die Gerichte und die Staats-

gerichtliche Entscheidung und Rechtsmittel sind in dieser Hinsicht nicht gestattet.

Die Macht des Vorsitzenden bei Ausübung der Sitzungspolizei ist dadurch wesentlich eingeschränkt, daß die Verhängung gewisser Maßregeln (Entfernung einer Person aus der Sitzung, Abführung derselben zur Haft, Ordnungsstrafen) nur auf Beschluß des Gerichts[3] erfolgen kann und gegen die Mitglieder des Gerichts, den Gerichtsschreiber und den Vertreter der Staatsanwaltschaft nicht zulässig ist.

2. Bei der Verhängung der nur auf Beschluß des Gerichts zulässigen Maßregeln ist zu unterscheiden, ob es sich handelt um den Ungehorsam einer Person gegen die zur Aufrechthaltung der Ordnung erlassenen Befehle oder um eine Ungebühr, deren sich eine Person in der Sitzung schuldig gemacht hat.

a) Im Falle des Ungehorsams können[4] Parteien,[5] Beschuldigte,[6] Zeugen, Sachverständige und bei der Verhandlung nicht betheiligte Personen aus dem Sitzungszimmer entfernt, auch zur Haft abgeführt und während einer in dem Beschlusse zu bestimmenden Zeit, welche vierundzwanzig Stunden nicht übersteigen darf, festgehalten[7] werden. Der Beschluß des Gerichts ist nicht anfechtbar.

---

anwaltschaft zu einander in dem Verhältniß gleichgeordneter Behörden stehen; vgl. von Schwarze S. 98 f., Löwe S. 163.

[3] Die Schöffen wirken hierbei mit, GVG. §. 30. Dem Amtsrichter, welcher ohne Zuziehung von Schöffen urtheilt (vgl. Th. I §. 6), stehen dieselben Befugnisse zu.

[4] GVG. §. 178.

[5] Als Partei gelten hier der Privat- und der Nebenkläger.

[6] Vgl. jedoch StPO. §. 216.

[7] Es ist nicht nothwendig, daß dies in den Räumen geschieht, in welchen Haftstrafen verbüßt werden.

b) Im Falle der Ungebühr[8] kann[9] das Gericht gegen die unter a) aufgeführten Personen, vorbehaltlich der strafgerichtlichen Verfolgung, eine Ordnungsstrafe entweder bis zu einhundert Mark[10] oder bis zu drei Tagen Haft festsetzen und sofort vollstrecken lassen. Anstatt der Ordnungsstrafe oder auch neben derselben kann das Gericht die Verhängung der für den Fall des Ungehorsams zulässigen Maßregeln beschließen.

Hat sich ein bei der Verhandlung betheiligter Rechtsanwalt oder Vertheidiger einer Ungebühr in der Sitzung schuldig gemacht, so kann gegen denselben, vorbehaltlich der strafgerichtlichen oder disciplinaren Verfolgung, nur eine Ordnungsstrafe bis zu hundert Mark[11] festgesetzt werden.

3. Der Beschluß des Gerichts, durch welchen eine Ordnungsstrafe festgesetzt ist,[12] kann, sofern derselbe nicht von dem Reichsgerichte oder einem Oberlandesgerichte ausgegangen ist, durch Beschwerde[13] angefochten werden. Es muß dies binnen einer Frist[14] von einer Woche nach der Bekanntmachung des Beschlusses geschehen. Ueber die Beschwerde entscheidet das Oberlandesgericht.[15] Die Beschwerde hat keine aufschiebende Wirkung, wenn die Ordnungsstrafe wegen Ungebühr einer Partei, eines Beschuldigten, Zeugen, Sachverständigen oder einer bei der Verhandlung nicht betheiligten Person, dagegen aufschiebende Wirkung, wenn sie gegen einen betheiligten Rechtsanwalt oder Vertheidiger festgesetzt ist.[16]

---

[8] Hierhin gehören z. B. Aeußerungen des Beifalls oder des Mißfallens, Nichtaufstehen, Beleidigung des Gerichts u. s. w.

[9] GVG. §. 179.

[10] Die Umwandlung erfolgt nicht nach dem für die Haftstrafe geltenden Grundsatze im StGB. §. 29.

[11] Vgl. Anm. 9.

[12] GVG. §. 183.

[13] StPO. §§. 346 ff.

[14] StPO. §. 43.

[15] GVG. §. 183 Abs. 3.

[16] GVG. §. 183 Abs. 2; vgl. noch §. 182.

Der Beschluß des Gerichts und dessen Veranlassung ist in das Protokoll aufzunehmen, wenn durch denselben eine Ordnungsstrafe wegen Ungebühr festgesetzt, oder eine Person zur Haft abgeführt, oder eine bei der Verhandlung betheiligte Person entfernt worden ist.[17]

4. Die Vollstreckung der erwähnten Ordnungsstrafen hat der Vorsitzende unmittelbar, d. h. ohne Vermittelung der Staatsanwaltschaft zu veranlassen.[18] Dasselbe gilt auch für die übrigen nur auf Beschluß des Gerichts zulässigen Maßregeln.[19]

5. Die Ausübung der Sitzungspolizei und demnach auch die in den §§. 177—181 des Gerichtsverfassungsgesetzes bezeichneten Befugnisse stehen auch einem einzelnen Richter bei der Vornahme von Amtshandlungen außerhalb der Sitzung[20] zu.[21] Wird in einem solchen Falle durch den Richter eine Ordnungsstrafe wegen Ungebühr festgesetzt, so hat die Beschwerde stets aufschiebende Wirkung.[22]

---

[17] GVG. §. 184.

[18] GVG. §. 181.

[19] Es folgt dies aus GVG. §. 177.

[20] Vgl. noch StPO. §. 162.

[21] GVG. §. 182. Es gilt in dieser Hinsicht auch §. 184.

[22] GVG. §. 183 Abs. 2.

Zweiter Abschnitt.

Die Gerichtspersonen.

I. Beamte.

§. 13.

1. Der Richter.

Die Fähigkeit zum Richteramte[1] wird durch Ablegung zweier Prüfungen erlangt. Der ersten Prüfung muß ein dreijähriges Studium der Rechtswissenschaft, der zweiten ein dreijähriger Vorbereitungsdienst vorausgehen.[2] Beide Zeiträume können durch Landesgesetze verlängert werden.[3]

Zum Richteramte befähigt ist außerdem noch jeder ordentliche öffentliche Lehrer des Rechts an einer Universität des deutschen Reichs.[4]

Die Ernennung der Richter erfolgt auf Lebenszeit und zwar nach den Gesetzen der einzelnen Bundesstaaten. Der Präsident, die Senatspräsidenten und Räthe des Reichsgerichts werden jedoch auf Vorschlag des Bundesraths vom Kaiser ernannt.[5]

Das Gerichtsverfassungsgesetz hat keine allgemeine richterliche Freizügigkeit begründet. Wer die Fähigkeit zum Richteramte in einem Bundesstaate erworben hat, kann in jedem anderen Bundesstaate als Richter angestellt werden, auch

---

[1] Das GVG. enthält nur einige Bestimmungen über die Qualifikation zum Richteramte, vgl. GVG. §§. 2 ff.

[2] GVG. §. 2 Abs. 1—3.

[3] GVG. §. 2 Abs. 4. In Preußen bleibt die Dauer des Vorbereitungsdienstes eine vierjährige; vgl. AG. zum deutschen GVG. vom 24. April 1878 §. 1.

[4] GVG. §. 4.

[5] GVG. §. 127 Abs. 1.

wenn er den Erfordernissen nicht entspricht, die für Angehörige des betreffenden Bundesstaats vorgeschrieben sind.[6] Die erwähnte Bestimmung gewährt daher kein Recht auf Anstellung.

Ein besonderes Alter, das vollendete fünfunddreißigste Lebensjahr, ist nur für die Mitglieder des Reichsgerichts[7] vorgeschrieben.[8]

§. 14.

2. Der Gerichtsschreiber.

Zur vorschriftsmäßigen Besetzung eines Gerichts gehört außer dem Richterpersonal noch ein Gerichtsschreiber. Bei jedem Gerichte muß daher eine Gerichtsschreiberei sich befinden. Die Geschäftseinrichtung derselben wird bei dem Reichsgerichte durch den Reichskanzler, bei den Landesgerichten durch die Landesjustizverwaltung bestimmt.[1]

Die Hauptthätigkeit des Gerichtsschreibers besteht in der Führung der Protokolle über die Hauptverhandlung[2] oder über einzelne gerichtliche Handlungen.[3] Er hat ferner die außerhalb der gerichtlichen Verhandlungen erfolgenden Erklärungen der an dem Strafverfahren betheiligten Personen, z. B. hinsichtlich der Rechtsmittel, der Privatklage, des Einspruches gegen einen Strafbefehl u. s. w. entgegenzunehmen,[4] bei Zustellungen mitzuwirken[5] und Ausfertigungen und Ab-

---

[6] GVG. §. 5.

[7] GVG. §. 127 Abs. 2.

[8] Ueber Ausschließung und Ablehnung der Richter vgl. Th. I §§. 19, 20.

[1] GVG. §. 154. Vgl. preuß. Ges. betr. die Dienstverhältnisse der Gerichtsschreiber vom 3. März 1879.

[2] StPO. §§. 271 ff.

[3] StPO. §§. 166, 185, 186, 486; GVG. §§. 45, 51, 91.

[4] StPO. §§. 341, 348, 355, 358, 381, 385, 387, 406, 421, 449, 454.

[5] StPO. §§. 37, 425, 430.

schriften gerichtlicher Entscheidungen bzw. Auszüge aus denselben zu beglaubigen und zu ertheilen.[6, 7]

§. 15.

3. Der Gerichtsvollzieher.

Von den gerichtlichen Nebenpersonen sind hier anzuführen die Gerichtsvollzieher, d. h. die Beamten, welche mit den Zustellungen, Ladungen und Vollstreckungen betraut sind. Die Dienst- und Geschäftsverhältnisse derselben werden bei dem Reichsgerichte durch den Reichskanzler, bei den Landesgerichten durch die Landesjustizverwaltung bestimmt.[1]

Die Gerichtsvollzieher erhalten nach der Gebührenordnung für Gerichtsvollzieher vom 24 Juni 1878 Gebühren und Vergütung der Auslagen. Sie können die Uebernahme eines Geschäfts von der Zahlung eines Kostenvorschusses abhängig machen, sofern dasselbe nicht von Amtswegen oder für eine zum Armenrecht zugelassene Person auszuführen ist.[2] Die Gebühren und Auslagen sind von dem Auftraggeber oder von der Staats- bzw. Reichskasse zu leisten.[3]

Es ist den einzelnen Bundesstaaten gestattet,[4] den Gerichtsvollziehern an Stelle von Gebühren und Auslagen, welche sie auf Grund der für sie erlassenen Gebührenordnung zu beanspruchen haben, eine anderweite Vergütung zu gewähren und die Gebühren und Auslagen für sich einzuziehen.[5]

---

6 StPO. §§. 275 Abs. 4, 483 Abs. 1.

7 Ueber Ausschließung und Ablehnung des Gerichtsschreibers vgl. Th. I §. 21.

1 GVG. §. 155.

2 GebO. §. 18.

3 GebO. §§. 19 ff.

4 GebO. §. 24 Nr. 2.

5 Ueber Ausschließung des Gerichtsvollziehers vgl. Th. I §. 21.

II. Schöffen und Geschworene.

§. 16.

1. Befähigung.

I. Den Richtern, welche als Beamte angestellt sind, stehen die Schöffen und die Geschworenen gegenüber. Auch sie sind als Richter, jedoch in verschiedenem Umfange, an der Rechtsprechung in Strafsachen betheiligt. Die Schöffen sind mit dem Amtsrichter zusammen thätig und stehen diesem während der Hauptverhandlung, abgesehen von einigen Ausnahmen,[1] vollständig gleich, die Geschworenen wirken nur zur Entscheidung der Schuldfrage und der Frage nach dem Vorhandensein mildernder Umstände mit. Trotz dieser Verschiedenheit ist die Berufung zum Schöffen- und Geschworenendienste von denselben Voraussetzungen abhängig.

II. Das Amt eines Schöffen und eines Geschworenen ist ein Ehrenamt;[2] es ist unentgeltlich auszuüben, jedoch werden die Reisekosten vergütet.[3] Dieses Amt kann nur von einem Deutschen versehen werden.[3]

Der Kreis derjenigen Personen, welche zum Schöffen- und Geschworenendienste herangezogen werden können, ist möglichst wenig eingeschränkt. Durch sorgfältige Bestimmungen über die Bildung der verschiedenen Listen ist aber dafür gesorgt, daß Garantien für gute Auswahl befähigter Personen vorhanden sind.

Das Gerichtsverfassungsgesetz unterscheidet 1. solche Personen, welche zu dem Schöffen- und Geschworenenamte un-

---

[1] GVG. §. 56, StPO. §. 31; vgl. noch GVG. §§. 52—54.

[2] GVG. §§. 31, 84.

[3] GVG. §§. 55, 96 Abs. 1.

fähig sind, 2. solche Personen, welche im Interesse der Rechtspflege oder im allgemeinen staatlichen Interesse nicht berufen werden sollen und 3. solche Personen, welche die Berufung ablehnen dürfen.[4]

1. Unfähig[5] zu dem Amte eines Schöffen und eines Geschworenen sind, abgesehen von den Ausländern, diejenigen Personen:

a) welche die Befähigung in Folge strafgerichtlicher Verurtheilung verloren haben;[6]

b) gegen welche das Hauptverfahren wegen eines Verbrechens oder Vergehens eröffnet ist, das die Aberkennung der bürgerlichen Ehrenrechte oder die Fähigkeit zur Bekleidung öffentlicher Aemter zur Folge haben kann;[7]

c) welche in Folge gerichtlicher Anordnung in der Verfügung über ihr Vermögen beschränkt sind.[8]

Unfähige Personen sollen und dürfen zum Schöffen- oder Geschworenendienste nicht berufen werden. Die Mitwirkung

---

[4] Vgl. hierüber H. Seuffert Erörterungen über die Besetzung der Schöffengerichte und Schwurgerichte nach dem deutschen Gerichtsverfassungsgesetze. 1879.

[5] GVG. §§. 32, 85 Abs. 2.

[6] Hierhin gehören 1) diejenigen, welche einmal zur Zuchthausstrafe verurtheilt sind (StGB. §. 31); 2) diejenigen, welchen die bürgerlichen Ehrenrechte aberkannt sind, jedoch nur für die im Urtheile bestimmte Zeit (StGB. §§. 32, 34 Z. 3); 3) diejenigen, bei welchen neben einer Gefängnißstrafe auf die Unfähigkeit zur Bekleidung öffentlicher Aemter erkannt ist (StGB. §§. 35, 128, 129, 331, 339—341, 352—355, 358.)

[7] Die Unfähigkeit beginnt mit der Eröffnung des Hauptverfahrens, StPO. §. 201.

[8] Hierhin gehören im wesentlichen Gemeinschuldner und erklärte Verschwender; vgl. KO. §§. 5, 100, 103, CPO. §§. 621 ff.

einer unfähigen Person hat Nichtigkeit des Verfahrens zur Folge.[9]

2. Zu dem Amte eines Schöffen und eines Geschworenen sollen[10] außer den unfähigen Personen im Interesse der Rechtspflege aus verschiedenen Gründen (Alter, abhängige Stellung u. s. w.) nicht berufen werden Personen:

a) welche zur Zeit der Aufstellung der Urliste das dreißigste Lebensjahr noch nicht vollendet oder
b) den Wohnsitz in der Gemeinde noch nicht zwei volle Jahre haben;
c) welche für sich oder ihre Familie Armenunterstützung aus öffentlichen Mitteln erhalten oder in den drei letzten Jahren, von Aufstellung der Urliste zurückgerechnet, empfangen haben;
d) welche wegen geistiger oder körperlicher Gebrechen zu dem Amte nicht geeignet sind, und
e) Dienstboten.

Zu diesen Personen treten dann diejenigen hinzu, die im allgemeinen staatlichen Interesse nicht berufen werden sollen.[11] Hierhin gehören:

a) Minister;
b) Mitglieder der Senate der freien Hansestädte;
c) Beamte des Reichs[12] und der einzelnen Bundesstaaten, welche jederzeit einstweilig in den Ruhestand versetzt werden können;
d) richterliche Beamte und Beamte der Staatsanwaltschaft;

---

[9] StPO. §. 377 Z. 1; vgl. auch GVG. §. 52 Abs. 1.

[10] GVG. §§. 33, 85 Abs. 2.

[11] GVG. §§. 34, 85 Abs. 2.

[12] Vgl. RGes. betr. die Rechtsverhältnisse der Reichsbeamten vom 31. März 1873 §. 25. Die daselbst befindliche Aufzählung ist jedoch nicht mehr vollständig.

e) gerichtliche und polizeiliche Vollstreckungsbeamte;

f) Religionsdiener[13] und Volksschullehrer;

g) dem aktiven Heere und der aktiven Marine angehörende Militärpersonen.[14]

Außer den vorbezeichneten Beamten können durch Landesgesetze höhere Verwaltungsbeamte bezeichnet werden, die aus dem oben angegebenen Grunde nicht berufen werden sollen.[15]

Die Personen, welche zum Schöffen- oder Geschworenendienste nicht berufen werden sollen, sind berechtigt, die Dienstleistung zu verweigern. Ihre Mitwirkung hat Nichtigkeit des Verfahrens nicht zur Folge.

3. Die Berufung zu dem Amte eines Schöffen und eines Geschworenen dürfen ablehnen:[16]

a) Mitglieder einer deutschen gesetzgebenden Versammlung und zwar nicht nur für die Dauer der Sitzungen, sondern für die Dauer ihrer Berufung;[17]

b) Personen, welche im letzten Geschäftsjahre die Verpflichtung eines Geschworenen,[18] oder an wenigstens fünf

---

[13] Unter R. sind wol alle diejenigen zu verstehen, welche in einer Religionsgesellschaft, gleichviel ob dieselbe staatlich anerkannt ist oder nicht, und nach der Lehre der betreffenden Religionsgesellschaft ermächtigt sind, berufsmäßig religiöse Handlungen vorzunehmen. Die hier aufgestellte Erklärung verliert etwas an Unbestimmtheit, wenn man bei der Anwendung derselben berücksichtigt, daß das obige Verbot erlassen ist, um Störungen des Gottesdienstes zu vermeiden.

[14] Ueber den Begriff der Militärpersonen und des aktiven Heeres vgl. MilStGB. vom 20. Juni 1872 §. 4 und das hierzu gehörige Verzeichniß und RMilitärGes. vom 2. Mai 1874 §. 38.

[15] GVG. §§. 34 Abs. 2, 85 Abs. 2, vgl. preuß. AG. zum deutschen GVG. vom 24. April 1878 §. 33.

[16] GVG. §§. 35, 85 Abs. 2.

[17] Erbliche und lebenslängliche Mitglieder haben daher stets ein Ablehnungsrecht.

[18] Erfüllt hat auch der Ge-

Sitzungstagen die Verpflichtung eines Schöffen erfüllt haben;

c) Aerzte;

d) Apotheker, welche keine Gehülfen haben;

e) Personen, welche das fünfundsechzigste Lebensjahr zur Zeit der Aufstellung der Urliste vollendet haben oder dasselbe bis zum Ablaufe des Geschäftsjahrs vollenden würden;

f) Personen, welche glaubhaft machen, daß sie den mit der Ausübung des Amts verbundenen Aufwand zu tragen nicht vermögen.

Die hier erwähnten Ablehnungsgründe können bereits von Amtswegen bei Aufstellung der Listen berücksichtigt werden. Im Uebrigen ist die Geltendmachung der Ablehnungsgründe den Berechtigten überlassen. Handelt es sich um eine Einberufung zum Schöffendienste, so muß der Berechtigte den Ablehnungsgrund innerhalb einer Woche nach erfolgter Einberufung oder nach Entstehung oder Bekanntwerdung des Ablehnungsgrundes geltend machen. Ueber das Gesuch entscheidet der Amtsrichter nach Anhörung der Staatsanwaltschaft. Beschwerde findet nicht statt.[19] Im Gegensatze hierzu ist eine besondere Frist für die Geltendmachung der Ablehnungs- bzw. Hinderungsgründe bei der Einberufung zum Geschworenendienste nicht vorgeschrieben. So lange das Schwurgericht nicht zusammengetreten ist, entscheidet der ernannte Vorsitzende des Schwurgerichts, sonst der Schwurgerichtshof. Die Staatsanwaltschaft ist vorher zu hören, und eine Beschwerde findet hier ebenfalls nicht statt.[20]

---

schworene seine Verpflichtung, dessen Name nicht gezogen oder der stets abgelehnt ist.

[19] GVG. §. 53.

[20] GVG. §. 94.

III. Bei der Aufstellung der Listen ist darauf zu achten, daß Niemand für dasselbe Geschäftsjahr als Geschworener und als Schöffe oder in mehreren Bezirken zu dem gleichen Amte bestimmt wird. Tritt dieser Fall dennoch ein, so hat der Einberufene dasjenige Amt zu übernehmen, zu welchem er zuerst einberufen wird.[21]

§. 17.

2. Auswahl der Schöffen.

I. Die Urliste.

1. Die Urliste enthält die Namen derjenigen in einer Gemeinde oder einem der Gemeinde gleichstehenden Verbande wohnhaften Personen, welche zu dem Amte eines Schöffen berufen werden können.[1] Es bleiben daher, abgesehen von den zu dem Amte eines Schöffen unfähigen, auch diejenigen Personen unberücksichtigt, welche nicht als Schöffen berufen werden sollen.[2]

Alljährlich wird die Urliste von dem Gemeindevorsteher aufgestellt. Damit Einsprachen gegen die Richtigkeit oder Vollständigkeit derselben erhoben werden können, muß die Urliste eine Woche lang in der Gemeinde ausgelegt werden. Der Zeitpunkt der Auslegung ist vorher öffentlich bekannt zu machen.[3] Innerhalb der erwähnten einwöchigen Auslegungsfrist kann nicht nur das mit Unrecht aufgestellte oder nicht aufgestellte Gemeindemitglied, sondern Jedermann Einsprache erheben. Die Einsprache muß schriftlich oder zu Protokoll erhoben werden, weil der Beschluß über die Einsprache durch den Ausschuß erfolgt.[4]

---

[21] GVG. §. 97.
[1] GVG. §. 36 Abs. 1.
[2] GVG. §§. 33, 34.
[3] GVG. §. 36.
[4] GVG. §§. 37, 41.

2. Von dem Gemeindevorsteher wird die Urliste nebst den Einsprachen und den ihm erforderlich erscheinenden Bemerkungen z. B. über etwaige Ablehnungsrechte an den Amtsrichter des Bezirks gesendet. Dasselbe gilt für den Fall, daß nach Absendung der Urliste Berichtigungen erforderlich werden.[5]

Der Amtsrichter prüft zunächst, ob die Förmlichkeiten hinsichtlich der Auslegung der Urliste und der Bekanntmachung der Auslegungsfrist beobachtet sind. Ist dies nicht der Fall, so hat der Amtsrichter die Abstellung etwaiger Mängel zu veranlassen. Sind dagegen die Förmlichkeiten beobachtet, so stellt der Amtsrichter die Urlisten des Bezirks zusammen und bereitet den Beschluß des Ausschusses über die erhobenen Einsprachen vor.[6]

3. Der Ausschuß tritt alljährlich bei dem Amtsgerichte zusammen. Er besteht aus dem Amtsrichter als Vorsitzendem, einem von der Landesregierung zu bestimmenden Staatsverwaltungsbeamten und sieben aus den Einwohnern des Amtsgerichtsbezirks gewählten Vertrauensmännern als Beisitzern.[7]

Die Beschlüsse des Ausschusses werden nach der absoluten Mehrheit der Stimmen gefaßt; bei Stimmengleichheit entscheidet die Stimme des Vorsitzenden. Zur Beschlußfähigkeit des Ausschusses[8] genügt die Anwesenheit des Vorsitzenden, des Staatsverwaltungsbeamten und dreier Vertrauensmänner.[9]

---

[5] GVG. §. 38.

[6] GVG. §. 39.

[7] GVG. §. 40 Abs. 1, 2 u. 3. Ueber die Wahl der Vertrauensmänner vgl. Abs. 4; preuß. AG. zum deutschen GVG. vom 24. April 1878 §. 35.

[8] GVG. §. 40 Abs. 5.

[9] Die Vertrauensmänner erhalten ebenso wie die Schöffen Vergütung der Reisekosten, unterliegen aber auch den Ordnungsstrafen, vgl. GVG. §§. 55, 56.

Der Ausschuß entscheidet endgültig über die gegen die Urliste erhobenen Beschwerden. Die Entscheidungen desselben sind zu Protokoll zu vermerken.[10]

II. Die Jahresliste.

1. Der Ausschuß stellt für das nächste Geschäftsjahr aus der berichtigten Urliste zwei Jahreslisten auf, die eine für die Hauptschöffen, die andere für die Hülfsschöffen.[11] Die Hauptschöffen nehmen an den ordentlichen d. h. den für das ganze Jahr im voraus festgestellten und an den außerordentlichen Sitzungen Theil. Die Hülfsschöffen, zu denen nur solche Personen genommen werden, welche am Sitze des Amtsgerichts oder in dessen nächster Umgebung wohnen, treten in Wirksamkeit entweder für den ganzen Dienst eines wegfallenden Hauptschöffen[12] oder für eine einzelne ordentliche oder außerordentliche Sitzung oder als Ergänzungsschöffen.[13]

Die Zahl der Haupt- und Hülfsschöffen wird durch die Landesjustizverwaltung derartig bestimmt, daß jeder Hauptschöffe höchstens an fünf ordentlichen Sitzungstagen im Jahre thätig zu sein hat.[14]

2. Die Reihenfolge, in welcher die Hauptschöffen an den ordentlichen Sitzungen Theil zu nehmen haben, wird durch Ausloosung in öffentlicher Sitzung des Amtsgerichts festgesetzt. Das Loos zieht der Amtsrichter. Und zwar dürfte dabei am besten folgendermaßen zu verfahren sein. Die Namen der sämmtlichen Schöffen werden in eine Urne gethan; es werden sodann zwei Namen für die erste ordent-

---

10 GVG. §. 41.

11 GVG. §§. 42, 44; hinsichtlich der weiteren Thätigkeit des Ausschusses vgl. Th. I §. 18 II.

12 Der Hülfsschöffe wird hierdurch zum Hauptschöffen.

13 GVG. §§. 42, 48, 49, 194.

14 GVG. §. 43.

liche Sitzung gezogen. Die beiden gezogenen Namen werden wieder in die Urne gethan und die Auslosung so lange fortgesetzt, bis alle ordentlichen Sitzungstage besetzt sind. Sobald bei einem Schöffen die durch die Landesjustizverwaltung bestimmte Zahl von Sitzungstagen erreicht ist, kommt der Name desselben nicht mehr in die Urne. Ueber den Hergang ist von dem Gerichtsschreiber ein Protokoll aufzunehmen.[15]

Eine Aenderung in der bestimmten Reihenfolge kann auf übereinstimmenden Antrag der betheiligten Schöffen von dem Amtsrichter bewilligt werden, sofern die in den betreffenden Sitzungen zu verhandelnden Sachen noch nicht bestimmt sind.[16] Auch kann der Amtsrichter einen Schöffen auf dessen Antrag wegen eingetretener Hinderungsgründe von der Dienstleistung an bestimmten Sitzungstagen entbinden. Die Entbindung von der Dienstleistung kann davon abhängig gemacht werden, daß ein anderer für das Dienstjahr bestimmter Schöffe für den verhinderten eintritt.[17] In allen diesen Fällen sind der Antrag und die Bewilligung aktenkundig zu machen.

In gleicher Weise[18] wird die Reihenfolge der Hauptschöffen aus der Jahresliste für Hauptschöffen festgesetzt, wenn es sich um außerordentliche Sitzungen handelt. Ist dies jedoch wegen Dringlichkeit unthunlich, z. B. bei einer Haftsache, so erfolgt die Auslosung aus der Jahresliste für Hülfsschöffen, wobei die nicht am Sitze des Amtsgerichts wohnenden Hülfsschöffen zu übergehen sind. Die Umstände,

---

[15] GVG. §. 45; vgl. Keller Gerichtsverfassungsgesetz (1877) S. 69; Löwe S. VII.

[16] GVG. §. 47.

[17] GVG. §. 54.

[18] GVG. §. 45.

welche den Amtsrichter hierzu veranlaßt haben, sind aktenkundig zu machen.[19]

Die Zuziehung von Hülfsschöffen zu einzelnen (ordentlichen oder außerordentlichen) Sitzungen erfolgt nach der Reihenfolge, in welcher die Namen derselben auf der Jahresliste für Hülfsschöffen verzeichnet sind, also im ersten Falle der erste Hülfsschöffe, im zweiten der zweite u. s. w.[20] Hierbei können die nicht am Sitze des Gerichts wohnenden Hülfsschöffen übergangen werden, wenn durch ihre Berufung eine Vertagung der Verhandlung oder eine erhebliche Verzögerung ihres Beginnes nothwendig würde.[21]

3. Die Hauptschöffen erhalten durch den Amtsrichter Mittheilung von ihrer Ausloosung und den (ordentlichen) Sitzungstagen, an welchen sie in Thätigkeit zu treten haben, unter Hinweis auf die gesetzlichen Folgen des Ausbleibens.[22] Zu den einzelnen Sitzungen werden sie dann nicht mehr geladen.[23]

In gleicher Weise[24] d. h. mit Angabe des Sitzungstages und unter Hinweis auf die gesetzlichen Folgen des Ausbleibens werden die im Laufe des Geschäftsjahrs für ordentliche oder außerordentliche Sitzungen einzuberufenden Haupt- und Hülfsschöffen benachrichtigt.

4. Die Beeidigung der Schöffen erfolgt bei ihrer ersten Dienstleistung in öffentlicher Sitzung und gilt für die Dauer des Geschäftsjahres.[25] Die Beeidigung,[26] über welche

---

19 GVG. §. 48.
20 GVG. §. 49 Abs. 1.
21 GVG. §. 49 Abs. 2.
22 GVG. §. 56.
23 GVG. §. 46 Abs. 1.
24 GVG. §. 46 Abs. 2.
25 GVG. §. 51 Abs. 1.
26 Vgl. hierüber GVG. §. 51 Abs. 2—5.

von dem Gerichtsschreiber ein Protokoll aufzunehmen ist,[27] ist nicht als ein Theil der Hauptverhandlung anzusehen.[28]

5. Die Schöffen — und dasselbe gilt von den Vertrauensmännern des Ausschusses und den Geschworenen[29] —, welche, wenn sie vorschriftsmäßig[30] geladen sind, ohne genügende Entschuldigung nicht oder nicht rechtzeitig erscheinen[31] oder ihren Obliegenheiten in anderer Weise sich entziehen, z. B. den Eid verweigern, werden in die hierdurch verursachten Kosten und zu einer Ordnungsstrafe von fünf bis zu eintausend Mark verurtheilt.[32] Die Verurtheilung wird nach Anhörung der Staatsanwaltschaft, jedoch ohne Zuziehung von Schöffen, durch den Amtsrichter[33] ausgesprochen; sie kann, wenn nachträglich genügende Entschuldigung erfolgt, ganz oder theilweise zurückgenommen, aber auch durch Beschwerde angefochten werden.[34]

§. 18.

3. Auswahl der Geschworenen.

I. Die Urliste.

Die Urliste für die Auswahl der Schöffen[1] dient zugleich als Urliste für die Auswahl der Geschworenen.[2]

---

[27] GVG. §. 51 Abs. 6.

[28] StPO. §. 242, vgl. dagegen §. 278.

[29] GVG. §§. 56, 96 Abs. 1; vgl. auch StGB. §. 138.

[30] Ist auf die gesetzlichen Folgen des Ausbleibens in der Ladung nicht hingewiesen, so ist diese nicht vorschriftsmäßig, Löwe S. 73.

[31] Erscheinen bzw. sich entschuldigen müssen auch diejenigen Personen, die irrthümlich einberufen sind, obgleich sie nach dem GVG. nicht berufen werden sollen.

[32] Eine Umwandlung der Ordnungsstrafe in Freiheitsstrafe ist unzulässig.

[33] Hinsichtlich der Geschworenen durch die richterlichen Mitglieder des Schwurgerichts, GVG. §. 96 Abs. 2.

[34] GVG. §. 56 Abs. 2.

[1] Vgl. Th. I §. 17 I.

[2] GVG. §. 85 Abs. 1.

II. Die Vorschlagsliste.

Der alljährlich bei dem Amtsgerichte zusammentretende Ausschuß hat, abgesehen von der Aufstellung der beiden Jahreslisten für die Haupt- und Hülfsschöffen, aus der Urliste noch diejenigen Personen auszuwählen, welche er für das nächste Geschäftsjahr zu Geschworenen vorschlägt. Die Namen der hierzu vorgeschlagenen Personen werden in die Vorschlagsliste aufgenommen.[3] Und zwar sind die Vorschläge nach dem dreifachen Betrage der auf den Amtsgerichtsbezirk von der Landesjustizverwaltung[4] vertheilten Zahl der Geschworenen zu bemessen.

III. Die Jahresliste.

Die Vorschlagsliste wird nebst den etwaigen auf die als Geschworene vorgeschlagenen Personen bezüglichen Einsprachen, über welche nicht der Ausschuß entscheidet, dem Präsidenten des Landgerichts übersendet. In einer von diesem bestimmten Sitzung des Landgerichts, an welcher fünf Mitglieder des Landgerichts mit Einschluß des Präsidenten und der Direktoren Theil nehmen, wird über die Einsprachen endgültig entschieden und zugleich aus der Vorschlagsliste die von der Landesjustizverwaltung[5] für das Schwurgericht bestimmte Zahl von Hauptgeschworenen und Hülfsgeschworenen gewählt. Zu Hülfsgeschworenen sind nur solche Personen zu wählen, welche an dem Sitzungsorte des Schwurgerichts oder in dessen nächster Umgebung wohnen.[6] Für die Haupt- und die Hülfsgeschworenen werden zwei gesonderte Jahreslisten aufgestellt.[7]

---

[3] GVG. §§. 87, 88.
[4] GVG. §. 86.
[5] GVG. §. 86.
[6] GVG. §. 89.
[7] GVG. §. 90.

IV. Die Spruchliste.

Aus der Jahresliste für Hauptgeschworene wird durch Ausloosung die Spruchliste gebildet. Spätestens zwei Wochen vor Beginn der Sitzungsperiode des Schwurgerichts werden in öffentlicher Sitzung des Landgerichts, an welcher der Präsident und zwei Mitglieder Theil nehmen, in Gegenwart der Staatsanwaltschaft[8] dreißig Hauptgeschworene durch den Präsidenten ausgeloost. Bei den späteren Sitzungsperioden desselben Geschäftsjahres dürfen Geschworene, welche in einer früheren Sitzungsperiode ihre Verpflichtung erfüllt haben,[9] nur auf ihren Antrag berücksichtigt werden. Ueber die Ausloosung wird von dem Gerichtsschreiber ein Protokoll aufgenommen.[10]

Die Namen der dreißig ausgeloosten Hauptgeschworenen werden in die Spruchliste aufgenommen und diese dem ernannten Vorsitzenden des Schwurgerichts übersendet.[11] Auf Anordnung desselben werden die erwähnten Geschworenen unter Hinweis auf die gesetzlichen Folgen des Ausbleibens[12] zur Eröffnungssitzung des Schwurgerichts geladen. Zwischen dieser und der Zustellung der Ladung soll thunlichst die Frist von einer Woche, jedoch mindestens von drei Tagen liegen.[13]

Verringert sich die Zahl der dreißig Hauptgeschworenen vor dem Beginne der Sitzungsperiode, so sind, wenn es noch geschehen kann, aus der Jahresliste für Hauptgeschworene andere Geschworene auszuloosen und auf die Spruchliste zu bringen;[14] ist dies nicht mehr möglich oder tritt die Ver-

---

[8] Bei Ausloosung der Schöffen ist dies nicht erforderlich, GVG. §. 45.

[9] Vgl. Th. I §. 16 Anm. 18.

[10] GVG. §. 91.

[11] GVG. §. 92.

[12] GVG. §. 56.

[13] GVG. §. 93. Die Nichtbeobachtung dieser Vorschrift gibt dem Geschworenen kein Recht, der Berufung zur Dienstleistung nicht Folge zu leisten; Löwe S. 101.

[14] GVG. §. 94 Abs. 2.

ringerung erst nach dem Beginne der Sitzungsperiode ein, so erfolgt die Ergänzung aus der Jahresliste für Hülfsgeschworene.[15]

Die Entscheidung hinsichtlich der Ordnungsstrafen gegen Geschworene wird von dem Schwurgerichtshof erlassen. Beschwerde ist gegen diese Entscheidung zulässig.[16]

III. Ausschließung und Ablehnung der Gerichtspersonen.

§. 19.

1. Ausschließung des Richters.

I. Die Fähigkeit zum Richteramte ist keine absolute. Ein Richter, der allen gesetzlichen Erfordernissen entspricht, kann trotzdem aus gewissen Gründen unfähig sein, in einer einzelnen Strafsache oder in einem Theile derselben mitzuwirken.

Die Strafprozeßordnung unterscheidet in dieser Hinsicht zwischen Ausschließungs- und Ablehnungsgründen. Ausschließungsgründe sind diejenigen, bei deren Vorhandensein ein Richter mit Rücksicht auf das Ansehen der Strafjustiz von der Ausübung seines Amtes kraft Gesetzes ausgeschlossen ist, während die Geltendmachung von Ablehnungsgründen wegen Besorgniß der Befangenheit des Richters dem freien Ermessen der zur Ablehnung berechtigten Personen überlassen ist.

II. Als Ausschließungsgründe hat die Strafprozeßordnung die folgenden[1] aufgestellt:

---

[15] StPO. §. 280.

[16] Vgl. Th. I §. 17 Anm. 33.

[1] StPO. §. 22.

1. wenn der Richter selbst durch die strafbare Handlung verletzt ist;
2. wenn er Ehemann oder Vormund der beschuldigten oder der verletzten Person ist oder gewesen ist;
3. wenn er mit dem Beschuldigten oder mit dem Verletzten in gerader Linie verwandt, verschwägert oder durch Adoption verbunden, in der Seitenlinie bis zum dritten Grade verwandt oder bis zum zweiten Grade verschwägert ist, auch wenn die Ehe, durch welche die Schwägerschaft begründet ist, nicht mehr besteht;[2]
4. wenn er in der Sache als Beamter der Staatsanwaltschaft, als Polizeibeamter, als Anwalt des Verletzten oder als Vertheidiger thätig gewesen ist;
5. wenn er in der Sache als Zeuge oder Sachverständiger vernommen ist.

Zu diesen Ausschließungsgründen kommen dann noch drei, bei deren Vorhandensein ein Richter nur für einen Theil der Strafsache von der Ausübung seines Amtes ausgeschlossen ist:[3]

1. Ein Richter, welcher bei einer durch ein Rechtsmittel (Beschwerde, Berufung, Revision) angefochtenen Entscheidung mitgewirkt hat, ist von der Mitwirkung bei der Entscheidung in höherer Instanz kraft Gesetzes ausgeschlossen.
2. Der Untersuchungsrichter[4] darf in denjenigen Sachen,

---

[2] Der dritte bzw. zweite Grad ist mitbegriffen.

[3] StPO. §. 23.

[4] Diese Bestimmung gilt auch für den Amtsrichter, welchem die Führung einer Voruntersuchung übertragen ist (StPO. §. 183 Satz 1), dagegen nicht für den Richter, welcher einzelne Untersuchungshandlungen vorgenommen hat (StPO. §§. 160, 163, 164, 183 Satz 2); vgl. Löwe S. 255 f., von Schwarze S. 151.

in welchen er die Voruntersuchung geführt hat, nicht Mitglied des erkennenden Gerichts sein, auch nicht bei einer außerhalb der Hauptverhandlung erfolgenden Entscheidung der Strafkammer mitwirken.

3. An dem Hauptverfahren vor der Strafkammer dürfen mehr als zwei von denjenigen Richtern, welche bei der Entscheidung über die Eröffnung des Hauptverfahrens mitgewirkt haben, und namentlich der Richter, welcher Bericht über den Antrag der Staatsanwaltschaft erstattet hatte, nicht theilnehmen.

III. Ausschließungsgründe sind stets von Amtswegen zu berücksichtigen. Auch der Richter, bei dem sie vorhanden sind, soll sie selbst angeben. Es steht jedoch auch den Personen, welche berechtigt sind, einen Richter wegen Besorgniß der Befangenheit abzulehnen,[5] jederzeit das Recht zu, Ausschließungsgründe geltend zu machen.[6]

Ein kraft Gesetzes ausgeschlossener Richter soll Amtshandlungen überhaupt nicht vornehmen. Hat er bei einem Urtheile mitgewirkt, so kann dasselbe mit der Revision angefochten werden;[7] alle übrigen Amtshandlungen eines ausgeschlossenen Richters sind von vornherein ungültig.

§. 20.

2. Ablehnung des Richters.

1. Die Ablehnungsgründe sind nicht besonders namhaft gemacht; es findet sich vielmehr nur die allgemeine Bestimmung, daß ein Richter wegen Besorgniß der Befangenheit abgelehnt werden kann, wenn ein Grund vorliegt, welcher

---

[5] Vgl. Th. I §. 20.

[6] StPO. §. 24.

[7] StPO. §. 377 Z. 2; vgl. hinsichtlich der Berufung §. 369.

geeignet ist, Mißtrauen gegen die Unparteilichkeit des Richters zu rechtfertigen.[1]

2. Berechtigt zur Ablehnung sind zunächst die Staatsanwaltschaft, der Privatkläger und der Beschuldigte,[2] außerdem auch der Nebenkläger[3] und die Verwaltungsbehörde in den Fällen, in welchen sie befugt ist, die Anklage selbst zu erheben.[4] Auch der Richter selbst kann Ablehnungsgründe zur Anzeige bringen.[5] Den zur Ablehnung Berechtigten sind auf Verlangen die zur Mitwirkung bei der Entscheidung berufenen Gerichtspersonen namhaft zu machen.[6]

3. Die Geltendmachung des Ablehnungsrechts ist an eine Frist gebunden.[7] In der Hauptverhandlung erster Instanz muß dasselbe bis zur Verlesung des Beschlusses über die Eröffnung des Hauptverfahrens[8] und in der Berufungs-[9] und der Revisionsinstanz[10] bis zum Beginne der Berichterstattung erfolgen. Selbst wenn der Ablehnungsgrund erst nach den erwähnten Fristen sich herausstellt, kann derselbe nicht mehr geltend gemacht werden.

4. Das Ablehnungsgesuch ist bei dem Gerichte, welchem der Richter angehört, anzubringen. Besondere Formen sind hierfür nicht vorgeschrieben.[11] Der Ablehnungsgrund muß glaubhaft gemacht werden. Als Mittel der Glaubhaftmachung ist der Eid ausgeschlossen, das Zeugniß des abgelehnten Richters dagegen zulässig.[12]

---

[1] StPO. §. 24.
[2] StPO. §. 24 Abs. 3.
[3] StPO. §. 437 Abs. 1, vgl. jedoch Abs. 2.
[4] StPO. §§. 464, 466.
[5] StPO. §. 30.
[6] StPO. §. 24 Abs. 3.
[7] StPO. §. 25.
[8] StPO. §. 242.
[9] StPO. §. 365.
[10] StPO. §. 391.
[11] StPO. §. 26 Abs. 1.
[12] StPO. §. 26 Abs. 2.

Der abgelehnte Richter hat sich über den Ablehnungsgrund dienstlich zu äußern.[13] Hält er das Ablehnungsgesuch für begründet, so findet ein weiteres Verfahren nicht statt.[14] Ist dies nicht der Fall, so muß eine Entscheidung des Gerichts eintreten, bei welcher der abgelehnte Richter nicht mitwirkt.[15] Zuständig für diese Entscheidung ist das Gericht d. h. die Strafkammer, der Schwurgerichtshof, der Strafsenat, welchem der abgelehnte Richter angehört. Wird das Gericht durch Ausscheiden des letzteren beschlußunfähig, so entscheidet das zunächst obere Gericht. Handelt es sich um die Ablehnung eines Untersuchungsrichters oder eines Amtsrichters, so entscheidet die Strafkammer des Landgerichts.[16]

Wird das Ablehnungsgesuch für begründet erklärt, so ist damit die Sache erledigt. Gegen den Beschluß jedoch, welcher das Ablehnungsgesuch für unbegründet erklärt, ist, soweit er überhaupt angefochten werden kann, sofortige Beschwerde zulässig.[17] Bezog sich das Ablehnungsgesuch auf einen erkennenden Richter, so kann der Beschluß des Gerichts nicht für sich allein, sondern nur mit dem Urtheil durch Berufung oder Revision angefochten werden.[18]

5. Ein abgelehnter Richter hat vor Erledigung des Ablehnungsgesuchs nur solche Handlungen vorzunehmen, die keinen Aufschub gestatten.[19] Handlungen eines mit Erfolg abgelehnten Richters werden ebenso beurtheilt wie diejenigen eines kraft Gesetzes ausgeschlossenen Richters.[20]

---

[13] StPO. §. 26 Abs. 3.
[14] StPO. §. 27 Abs. 2.
[15] Vgl. auch StPO. §. 30.
[16] StPO. §. 27 Abs. 1 und 2.
[17] StPO. §§. 28 Abs. 1, 346, 353.
[18] StPO. §. 28 Abs. 2.
[19] StPO. §. 29.
[20] StPO. §. 377 Z. 3; vgl. Th. I §. 19 III.

§. 21.

3. Ausschließung und Ablehnung der übrigen Gerichtspersonen.

Die in den §§. 19 und 20 dargestellten Grundsätze finden zunächst auch auf die Schöffen und den Gerichtsschreiber, soweit sie passen, Anwendung.[1] Die Entscheidung über eine Ausschließung oder Ablehnung von Schöffen erfolgt durch den Amtsrichter. Hinsichtlich des Gerichtsschreibers entscheidet das Gericht oder der Richter, welchem derselbe beigegeben ist.[2]

Der Gerichtsvollzieher ist kraft Gesetzes in Strafsachen von der Ausübung seines Amtes ausgeschlossen,[3] wenn er selbst durch die strafbare Handlung verletzt oder wenn er der Ehemann der Beschuldigten oder Verletzten ist oder gewesen ist, oder wenn er mit dem Beschuldigten oder Verletzten in einem bestimmten Verwandtschafts- oder Schwägerschaftsverhältnisse[4] steht.

Die Geschworenen sind aus denselben Gründen von der Ausübung ihres Amtes kraft Gesetzes ausgeschlossen, aus welchen dies bei dem Richter der Fall ist.[5] Außerdem können sie noch von den Parteien in der Hauptverhandlung ohne Angabe von Gründen abgelehnt werden.[6]

---

[1] StPO. §. 31 Abs. 1. Auf Schöffen und Gerichtsschreiber beziehen sich StPO. §§. 22, 24—26, 28, 30, auf Letzteren allein noch §. 29.

[2] StPO. §. 31 Abs. 2.

[3] GVG. §. 156 Nr. II.

[4] Vgl. GVG. §. 156 Nr. I. 3.

[5] StPO. §§. 32, 22.

[6] Vgl. in Betreff der Sachverständigen StPO. §. 74 und der Dolmetscher GVG. §. 193.

Dritter Abschnitt.

Zuständigkeit.

§. 22.

1. Zuständigkeit im allgemeinen.

1. Die Befugniß zur Ausübung der Strafgerichtsbarkeit[1] setzt Zuständigkeit der Gerichte voraus und zwar müssen dieselben in doppelter Hinsicht, in sachlicher und in örtlicher, zuständig sein.

Die sachliche Zuständigkeit der Gerichte ist nach mehreren Gesichtspunkten geregelt.[2] Mit Bezug hierauf haben die verschiedenen Arten der Gerichte in bestimmten Strafsachen thätig zu sein und erscheinen als Gerichte höherer, gleicher und niederer Ordnung. Die Thätigkeit eines Gerichts erstreckt sich jedoch nicht auf alle Strafsachen, für welche es sachlich zuständig ist. Unter den Gerichten gleicher Ordnung d. h. mit gleicher sachlicher Zuständigkeit ist vielmehr eine Geschäftseintheilung vorgenommen und jedem Gerichte je nach dem Umfange seiner sachlichen Zuständigkeit ein größerer oder kleinerer Kreis des Staatsgebietes zugewiesen, innerhalb dessen es allein thätig sein soll. Die beiden Arten der Zuständigkeit stehen in dem Verhältnisse zu einander, daß die örtliche Zuständigkeit die sachliche zur nothwendigen Voraussetzung hat.

Sachliche und örtliche Zuständigkeit der Gerichte beziehen sich nicht bloß, obwol dies vorzugsweise der Fall ist, auf die Thätigkeit der Gerichte als erkennender Gerichte erster Instanz, sondern auf deren gesammte Thätigkeit. Die sach-

---

[1] Vgl. Th. I §. 4.

[2] Vgl. Th. I §. 5.

liche und örtliche Zuständigkeit der zweiten bzw. dritten Instanz ergibt sich dabei von selbst aus derjenigen der ersten Instanz.

2. Der Berechtigung eines Gerichts, eine bestimmte Strafsache zu erledigen, entspricht die Verpflichtung des Angeschuldigten, sich der Strafgerichtsbarkeit des betreffenden Gerichts zu unterwerfen. Wie aber die Berechtigung zur Erledigung der Strafsache zugleich Verpflichtung des Gerichts ist (Gerichtszwang), so ist auch die Verpflichtung zugleich Berechtigung des Angeschuldigten (Gerichtsstand). Der Angeschuldigte braucht sich einem unzuständigen Gerichte nicht zu unterwerfen, sein Verzicht auf diese Berechtigung würde sogar in gewissen Fällen, z. B. wenn die Bestimmungen über die sachliche Zuständigkeit nicht beobachtet sind, ohne Einfluß auf die Erledigung der Strafsache sein.

3. Für die Ausübung der Berechtigung des Angeschuldigten sind, soweit das öffentliche Interesse und sein eigenes dabei nicht leiden, einige beschränkende Bestimmungen aufgestellt.

a) Das Gericht hat seine sachliche Zuständigkeit in jeder Lage des Verfahrens von Amtswegen zu prüfen.[3] Die einzelnen Untersuchungshandlungen eines sachlich unzuständigen Gerichts sind ungültig, die Urtheile desselben anfechtbar.[4] Hiervon ist jedoch eine Ausnahme gemacht. In der Hauptverhandlung darf ein Gericht sich nicht aus dem Grunde für unzuständig erklären, weil die Strafsache vor ein Gericht niederer Ordnung gehört.[5] Das öffentliche und das Interesse des Angeschuldigten werden in einem

[3] StPO. §. 6.

[4] StPO. §. 377 Nr. 4; vgl. auch §. 369.

[5] StPO. §. 269; vgl. für den entgegengesetzten Fall, wenn die Strafsache vor ein Gericht höherer Ordnung gehört, §. 270.

solchen Falle dadurch nicht verletzt, daß die betreffende Strafsache mit mehr Garantien erledigt wird als nothwendig ist.

b) Bei der örtlichen Zuständigkeit handelt es sich nur um gleichmäßig besetzte Gerichte. In den meisten Fällen ist es daher gleichgültig, welches von diesen Gerichten eine Strafsache aburtheilt. Aus diesem Grunde darf das Gericht nach Eröffnung des Hauptverfahrens seine Unzuständigkeit nicht mehr von Amtswegen, sondern nur auf Einwand des Angeklagten aussprechen,[6] und kann der Angeschuldigte auf seine Berechtigung, von dem (auch örtlich) zuständigen Gerichte abgeurtheilt zu werden, verzichten. Will er dies jedoch nicht, so muß er den Einwand der örtlichen Unzuständigkeit innerhalb gewisser Fristen geltend machen.[7] Zu unterscheiden ist dabei, ob eine Voruntersuchung stattfindet oder nicht.[8] Findet eine Voruntersuchung statt, so kann der Angeschuldigte den obigen Einwand nur bis zum Schlusse derselben[9] erheben, wenn er desselben nicht verlustig gehen will. Ist durch eine Entscheidung, gleichviel ob auf Antrag des Angeschuldigten oder nicht, die örtliche Zuständigkeit für die Voruntersuchung festgestellt, so ergibt sich hieraus auch die Zuständigkeit für das Hauptverfahren.[10] Findet eine Voruntersuchung nicht statt, so ist der Einwand der örtlichen Unzuständigkeit spätestens in der Hauptverhandlung bis zur Verlesung des Beschlusses über die Eröffnung des Hauptverfahrens geltend zu machen.[11]

Die einzelnen Untersuchungshandlungen eines örtlich

---

[6] StPO. §. 18.

[7] StPO. §. 16; vgl. hierzu noch §§. 178—180 und Th. III Abschn. 2 dieses Buches.

[8] Vgl. Löwe S. 241 ff., von Schwarze S. 142 ff.

[9] StPO. §. 195.

[10] StPO. §. 17.

[11] StPO. §. 242 Abs. 2.

unzuständigen Gerichts sind nicht schon dieser Unzuständigkeit wegen ungültig.[12] Auch hat ein örtlich unzuständiges Gericht ohne Ersuchen des zuständigen sich denjenigen innerhalb seines Bezirks vorzunehmenden Untersuchungshandlungen zu unterziehen, bei denen Gefahr im Verzug obwaltet.[13]

§. 23.

2. Sachliche Zuständigkeit.

Die sachliche Zuständigkeit der Gerichte ist zum größten Theile im Gerichtsverfassungsgesetze geregelt.[1] Von den in der Strafprozeßordnung[2] enthaltenen Bestimmungen sind hier nur diejenigen zu erwähnen, die sich auf die Erledigung zusammenhängender Strafsachen beziehen, welche einzeln zur Zuständigkeit von Gerichten verschiedener Ordnung gehören würden.[3]

Ein Zusammenhang von Strafsachen ist vorhanden, wenn eine Person mehrerer strafbarer Handlungen beschuldigt wird, oder wenn bei einer strafbaren Handlung mehrere Personen als Thäter, Theilnehmer, Begünstiger oder Hehler beschuldigt sind.[4] Derartig zusammenhängende Strafsachen können bei demjenigen Gerichte anhängig gemacht werden, welchem die höhere Zuständigkeit beiwohnt.[5] Unzulässig ist nur die Verbindung von Schwurgerichts- und Privatklagesachen.[6]

Die Entscheidung der Frage, ob eine Verbindung der

---

[12] StPO. §. 20.
[13] StPO. §. 21.
[1] StPO. §. 1; vgl. Th. I §§. 6 ff.
[2] Vgl. StPO. §§. 98, 100, 125, 128, 160, 176, 477, 494.
[3] StPO. §§. 2—5.
[4] StPO. §. 3.
[5] StPO. §. 2 Abs. 1; vgl. außerdem §. 236.
[6] StPO. §. 424 Abs. 2.

zusammenhängenden Strafsachen stattfinden soll oder nicht, erfolgt durch Beschluß des Gerichts lediglich nach Gründen der Zweckmäßigkeit. Es gilt dies nicht nur, wenn die Staatsanwaltschaft die Voruntersuchung beantragt und der Untersuchungsrichter den Antrag auf Verbindung der zusammenhängenden Strafsachen abgelehnt, sondern auch wenn die Staatsanwaltschaft eine Anklageschrift eingereicht hat, welche sich auf die zusammenhängenden Strafsachen bezieht.[7]

Eine Verbindung zusammenhängender oder eine Trennung verbundener Strafsachen ist auch nach Eröffnung der Untersuchung zulässig. Es kann dies von der Staatsanwaltschaft oder dem Angeschuldigten beantragt oder von dem Gerichte selbst angeordnet werden. Nothwendig ist aber hierzu unter allen Umständen ein Beschluß des Gerichts, der ebenfalls lediglich nach Gründen der Zweckmäßigkeit erfolgt.[8] Es entscheidet das Gericht höherer Ordnung, wenn das betheiligte Gericht niederer Ordnung zu dem Gerichtsbezirke des ersteren gehört, ist dies aber nicht der Fall, so entscheidet das gemeinschaftliche obere Gericht.[9]

Das Verfahren bei zusammenhängenden Strafsachen richtet sich für die Dauer der Verbindung nach der Strafsache, welche zur Zuständigkeit des Gerichts höherer Ordnung[10] gehört.[11]

---

7 StPO. §. 2 Abs. 2.

8 StPO. §. 4 Abs. 1.

9 StPO. §. 4 Abs. 2.

10 StPO. §. 5.

11 Die StPO. enthält keine Bestimmungen, welche sich auf die Erledigung eines die sachliche Zuständigkeit betreffenden Streites beziehen, vgl. Löwe S. 209.

§. 24.

3. Oertliche Zuständigkeit.

Die örtliche Zuständigkeit oder der Gerichtsstand[1] wird durch den Gerichtsbezirk, durch den Zusammenhang mehrerer Strafsachen oder durch Auftrag eines oberen Gerichts begründet.

I. Durch den Gerichtsbezirk.

Hierbei ist zu unterscheiden, ob die strafbare Handlung im Inlande oder im Auslande begangen ist.

1. Für die im Inlande begangenen strafbaren Handlungen gilt der Gerichtsstand der begangenen[2] That[3] und neben und gleichberechtigt mit diesem auch der Gerichtsstand des Wohnsitzes[4] des Angeschuldigten zur Zeit der Erhebung der Klage.[5] Hat der Angeschuldigte keinen Wohnsitz im deutschen Reiche, so wird derselbe ersetzt durch den gewöhnlichen Aufenthaltsort[6] und, wenn ein solcher nicht bekannt ist, durch den letzten Wohnsitz.

Ist weder der Gerichtsstand der begangenen That noch der Gerichtsstand des Wohnsitzes ermittelt, so findet der

---

[1] Die StPO. gebraucht diesen Ausdruck nur in dem Sinne der örtlichen Zuständigkeit; vgl. Motive zur StPO. S. 9.

[2] Der Begriff der begangenen That ist hier in demselben Sinne wie im Gebiete des Strafrechts zu nehmen; vgl. Löwe S. 221 ff., von Schwarze S. 125 ff.

[3] StPO. §. 7. Eine Ausnahme kann in Privatklagesachen bei Erhebung der Widerklage eintreten, StPO. §. 428.

[4] StPO. §. 8.

[5] Ueber den G. d. W. der Deutschen, welche das Recht der Exterritorialität genießen, und der im Auslande angestellten deutschen Beamten vgl. StPO. §. 11.

[6] Vgl. über diesen Begriff BGes. über den Unterstützungswohnsitz vom 6. Juni 1870 §. 10 und RGes. über die Presse v. 7. Mai 1874 §. 8.

Gerichtsstand der Ergreifung[7] Anwendung. Hat eine Ergreifung des Angeschuldigten nicht stattgefunden, so wird das zuständige Gericht vom Reichsgerichte bestimmt.[8]

2. Für die im Auslande[9] begangenen strafbaren Handlungen gilt zunächst der Gerichtsstand des Wohnsitzes, gewöhnlichen Aufenthaltsortes bzw. letzten Wohnsitzes. Kann die Anklage hier nicht erhoben werden, so ist der Gerichtsstand der Ergreifung maßgebend. Hat eine Ergreifung nicht stattgefunden, so wird das zuständige Gericht vom Reichsgerichte bestimmt.[10]

3. Eine besondere Bestimmung, die nicht als Ausnahme von den vorher dargestellten Regeln aufzufassen ist, findet sich hinsichtlich der strafbaren Handlungen, die auf einem deutschen (Kriegs- oder Handels-) Schiffe im Auslande oder in offener See begangen sind.[11] Zur Aburtheilung derselben ist das Gericht zuständig, in dessen Bezirk der Heimatshafen[12] oder derjenige deutsche Hafen liegt, welchen das Schiff nach der That zuerst erreicht. Diese Bestimmung sorgt dafür, ohne in die ausländische Strafgerichtsbarkeit einzugreifen, daß strafbare Handlungen in den obigen Fällen aushülfsweise durch deutsche Gerichte verfolgt werden können.

4. Unter mehreren örtlich zuständigen Gerichten gebührt demjenigen der Vorzug, welches die Untersuchung[13] zuerst eröffnet hat; jedoch kann das gemeinschaftliche obere

---

7 Vgl. StPO. §. 127.

8 StPO. §. 9 Abs. 2 und 1.

9 StGB. §. 8.

10 StPO. §. 9 Abs. 1.

11 StPO. §. 10.

12 Vgl. hierüber DHGB. Art. 435, BGes. betr. die Nationalität der Kauffahrteischiffe vom 25. Okt. 1867 §. 5.

13 Oder was derselben gleich zu achten ist; vgl. StPO. §§. 168, 211 Abs. 1, 265, 447 ff., 456, 462.

Gericht durch einen nicht anfechtbaren Beschluß[14] einem anderen der zuständigen Gerichte die Untersuchung und Entscheidung der Strafsache übertragen.[15]

II. Durch den Zusammenhang mehrerer Strafsachen.

Zusammenhängende Strafsachen,[16] welche einzeln zur Zuständigkeit verschiedener Gerichte gleicher Ordnung gehören würden, können sämmtlich oder zum Theil bei jedem Gerichte erledigt werden, welches für eine derselben zuständig ist.[17] Nothwendig ist nur, daß die betreffenden Strafsachen im Wege des ordentlichen Verfahrens zu erledigen sind.[18]

Zu unterscheiden ist hierbei, ob die mehreren zusammenhängenden Strafsachen bereits anhängig gemacht worden sind oder nicht. So lange dies letztere noch nicht der Fall ist, unterliegt es dem Ermessen der Staatsanwaltschaft, ob und bei welchem der zuständigen Gerichte die Verbindung eintreten soll. Sind dagegen die betreffenden Strafsachen einzeln bereits bei verschiedenen Gerichten anhängig gemacht worden,[19] so können dieselben bei einem der zuständigen Gerichte nur durch eine den Anträgen der Staatsanwaltschaft entsprechende Vereinbarung der betheiligten Gerichte verbunden werden. Der bzw. die Angeschuldigten brauchen nicht gehört zu werden. Kommt eine solche Vereinbarung aber nicht zu Stande, so entscheidet, wenn die Staatsanwaltschaft oder ein Angeschuldigter hierauf anträgt, das gemeinschaftliche obere Gericht

---

[14] StPO. §. 346 Abs. 3.

[15] StPO. §. 12.

[16] StPO. §. 3; vgl. Th. I §. 23.

[17] StPO. §. 13 Abs. 1; vgl. außerdem §. 236.

[18] Ausgeschlossen sind daher Strafsachen, die durch Strafbefehl erledigt werden, StPO. §. 447.

[19] Sie brauchen sich nicht in dem gleichen Stadium der Untersuchung zu befinden.

darüber, ob und bei welchem der Gerichte die Verbindung einzutreten habe.[20]

Die Verbindung mehrerer zusammenhängender Strafsachen kann aber auch wieder aufgehoben werden. Es ist hierzu erforderlich ein Antrag der Staatsanwaltschaft oder eines Angeschuldigten. Gleichgültig ist es, ob der Antrag auf Wiederaufhebung der Verbindung von der Staatsanwaltschaft, der Antrag aber, in Folge dessen die Verbindung eingetreten war, von einem Angeschuldigten, oder ob dieser Antrag von der Staatsanwaltschaft, jener von einem Angeschuldigten gestellt worden ist. Die Wiederaufhebung der Verbindung wird durch das gemeinschaftliche obere Gericht ausgesprochen.[21]

Die Fragen, ob, in welchem Umfange, und bei welchem Gerichte die Verbindung zusammenhängender Strafsachen eintreten soll, und ob eine eingetretene Verbindung ganz oder theilweise wieder aufzuheben ist, sind lediglich nach Gründen der Zweckmäßigkeit zu entscheiden.

III. Durch Auftrag eines oberen Gerichts kann in folgenden Fällen ein Gerichtsstand begründet werden:

1. Wenn die strafbare Handlung im Auslande begangen, der Gerichtsstand des Wohnsitzes[22] u. s. w. nicht begründet ist und eine Ergreifung nicht stattgefunden hat.[23]

2. Wenn die strafbare Handlung im Inlande begangen, der Gerichtsstand der begangenen That oder des Wohnsitzes nicht ermittelt ist und eine Ergreifung nicht stattgefunden hat.[24]

3. Wenn das eine von mehreren örtlich zuständigen Gerichten die Untersuchung zuerst eröffnet hat, so kann trotz-

[20] StPO. §. 13 Abs. 2.
[21] StPO. §. 13 Abs. 3.
[22] StPO. §. 8.
[23] StPO. §. 9 Abs. 1.
[24] StPO. §. 9 Abs. 2.

dem ein anderes der zuständigen Gerichte mit der Erledigung der Strafsache beauftragt werden.[25]

4. Wenn mehrere zusammenhängende Strafsachen zu erledigen sind, welche einzeln zur Zuständigkeit verschiedener Gerichte gleicher Ordnung gehören, so kann einem dieser Gerichte die Erledigung aller Strafsachen übertragen werden.[26]

5. Wenn zwischen mehreren Gerichten Streit über die örtliche Zuständigkeit besteht.[27]

6. Wenn das an sich zuständige Gericht in einem einzelnen Falle an der Ausübung des Richteramts rechtlich oder thatsächlich verhindert,[28] oder von der Verhandlung vor diesem Gerichte eine Gefährdung der öffentlichen Sicherheit zu besorgen ist.[29]

7. Wenn mehrere Gerichte, von denen eins das zuständige ist, durch nicht mehr anfechtbare Entscheidungen ihre Unzuständigkeit ausgesprochen haben.[30]

Die erforderlichen Entscheidungen, durch welche das zuständige Gericht in den sieben Fällen bezeichnet wird, erfolgen in den ersten beiden Fällen durch das Reichsgericht, in dem dritten, vierten, fünften und siebenten durch das gemeinschaftliche obere Gericht.[31] In dem sechsten Falle überträgt das zunächst obere Gericht[31] die Untersuchung und Entscheidung einem Gerichte seines Bezirks, welches dieselbe sachliche Zuständigkeit hat wie das an sich zuständige, aber verhinderte Gericht.

---

[25] StPO. §. 12 Abs. 2.

[26] StPO. §. 13 Abs. 2.

[27] StPO. §. 14.

[28] Z. B. weil es in Folge Ausschließung der Richter an der erforderlichen Richterzahl fehlt.

[29] StPO. §. 15; vgl. noch GVG. §. 98.

[30] StPO. §. 19; vgl. noch §. 394 Abs. 2.

[31] Strafkammer, Oberlandesgericht oder Reichsgericht.

§. 25.

4. Rechtshülfe.

1. Die Gerichtsgewalt eines jeden deutschen Gerichts erstreckt sich auf den Bezirk, für welchen dasselbe bestellt ist. Diese an sich nothwendige Beschränkung würde in nur zu vielen Fällen die Durchführung der Strafrechtspflege völlig illusorisch machen, wenn nicht für alle deutschen Gerichte, gleichviel ob sie demselben Bundesstaate angehören oder nicht, die Verpflichtung bestände, sich gegenseitig Rechtshülfe zu leisten, und wenn nicht den Gerichten gestattet wäre, unter gewissen Bedingungen ihre Gerichtsgewalt auch über die Grenzen ihres Bezirks auszudehnen.

Hinsichtlich der Rechtshülfe, welche sich die Gerichte zu leisten haben, gelten die Vorschriften des Gerichtsverfassungsgesetzes,[1] wenn es sich um Strafsachen handelt, welche vor die ordentlichen Gerichte gehören, dagegen die Vorschriften des Gesetzes[2] vom 21. Juni 1869, betreffend die Gewährung der Rechtshülfe, wenn diese von anderen als den ordentlichen Gerichten gefordert wird bzw. zu leisten ist.

2. Die Rechtshülfe wird nur auf Ersuchen geleistet. Wenn Gefahr im Verzug obwaltet, kann aber auch ein unzuständiges Gericht aus eigener Initiative Untersuchungshandlungen vornehmen.[3] Das Ersuchen um Rechtshülfe ist

---

[1] GVG. §§. 157—169, jedoch beziehen sich nicht alle §§. auf Rechtshülfe (vgl. §§. 161, 162, 167, 168) oder auf Rechtshülfe, welche von den Gerichten gefordert wird, bzw. zu leisten ist (vgl. §§. 163, 164, 169). Vgl. noch preuß. AG. zum deutschen GVG. vom 24. April 1878 §. 87.

[2] Dasselbe bleibt hier unberücksichtigt.

[3] StPO. §. 21, vgl. auch §. 163.

an das Amtsgericht zu richten, in dessen Bezirke die Amtshandlung vorgenommen werden soll.[4]

Das Ersuchen eines im Instanzenzuge vorgesetzten Gerichts darf überhaupt nicht, das eines im Instanzenzuge nicht vorgesetzten Gerichts nur aus folgenden Gründen abgelehnt werden:[5]

a) wenn dem ersuchten Gerichte die örtliche Zuständigkeit mangelt, oder

b) wenn die vorzunehmende Handlung nach dem Rechte des ersuchten Gerichts verboten ist.

Wird das Ersuchen um Rechtshülfe abgelehnt, oder demselben mit Unrecht[6] stattgegeben, so ist hiergegen Beschwerde[7] zulässig. Ueber diese Beschwerde entscheidet aber nicht das Landgericht, sondern das Oberlandesgericht. Die Entscheidung des letzteren kann nur angefochten werden, wenn die Rechtshülfe für *unzulässig* erklärt ist *und* wenn das ersuchende und das ersuchte Gericht den Bezirken *verschiedener* Oberlandesgerichte angehören. Die Beschwerde[7] geht in diesem Falle an das Reichsgericht. Die Entscheidungen des Oberlandesgerichts und des Reichsgerichts erfolgen nur auf Antrag der Betheiligten[8] oder des ersuchenden Gerichts und ohne vorgängige mündliche Verhandlung.[9]

Die *Kosten* der Rechtshülfe werden von der ersuchenden Behörde nicht erstattet.[10] Die baaren Auslagen, welche durch

---

[4] GVG. §. 158.

[5] GVG. §. 159.

[6] GVG. §. 159 Abs. 2.

[7] Auf diese Beschwerde (im weiteren Sinne) können die in der StPO. §§. 346 ff. enthaltenen Vorschriften nicht analog angewendet werden.

[8] Unter B. sind diejenigen zu verstehen, „welche ein Interesse daran haben, daß dem Ersuchen stattgegeben wird“, vgl. Motive zum GVG. S. 193.

[9] GVG. §. 160.

[10] GVG. §. 165 Abs. 2.

eine Ablieferung oder Strafvollstreckung entstehen, werden jedoch der ersuchten Behörde von der ersuchenden erstattet, wenn beide verschiedenen Bundesstaaten angehören.[11]

3. Das Gebiet der Rechtshülfe hat sich erheblich dadurch verringert,[12] daß alle Gebote oder Verbote eines jeden deutschen Gerichts von allen im deutschen Reiche sich aufhaltenden Personen[13] zu befolgen sind, ohne daß es der Anweisung zur Folgeleistung durch das für sie zuständige Gericht bedarf. Ladungen und Zustellungen erfolgen direkt.[14] Auch können die Gerichte (Staatsanwaltschaft und Gerichtsschreiber) wegen Ertheilung eines Auftrags an einen Gerichtsvollzieher die Mitwirkung des Gerichtsschreibers des Amtsgerichts in Anspruch nehmen, in dessen Bezirke der Auftrag ausgeführt werden soll.[15]

Die Rechtshülfe wird ferner in den Fällen entbehrlich, in welchen das Gericht[16] außerhalb seines Bezirks Amtshandlungen vornehmen darf. In der Regel gehört hierzu Zustimmung des Amtsgerichts des Orts, wo die Amtshandlung vorgenommen werden soll; wenn jedoch Gefahr im Verzug obwaltet, kann ohne Zustimmung gehandelt werden. In diesem Falle ist jedoch dem Amtsgerichte des Orts Anzeige zu machen.[17]

4. Die Rechtshülfe dem Auslande gegenüber richtet sich zunächst nach den zwischen dem deutschen Reiche und ausländischen Staaten abgeschlossenen Verträgen; fehlt es

---

[11] GVG. §. 165 Abs. 1; vgl. ferner noch §§. 165 Abs. 3 und 4, 166.

[12] Vgl. hierüber bes. die Motive zum GVG. S. 188 ff.

[13] Vgl. Einl. §. 2 Anm. 12.

[14] GVG. §. 161.

[15] GVG. §. 162.

[16] Hinsichtlich der Sicherheitsbeamten vgl. GVG. §. 168.

[17] GVG. §. 167.

an solchen, so hängt es lediglich von dem Willen des ersuchten Staats ab, ob er einem von einer ausländischen Behörde gestellten Ersuchen willfahren will oder nicht. Ist derselbe hierzu bereit, so gelten für die Erledigung eines solchen Ersuchens die Gesetze des ersuchten Staats.

Die Verträge zwischen dem deutschen Reiche und ausländischen Staaten[18] beziehen sich hauptsächlich auf die Auslieferung von Verbrechern. In einigen Verträgen ist jedoch noch in weiterem Umfange Rechtshülfe versprochen, z. B. hinsichtlich der Vernehmung von Zeugen oder der Vornahme anderer Untersuchungshandlungen, der Zustellung von Ladungen, der Ueberlieferung von Beweisstücken u. s. w. Das Ersuchen um Rechtshülfe ist auf diplomatischem Wege zu stellen.

Hinsichtlich der Auslieferung von Verbrechern gelten die beiden Grundsätze, daß kein Inländer[19] einer ausländischen Regierung und daß wegen politischer[20] Verbrechen oder Vergehen nicht ausgeliefert, überhaupt nicht Rechtshülfe gewährt wird.[21]

---

[18] Das deutsche Reich hat Auslieferungsverträge abgeschlossen mit Italien (31. Oktober 1871), Großbritannien (14. Mai 1872), der Schweiz (24. Januar 1874), Belgien (24. Dezember 1874), Luxemburg (9. März 1876), Brasilien (17. September 1877), Schweden und Norwegen (19. Januar 1878) und Spanien (2. Mai 1878).

[19] StGB. §. 9, der in den verschiedenen Auslieferungsverträgen wiederholt ist.

[20] Es findet sich in einigen Auslieferungsverträgen auch der Ausdruck: strafbare Handlung, welche „einen politischen Charakter an sich trägt."

[21] Ueber die Rechtshülfe zwischen Gerichten und anderen Behörden sind, abgesehen von einigen Ausnahmen, reichsrechtliche Bestimmungen nicht vorhanden.

Zweiter Theil.

Die Parteien.

§. 26.

Uebersicht.

Der moderne Strafprozeß ist ein Parteienstreit. Als Parteien, wenn auch noch nicht als gleichberechtigte anerkannt, stehen sich die strafverfolgende Partei und der Angeklagte gegenüber.

Strafverfolgende Partei ist in der Regel die Staatsanwaltschaft (§§. 27 — 31). Bei Zuwiderhandlungen gegen die Vorschriften über die Erhebung öffentlicher Abgaben und Gefälle können die Verwaltungsbehörden (§. 32) die Anklage erheben, wenn die Staatsanwaltschaft die Erhebung ablehnt.

Zu diesen beiden tritt als drittes Organ der Strafverfolgung der durch die strafbare Handlung Verletzte hinzu und zwar entweder als Privatkläger (§§. 33 — 35, 37) oder als Nebenkläger (§§. 36, 37). Die Privatklage und die Nebenklage können nicht nur im öffentlichen, sondern auch im Interesse des Verletzten angestellt werden. Zweck der beiden Klagen ist zunächst die Bestrafung des Angeklagten, daneben aber auch in den Fällen, wo dies zulässig ist, Erlangung des durch eine strafbare Handlung verursachten

Schadens in der Gestalt einer an den Verletzten zu zahlenden Buße. Im Gegensatze zu den Verwaltungsbehörden ist der Verletzte berechtigt, die Privatklage zu erheben, ohne daß es einer vorgängigen Anrufung der Staatsanwaltschaft bedarf.

Die Verwaltungsbehörden und der Verletzte haben im Strafprozeß entweder als alleiniges Organ der Strafverfolgung oder neben der Staatsanwaltschaft und diese unterstützend mitzuwirken.

Erster Abschnitt.

Die strafverfolgende Partei.

I. Die Staatsanwaltschaft.

§. 27.

1. Aeußere Organisation.

1. Die Organisation der Staatsanwaltschaft[1] schließt sich an die Organisation der Gerichte derartig an, daß bei jedem Gerichte eine Staatsanwaltschaft bestehen soll.[2] Es ist dabei zulässig, daß ein Beamter der Staatsanwaltschaft für mehrere Gerichte bestellt wird.

Bei dem Reichsgerichte wird das Amt der Staatsanwaltschaft ausgeübt durch einen Ober-Reichsanwalt und durch

---

[1] Der Ausdruck „Staatsanwaltschaft" umfaßt alle Beamten derselben, der Ausdruck „Staatsanwalt" schließt den Amtsanwalt aus. — Die reichsrechtlichen Bestimmungen über die Staatsanwaltschaft sind lückenhaft und bedürfen in mehrfacher Hinsicht einer Ergänzung durch die Landesgesetzgebung; vgl. Löwe S. 125.

[2] GVG. §. 142.

einen oder mehrere Reichsanwälte, bei den Oberlandesgerichten, den Landgerichten und den Schwurgerichten durch einen oder mehrere Staatsanwälte, bei den Amtsgerichten und den Schöffengerichten durch einen oder mehrere Amtsanwälte.[3] Das Amt der Staatsanwaltschaft bei den Schwur- und Schöffengerichten ist von der Staatsanwaltschaft bei den betreffenden Land- und Amtsgerichten zu versehen.

2. Die sachliche Zuständigkeit der Beamten der Staatsanwaltschaft ergibt sich aus der sachlichen Zuständigkeit der Gerichte, für welche sie bestellt sind. Hiervon ist aber eine Ausnahme gemacht.[4] Die sachliche Zuständigkeit der Amtsanwälte erstreckt sich nicht auf das amtsrichterliche Verfahren zur Vorbereitung der öffentlichen Klage in denjenigen Strafsachen, welche zur Zuständigkeit anderer Gerichte als der Schöffengerichte gehören. Erst durch Ueberweisung einer Strafsache von Seiten des Landgerichts an das Schöffengericht wird auch die Zuständigkeit des betreffenden Amtsanwalts begründet.

3. Die örtliche Zuständigkeit der Beamten der Staatsanwaltschaft richtet sich ebenfalls nach der örtlichen Zuständigkeit der Gerichte.

Ein örtlich unzuständiger Beamter der Staatsanwaltschaft soll innerhalb seines Bezirks Amtshandlungen nur vornehmen, wenn Gefahr im Verzug obwaltet.[5] Ob ein solcher Fall vorliegt, entscheidet lediglich die Staatsanwaltschaft.

Ist Streit unter mehreren Beamten der Staatsanwaltschaft darüber, wer von ihnen die Verfolgung einer strafbaren Handlung zu übernehmen habe, so entscheidet, wenn

[3] GVG. §. 143 Abs. 1.
[4] GVG. §. 143 Abs. 2.
[5] GVG. §. 144 Abs. 2.

die betreffenden Beamten demselben Bundesstaate angehören, der ihnen vorgesetzte Beamte der Staatsanwaltschaft. Dasselbe gilt, wenn die Beamten zwar verschiedenen Bundesstaaten angehören, diese aber sich zu einem gemeinsamen Landgerichts- oder Oberlandgerichtsbezirke vereinigt haben. Ist dies letztere jedoch nicht der Fall, so entscheidet der Ober-Reichsanwalt.[6]

§. 28.

2. Innere Organisation.

Die Staatsanwaltschaft ist eine einheitliche Behörde ohne kollegialische Verfassung. Die Einheit bezieht sich aber, abgesehen von der Staatsanwaltschaft bei dem Reichsgericht, nicht auf das ganze deutsche Reich, sondern nur auf die einzelnen Bundesstaaten.

Hieraus ergeben sich folgende Sätze:

1. Träger der staatsanwaltschaftlichen Funktionen bei einem Gerichte ist nur ein Beamter. Sind dem letzteren mehrere Beamte beigeordnet, so gelten dieselben als seine Vertreter. Sie sind, wenn sie für ihn auftreten, zu allen Amtsverrichtungen desselben ohne den Nachweis eines besonderen Auftrags berechtigt.[1]

2. Die ersten Beamten der Staatsanwaltschaft bei den Oberlandesgerichten und den Landgerichten haben das Devolutions- und Substitutionsrecht, d. h. sie können bei allen Gerichten ihres Bezirks die Amtsverrichtungen der Staatsanwaltschaft zu jeder Zeit selbst übernehmen oder einen anderen als den zuständigen Beamten mit Wahrnehmung derselben beauftragen.[2] Das Substitutionsrecht ist

---

[6] GVG. §. 144 Abs. 3.
[1] GVG. §. 145.
[2] GVG. §. 146 Abs. 1.

jedoch insofern eingeschränkt, als Amtsanwälte das Amt der Staatsanwaltschaft nur bei den Amtsgerichten und den Schöffengerichten versehen dürfen.[3]

3. Die Beamten der Staatsanwaltschaft haben allen dienstlichen Anweisungen ihres Vorgesetzten nachzukommen. In den Strafsachen, für welche das Reichsgericht in erster und letzter Instanz zuständig ist,[4] haben alle Beamte der Staatsanwaltschaft den Anweisungen des Ober-Reichsanwalts Folge zu leisten.[5]

4. Das Recht der Aufsicht und Leitung steht zu: der Landesjustizverwaltung hinsichtlich aller staatsanwaltschaftlichen Beamten des betreffenden Bundesstaats; den ersten Beamten der Staatsanwaltschaft bei den Oberlandesgerichten und den Landgerichten hinsichtlich aller Beamten der Staatsanwaltschaft ihres Bezirks und dem Reichskanzler hinsichtlich des Ober-Reichsanwalts und der Reichsanwälte.[6]

§. 29.

3. Befähigung und Ernennung.

Zu den Aemtern der Staatsanwaltschaft mit Ausnahme der Amtsanwaltschaft können nur zum Richteramte befähigte Beamte[1] ernannt werden.[2] Abgesehen von dieser allgemeinen Bestimmung über die Befähigung enthält das Gerichtsverfassungsgesetz nur Bestimmungen über die Ernennung und rechtliche Stellung der staatsanwaltschaftlichen Beamten bei dem Reichsgerichte. Die ergänzenden Bestimmungen in Betreff

---

[3] GVG. §. 146 Abs. 2.
[4] Vgl. Th. I §. 11 II.
[5] GVG. §. 147.
[6] GVG. §. 148.
[1] Vgl. Th. I §. 13.
[2] GVG. §. 149.

der übrigen staatsanwaltschaftlichen Beamten sind durch die Landesgesetzgebung[3] zu erlassen. Hierhin gehören besonders die Bestimmungen über die rechtliche Stellung, Ernennung und Vertretung der betreffenden Beamten.

Der Ober-Reichsanwalt und die Reichsanwälte werden auf Vorschlag des Bundesraths vom Kaiser ernannt;[4] sie sind nicht richterliche Beamte[5] und können durch kaiserliche Verfügung jederzeit mit Gewährung des gesetzlichen Wartegeldes[6] einstweilig in den Ruhestand versetzt werden.[7]

Die Staatsanwälte bei den Oberlandesgerichten und den Landgerichten sind ebenfalls in der Regel nicht richterliche Beamte und werden vom Staatsoberhaupt ernannt. Das Amt der Staatsanwaltschaft bei den Amtsgerichten wird entweder durch ständig oder auf Widerruf hierfür besonders angestellte Amtsanwälte oder durch andere Beamte[8] bzw. sonst geeignete Personen ausgeübt.[9] Die Ernennung der Amtsanwälte erfolgt gewöhnlich durch den Justizminister oder die höheren staatsanwaltschaftlichen Beamten der einzelnen Bundesstaaten.

---

[3] Vgl. preuß. AG. zum deutschen GVG. vom 24. April 1878 §§. 58—67; bayer. AG. zum Reichs-GVG. vom 23. Februar 1879 Art. 50—58.

[4] GVG. §. 150 Abs. 1.

[5] GVG. §. 149 Abs. 1.

[6] Vgl. RGes. betr. die Rechtsverhältnisse der Reichsbeamten vom 31. März 1873 §§. 24, 26 ff.

[7] GVG. §. 150 Abs. 2.

[8] Die Strafverfolgung gewisser Arten von Strafsachen z. B. Forst-, Jagd-, Zoll- und Steuersachen ist in einzelnen Bundesstaaten den Beamten der betreffenden Verwaltungszweige übertragen; vgl. Löwe S. 128.

[9] Den Gemeindeverwaltungen am Sitze des Amtsgerichts ist in einzelnen Bundesstaaten (Preußen, Bayern, Hessen u. a.) die Verpflichtung auferlegt, eine geeignete Person als Amtsanwalt zu bestellen.

§. 30.

4. Geschäftskreis.

1. Die Staatsanwaltschaft ist eine Justizverwaltungsbehörde, welche in den gesetzlich bestimmten Fällen das öffentliche Interesse wahrzunehmen hat. Der Geschäftskreis der Staatsanwaltschaft ist in den deutschen Bundesstaaten ein verschiedener. Und diese Verschiedenheit wird auch durch die Reichs-Justizgesetze nicht beseitigt; denn die letzteren regeln nur den Geschäftskreis der Ober-Reichsanwaltschaft und die Mitwirkung der Staatsanwaltschaft bei den vor die ordentlichen Gerichte gehörigen bürgerlichen Rechtsstreitigkeiten und Strafsachen. Es kann daher durch landesrechtliche Bestimmungen der Geschäftskreis der Staatsanwaltschaft erweitert werden. Die Landesregierungen sind nur insofern beschränkt, daß sie den Staatsanwälten eine Dienstaufsicht über die Richter nicht übertragen und richterliche Geschäfte durch Staatsanwälte nicht wahrnehmen lassen dürfen.[1]

2. Nach den reichsrechtlichen Bestimmungen liegt die Hauptthätigkeit der Staatsanwaltschaft auf dem Gebiete der Strafrechtspflege; außerdem hat sie aber noch in Ehe- und Entmündigungssachen[2] und in dem ehrengerichtlichen Verfahren gegen Rechtsanwälte[3] mitzuwirken.

3. Auf dem Gebiete der Strafrechtspflege, das hier allein in Betracht kommt, ist die Staatsanwaltschaft zunächst Organ der Strafverfolgung und zwar, wenn man von den Fällen der Privatklage[4] absieht, ausschließliches Organ.

---

[1] GVG. §. 152.
[2] CPO. §§. 569, 586, 595 ff.
[3] RAO. §. 92.
[4] StPO. §. 414.

Die Staatsanwaltschaft hat begangenen strafbaren Handlungen nachzuspüren und den Sachverhalt zu erforschen. Sie ist verpflichtet,[5] wegen aller gerichtlich strafbarer und verfolgbarer Handlungen einzuschreiten, sofern zureichende thatsächliche Anhaltspunkte vorliegen (Legalitätsprincip). Lehnt die Staatsanwaltschaft es ab, einem bei ihr gestellten Antrage auf Erhebung der öffentlichen Klage stattzugeben, so kann sich der Antragsteller über den ablehnenden Bescheid beschweren, und ist der Antragsteller zugleich durch die strafbare Handlung verletzt, so steht ihm unter Umständen als weiteres Recht der Antrag auf gerichtliche Entscheidung zu.[6] Diese Grundsätze sind jedoch nicht ohne Ausnahmen. Es gibt Fälle, bei denen es lediglich dem Ermessen der Staatsanwaltschaft überlassen ist, ob öffentliche Klage erhoben werden soll oder nicht (Opportunitätsprincip). Hierhin gehören, abgesehen von der Einlegung der Rechtsmittel in allen Strafsachen, die Privatklagesachen[7] und die im Auslande[8] begangenen Verbrechen und Vergehen.[9]

Die Erhebung und Durchführung der öffentlichen Klage ist oft noch von gewissen Bedingungen abhängig.[10] So muß bei den strafbaren Handlungen, deren Verfolgung nur auf

---

[5] StPO. §. 152 Abs. 2.

[6] Das Nähere in Th. III Abschn. 2 dieses Buches.

[7] StPO. §§. 414, 416.

[8] StGB. §§. 4 ff., 37. Ausnahmen von der obigen Ausnahme sind: StGB. §. 298; Seemannsordnung vom 27. Dezember 1872 §§. 81—100; Mil. StGB. vom 20. Juni 1872 §§. 7, 160, 161; Ges. betr. das Urheberrecht an Schriftwerken u. s. w. vom 11. Juni 1870 §§. 22, 25; Ges. betr. das Urh. an Werken der bildenden Künste vom 9. Januar 1876 §. 16; Ges. betr. den Schutz der Photographien vom 10. Januar 1876 §. 9; Ges. betr. das Urh. an Mustern und Modellen vom 10. Januar 1876 §. 14.

[9] Vgl. noch StPO. §. 208.

[10] Vgl. hierüber Löwe S. 466 ff. und bes. 471 ff.

Antrag oder mit Ermächtigung einer bestimmten Person gestattet ist, der Antrag gestellt bzw. die Ermächtigung ertheilt sein, auch darf der Antrag in den Fällen, wo dies an sich zulässig ist, nicht zurückgenommen werden. Ohne Genehmigung des Reichstages kann, abgesehen von dem Falle der handhaften That, kein Mitglied desselben während der Sitzungsperiode wegen einer strafbaren Handlung zur Untersuchung gezogen werden.[11] Dasselbe gilt hinsichtlich der Mitglieder der gesetzgebenden Versammlungen der Bundesstaaten, wenn landesrechtliche Bestimmungen hierüber vorhanden sind.[12] Auch die Verfolgung öffentlicher Beamten ist landesrechtlich nicht selten von dem Verlangen einer vorgesetzten Behörde oder von der Vorentscheidung einer besonderen Behörde abhängig gemacht.[13] Hierhin gehören ferner außer den Fällen der Krankheit und theilweise auch der Abwesenheit des Angeklagten alle diejenigen, in welchen eine Strafverfolgung zeitweise unterbleiben muß, weil eine Entscheidung einer anderen Rechtssache abzuwarten ist. Diese Entscheidung kann sich beziehen auf civilrechtliche Vorfragen[14] oder auf die Auflösung einer Ehe[15] oder auch auf eine andere Strafsache.[16]

Hinsichtlich der Vornahme von Untersuchungshandlungen ist die Staatsanwaltschaft nicht völlig frei; einige z. B. eidliche Vernehmungen, Durchsicht der Papiere sind den Richtern vorbehalten, andere z. B. Beschlagnahmen dürfen von der Staatsanwaltschaft nur vorgenommen werden, wenn Gefahr im Verzug obwaltet.

---

[11] RVerf. Art. 31.

[12] EG. zur StPO. §. 6 Abs. 2 Nr. 1.

[13] EG. zum GVG. §. 11 Abs. 2.

[14] StPO. §. 261; vgl. Th. III Abschn. 1, VIII.

[15] StGB. §§. 170, 172, 238.

[16] StGB. §§. 164, 191.

Die Staatsanwaltschaft hat die ausschließliche Disposition über die Sache nur so lange, als sie noch nicht gerichtliche Voruntersuchung beantragt oder, wenn diese nicht nothwendig ist, die Anklageschrift eingereicht hat. Von diesem Momente an wird die Staatsanwaltschaft gegenüber dem Gerichte und dem Angeschuldigten Partei und das Gericht entscheidet über den weiteren Verlauf der betreffenden Strafsache. Die Staatsanwaltschaft kann die erhobene öffentliche Klage nicht zurücknehmen; sie hat, unter Umständen sogar gegen ihren Willen, die Anklage zu erheben und zu vertreten.[17] Sie kann Rechtsmittel gegen die gerichtlichen Entscheidungen einlegen und Wiederaufnahme eines durch rechtskräftiges Urtheil geschlossenen Verfahrens beantragen, Beides auch zu Gunsten des Angeschuldigten.

Die Staatsanwaltschaft ist ferner Vollstreckungsbehörde.[18] Sie hat die Ladungen und Zustellungen zu bewirken, die als Beweismittel dienenden Gegenstände herbeizuschaffen und besonders die Strafen zu vollstrecken.[19]

Endlich ist die Staatsanwaltschaft bei den Entscheidungen thätig, welche erforderlich werden hinsichtlich der Enthebung eines Schöffen vom Dienste, hinsichtlich der von Schöffen und Geschworenen geltend gemachten Ablehnungs- und Hinderungsgründe und hinsichtlich der gegen Schöffen und Geschworene zu verhängenden Ordnungsstrafen.[20] Auch die Bildung der Spruchliste hat in Gegenwart der Staatsanwaltschaft zu erfolgen.[21]

4. Der Geschäftskreis der Reichsanwaltschaft

[17] Vgl. Th. I §. 31 I.

[18] StPO. §§. 36, 213, 483.

[19] In Betreff der Ordnungsstrafen vgl. S. 38.

[20] GVG. §§. 52, 53, 56, 96.

[21] GVG. §. 91; vgl. Th. I §. 18.

umfaßt zunächst die staatsanwaltschaftlichen Funktionen in den zur Zuständigkeit des Reichsgerichts gehörigen Sachen.[22] Der Ober-Reichsanwalt entscheidet außerdem in dem Streitfalle, wenn sich mehrere Staatsanwälte verschiedener Bundesstaaten über die Strafverfolgung nicht einigen können und es an einer ihnen gemeinsam vorgesetzten Behörde fehlt.[23] Und endlich hat der Ober-Reichsanwalt bei Plenarbeschlüssen des Reichsgerichts mitzuwirken, wenn ein Mitglied des letzteren abgesetzt, vorläufig vom Amt enthoben oder in den Ruhestand versetzt werden soll.[24]

§. 31.

5. Rechtliche Stellung zu anderen Behörden.

1. Zu den Gerichten.

Die Staatsanwaltschaft und die Gerichte stehen zu einander in dem Verhältniß gleichgeordneter Behörden.[1] Der Grundsatz des Gerichtsverfassungsgesetzes,[2] daß die Staatsanwaltschaft in ihren Amtsverrichtungen von den Gerichten unabhängig sei, ist nur unter gewissen Einschränkungen richtig. So muß die Staatsanwaltschaft die öffentliche Klage erheben, wenn der durch eine strafbare Handlung Verletzte von der Staatsanwaltschaft und dem vorgesetzten Beamten derselben ablehnenden Bescheid in Betreff der Erhebung der öffentlichen Klage erhalten, darauf den Antrag auf gerichtliche Entscheidung gestellt hat und dieser für begründet erklärt ist.[3] Und ebenso muß die Staatsanwaltschaft, wenn sie beantragt

---

[22] Vgl. Th. I §. 11 II.

[23] GVG. §. 144 Abs. 3; vgl. Th. I §. 27.

[24] GVG. §§. 128, 129, 131.

[1] Ueber die Ausübung der Sitzungspolizei gegenüber der Staatsanwaltschaft vgl. Th. I §. 12.

[2] GVG. §. 151.

[3] StPO. §§. 170, 173.

hat, den Angeschuldigten außer Verfolgung zu setzen oder das Verfahren vorläufig einzustellen, von dem Gerichte aber die Eröffnung des Hauptverfahrens beschlossen wird, eine dem Beschlusse des Gerichts entsprechende Anklageschrift einreichen.[4] Auch in den Fortgang einer Strafvollstreckung kann das Gericht hemmend eingreifen.[5]

2. Zu den Beamten des Polizei- und Sicherheitsdienstes.

Die Beamten des Polizei- und Sicherheitsdienstes haben strafbare Handlungen zu erforschen und alle keinen Aufschub gestattenden Anordnungen zu treffen, um die Verdunkelung der Sache zu verhüten. Ihre Verhandlungen übersenden sie ohne Verzug der Staatsanwaltschaft.[6] Die betreffenden Beamten sind aber nicht nur aus eigener Initiative, sondern auch im Auftrage oder auf Ersuchen der Staatsanwaltschaft oder des Untersuchungsrichters[7] zu dem obigen Zwecke thätig. Ob ihnen ein Auftrag ertheilt werden kann oder ob sie um Auskunft oder um Vornahme einer Handlung ersucht werden müssen, hängt von ihrer rechtlichen Stellung ab.

Das Gerichtsverfassungsgesetz[8] geht davon aus, daß die Beamten des Polizei- und Sicherheitsdienstes Hülfsbeamte der Staatsanwaltschaft sind (gerichtliche Polizei). Da aber die Einrichtung der Polizeibehörden in den deutschen Bundesstaaten überaus verschieden ist, so ist es diesen überlassen, die Beamtenklassen zu bezeichnen, welche Hülfsbeamte der Staatsanwaltschaft sein sollen.[9] Es sind daher zu unter-

---

[4] StPO. §. 206; vgl. außerdem noch §. 441 Abs. 2.

[5] StPO. §. 490 Abs. 2 und 3.

[6] StPO. §. 161.

[7] StPO. §§. 159, 187.

[8] §. 153.

[9] GVG. §. 153 Abs. 2. Für Preußen vgl. die gemeinschaftliche Verfügung des Justizministers und des Ministers des

scheiden Beamte des Polizei- und Sicherheitsdienstes, welche Hülfsbeamte der Staatsanwaltschaft sind, und solche, welche es nicht sind. Diejenigen, welche Hülfsbeamte sind, haben den Anordnungen der Staatsanwälte bei dem Landgerichte ihres Bezirks, und der diesen vorgesetzten Beamten, in Reichsgerichtssachen also auch den Anordnungen des Ober-Reichsanwalts Folge zu leisten.[10] Die übrigen Beamten des Polizei- und Sicherheitsdienstes, welche nicht Hülfsbeamte der Staatsanwaltschaft sind, sind zwar auch verpflichtet, diese bei der Strafverfolgung zu unterstützen, aber sie müssen darum ersucht werden.[11]

Die erwähnte Unterscheidung ist außerdem nicht ohne Einfluß auf die Thätigkeit der betreffenden Beamten. Die Vornahme einiger Untersuchungshandlungen, wie Beschlagnahmen, Durchsuchungen,[12] ist denjenigen Beamten des Polizei- und Sicherheitsdienstes, welche nicht Hülfsbeamte der Staatsanwaltschaft sind, von vornherein verboten.[13]

Innern vom 15. September 1879, in welcher die als Hülfsbeamte der Staatsanwaltschaft anzusehenden Beamtenklassen aufgeführt sind (preuß. Justiz-Ministerial-Blatt, 1879 S. 349—353). — Ueber die Befugnisse der Staatsanwaltschaft gegenüber den obigen Hülfsbeamten vgl. preuß. AG. zum deutschen GVG. vom 24. April 1878 §§. 80, 81.

[10] GVG. §. 153 Abs. 1. Die nicht erwähnten Beamten der Staatsanwaltschaft müssen daher die obigen Hülfsbeamten um die Vornahme einer Handlung ersuchen.

[11] StPO. §. 159 Satz 2.

[12] StPO. §§. 98, 105; vgl. im Gegensatze hierzu §§. 127, 131.

[13] Ueber die Stellung der Staatsanwaltschaft zu dem Privatkläger vgl. Th. I §. 35.

II. Die Verwaltungsbehörden.

§. 32.

Die Verwaltungsbehörden haben das Recht, Zuwiderhandlungen gegen die Vorschriften über die Erhebung öffentlicher Abgaben und Gefälle[1] durch Strafbescheid zu erledigen (administratives Strafverfahren).[2] Sie brauchen aber die betreffenden Zuwiderhandlungen nicht durch Strafbescheid zu erledigen, sondern können bei der Staatsanwaltschaft die Strafverfolgung derselben beantragen. Die Staatsanwaltschaft hat den Antrag wie bei anderen strafbaren Handlungen zu prüfen und darf ihn nur ablehnen, wenn sie sich von der Erhebung der Anklage aus thatsächlichen oder rechtlichen Gründen keinen Erfolg verspricht.[3]

Lehnt die Staatsanwaltschaft den Antrag auf Strafverfolgung ab, so ist die Verwaltungsbehörde befugt, selbst die Anklage zu erheben.[4] Diese subsidiäre Befugniß rechtfertigt sich dadurch, daß man einerseits der Staatsanwaltschaft nicht zumuthen kann, sich einfach der Ansicht der Verwaltungsbehörde unterzuordnen und der eigenen Ansicht entgegen eine Anklage zu erheben, andererseits aber auch der Ansicht der mit den einschlägigen Gesetzen und den technischen Fragen des Abgabenwesens genau vertrauten Verwaltungsbehörde kein geringeres Gewicht wie derjenigen der Staatsanwaltschaft beilegen kann.[5]

---

[1] Der Begriff der öffentlichen Abgaben und Gefälle ist im weitesten Sinne zu nehmen und beschränkt sich nicht auf die an die Reichs- bzw. Staatskassen zu entrichtenden.

[2] Ueber das Verfahren vgl. Th. III Abschn. 3 dieses Buches.

[3] Vgl. Löwe S. 892 f.

[4] StPO. §. 464 Abs. 1.

[5] Aus den Motiven zur StPO. S. 245 f.

Uebernimmt die Staatsanwaltschaft die Strafverfolgung von Anfang an oder im Laufe des Verfahrens, wozu sie stets berechtigt ist,[6] so kann sich die Verwaltungsbehörde derselben anschließen.[7]

III. Der Verletzte.

A. Die Privatklage.

§. 33.

1. Zulässigkeit der Privatklage.

1. Beleidigungen und Körperverletzungen, soweit die Verfolgung nur auf Antrag eintritt,[1] sind durch Privatklage zu erledigen, ohne daß es einer vorgängigen Anrufung der Staatsanwaltschaft bedarf (prinzipale Privatklage).[2]

Bei Beleidigungen, abgesehen von den im §. 197 des Strafgesetzbuchs bezeichneten Fällen der sog. Amtsbeleidigungen, ist die Erhebung der Privatklage, wenn die Parteien in demselben Gemeindebezirke wohnen, davon abhängig gemacht, daß die Sühne erfolglos versucht worden ist.[3] Die Landesjustizverwaltungen sind verpflichtet, Vergleichsbehörden

---

[6] StPO. §. 465 Abs. 1.

[7] StPO. §. 467 Abs. 1.

[1] StGB. §§. 194 (185—187, 189), 232 Abs. 1 (223, 230, nicht 223 a). Nach dem klaren Ausdrucke des Gesetzes würden auch die in den §§. 103 und 104 des StGB. enthaltenen Beleidigungen hierhin gehören, trotzdem sollen sie nach der herrschenden Ansicht nicht durch Privatklage verfolgbar sein; vgl. hierüber Dochow in HH. Bd. II S. 356 f.

[2] StPO. §. 414 Abs. 1. Ueber die durch Privatklage geltend zu machende Buße vgl. Th. II §. 37.

[3] StPO. §. 420.

für die Sühneverhandlung zu bezeichnen, bei deren Auswahl sie in keiner Weise beschränkt sind.[4]

2. Berechtigt zur Erhebung der Privatklage ist zunächst der durch die strafbare Handlung Verletzte.[5] Der Begriff des Verletzten ist hier in demselben Sinne zu nehmen wie bei der Berechtigung zur Stellung des Antrages auf Strafverfolgung. Hat der Verletzte einen gesetzlichen Vertreter, fehlt ihm also die Fähigkeit vor Gericht zu stehen,[6] so ist die Privatklage von dem gesetzlichen Vertreter zu erheben.[7] Die Berechtigung, den Antrag auf Strafverfolgung zu stellen, enthält daher nicht immer auch die Berechtigung zur Erhebung der Privatklage. Wegen der vermögensrechtlichen Folgen, die mit der Privatklage verbunden sein können, ist man in dieser Hinsicht von den im Strafgesetzbuche aufgestellten Grundsätzen abgewichen und hat dadurch das Recht gewisser Personen, die Strafverfolgung beantragen bzw. durchführen zu können, so gut wie beseitigt,[8] da kaum anzunehmen ist, daß in allen diesen Fällen das öffentliche Interesse die Erhebung der öffentlichen Klage rechtfertigen würde.

Sind Korporationen, Gesellschaften und andere Personenvereine, welche als solche in bürgerlichen Rechtsstreitigkeiten klagen können, verletzt, so ist die Privatklage von den Per-

---

[4] Vgl. preuß. Schiedmannsordnung vom 29. März 1879 §§. 33—39; bayer. AG. zum Reichs-GVG. vom 23. Februar 1879 Art. 80.

[5] StPO. §. 414 Abs. 1.

[6] CPO. §§. 50, 51.

[7] StPO. §. 414 Abs. 3.

[8] Diese Differenzen treten z. B. bei dem achtzehnjährigen Minderjährigen und dem gerichtlich erklärten Verschwender hervor. Beide sind berechtigt, den Antrag auf Strafverfolgung zu stellen, haben jedoch nicht das Recht, die Privatklage zu erheben. Vgl. bes. von Schwarze Erörterungen S. 25—29. — Ob eine minderjährige Ehefrau berechtigt ist, die Privatklage zu erheben, muß nach Landesrecht beurtheilt werden.

sonen zu erheben, durch welche jene in bürgerlichen Rechtsstreitigkeiten vertreten werden.[9]

Abgesehen von dem Verletzten und neben diesem können noch diejenigen die Privatklage erheben,[10] welchen in den Strafgesetzen[11] das Recht beigelegt ist, selbständig den Antrag auf Strafverfolgung zu stellen. Hierdurch ergibt sich für die Fälle, in welchen der Verletzte selbst die Fähigkeit hat, vor Gericht zu stehen, ein doppeltes Recht zur Erhebung der Privatklage z. B. des Vaters und des unter väterlicher Gewalt stehenden Kindes, des Ehemannes und der Ehefrau, des amtlichen Vorgesetzten und des Untergebenen u. s. w. Eine doppelte bzw. mehrfache Berechtigung zur Erhebung der Privatklage kommt außerdem noch in dem Falle vor, wenn durch dieselbe strafbare Handlung mehrere Personen verletzt sind.

Die Strafprozeßordnung hat alle Fälle, in welchen mehrere Berechtigte vorhanden sind, mögen nun ein Verletzter und ein Nichtverletzter oder mehrere Verletzte in Frage sein, gleich behandelt. Es gelten hierfür die folgenden Bestimmungen:[12]

a) Jeder Berechtigte ist bei der Ausübung seines Rechts von dem anderen Berechtigten unabhängig.

b) Hat einer der Berechtigten die Privatklage erhoben,

---

[9] StPO. §. 414 Abs. 3.

[10] StPO. §. 414 Abs. 2.

[11] StGB. §§. 65 Abs. 2 u. 3, 195, 196, 232 Abs. 3.

[12] StPO. §. 415; von Schwarze S. 565, desselben Erörterungen S. 29—32; a. M. Löwe S. 838 f., der die obigen Sätze nur auf die Fälle beziehen will, in welchen neben dem Verletzten noch ein Nichtverletzter zur Erhebung der Privatklage berechtigt ist. War dies vom Gesetzgeber beabsichtigt, so hätte sich derselbe anders, als geschehen, ausdrücken müssen. Vgl. Dochow in HH. Bd. II S. 358 f.

so steht den übrigen, vorausgesetzt, daß sie noch berechtigt sind, nur der Beitritt zu dem eingeleiteten Verfahren und nur in der Lage zu, in welcher sich dasselbe zur Zeit der Beitrittserklärung befindet. Es soll hierdurch vermieden werden, daß der Beschuldigte wegen einer strafbaren Handlung mehreren gleichzeitigen oder auf einander folgenden Untersuchungen ausgesetzt werde. Durch diese Bestimmung kann allerdings der Fall eintreten, daß für denjenigen, der erst nach Beendigung des Verfahrens Kenntniß davon erhält, daß die erledigte Strafsache auch gegen ihn gerichtet war, eine Geltendmachung seines Rechts ausgeschlossen ist.

c) Jede in der Sache selbst d. h. über die Schuld ergangene Entscheidung äußert zu Gunsten des Beschuldigten ihre Wirkung auch gegenüber solchen Berechtigten, welche die Privatklage nicht erhoben haben.

3. In Betreff der Frist zur Erhebung der Privatklage gelten die strafrechtlichen Grundsätze über die Antragsfrist.[13] Die Privatklage ist daher binnen drei Monaten zu erheben. Diese Frist, welche mit dem Tage beginnt, seit welchem der Berechtigte von der Handlung und von der Person des Thäters Kenntniß gehabt hat, ist auch in dem Falle zu beobachten, in welchem der Erhebung der Privatklage ein Sühnetermin vorhergehen muß.[14] Und dasselbe gilt, wenn der zur Privatklage Berechtigte vor Erhebung derselben bei der Staatsanwaltschaft den Antrag auf Erhebung der öffentlichen Klage gestellt hat.[15] Eine Verlängerung der Frist

---

[13] StGB. §. 61.

[14] Löwe S. 845 f., a. M. von Schwarze Erörterungen S. 45 f.

[15] A. M. von Schwarze Erörterungen S. 39, Löwe S. 839, welcher die Privatklage in diesem Falle innerhalb der Verjährungsfrist gestatten will.

ist bei wechselseitigen Beleidigungen und Körperverletzungen[16] möglich,[17] da der Beschuldigte bis zur Beendigung der Schlußvorträge in erster Instanz mittels einer Widerklage die Bestrafung des Privatklägers beantragen kann.[18] Eine Verkürzung der Frist kann nicht selten in den Fällen der mehrfachen Berechtigung eintreten, wenn einer von mehreren Berechtigten bereits die Privatklage erhoben hat.

4. Der Tod des Privatklägers hat die Einstellung des Verfahrens zur Folge. Es ist jedoch den Eltern, den Kindern und dem Ehegatten[19] des verstorbenen Privatklägers gestattet, die erhobene Privatklage fortzusetzen, wenn diese darauf gestützt war, daß der Beschuldigte wider besseres Wissen in Beziehung auf den Privatkläger eine unwahre Thatsache behauptet oder verbreitet habe, welche denselben verächtlich zu machen oder in der öffentlichen Meinung herabzuwürdigen geeignet ist.[20] Die Fortsetzung ist von dem Berechtigten bei Verlust des Rechts binnen zwei Monaten, vom Tode des Privatklägers an gerechnet, bei Gericht zu erklären.[21]

§. 34.

2. Rechte und Pflichten des Privatklägers.

1. Die Rechte und Pflichten des Privatklägers ergeben sich aus der Stellung, die er in dem Verfahren einzunehmen hat; er fungirt als Organ der Strafverfolgung an Stelle der Staatsanwaltschaft. Insoweit in dem Verfahren auf

---

16 StGB. §§. 198, 232 Abs. 3.

17 StPO. §. 428.

18 StPO. §. 415 Abs. 2.

19 Geschwister haben dieses Recht nicht.

20 Es handelt sich hier um die Verleumdung, abgesehen von der Creditgefährdung, StGB. §. 187.

21 StPO. §. 433.

erhobene öffentliche Klage die Staatsanwaltschaft zuzuziehen und zu hören ist, wird in dem Verfahren auf erhobene Privatklage der Privatkläger zugezogen und gehört. Auch alle Entscheidungen, welche dort der Staatsanwaltschaft bekannt gemacht werden, sind hier dem Privatkläger bekannt zu machen.[1]

Abgesehen von diesen allgemeineren hat die Strafprozeßordnung mehr ins Einzelne gehende Bestimmungen über die Rechte des Privatklägers erlassen. Besonders erwähnt werden folgende Rechte:

Der Privatkläger kann im Beistande eines Rechtsanwalts erscheinen oder sich durch einen mit schriftlicher Vollmacht versehenen Rechtsanwalt vertreten lassen. Im letzteren Falle können die Zustellungen an den Privatkläger mit rechtlicher Wirkung an den Rechtsanwalt erfolgen.[2] Das Gericht ist jedoch befugt, das persönliche Erscheinen des Privatklägers anzuordnen.[3]

Das Recht der Akteneinsicht kann der Privatkläger nur durch seinen Rechtsanwalt ausüben.[4] Dem Privatkläger steht das Recht zu, Zeugen und Sachverständige unmittelbar zu laden.[5]

Dem Privatkläger stehen diejenigen Rechtsmittel zu, welche in dem Verfahren auf erhobene öffentliche Klage der Staatsanwaltschaft zustehen.[6] Er kann die Rechtsmittel zu Gunsten

---

[1] StPO. §. 425 Abs. 1.

[2] StPO. §. 418; vgl. noch §. 427 Abs. 2.

[3] StPO. §. 427 Abs. 3. Nichterscheinen in diesem Falle hat Einstellung des Verfahrens zur Folge; StPO. §. 431 Abs. 2.

[4] StPO. §. 425 Abs. 4.

[5] StPO. §. 426 Abs. 2; vgl. §§. 218, 219, 38.

[6] StPO. §. 430 Abs. 1. Besondere Formen sind jedoch für Revisionsanträge und Anträge auf Wiederaufnahme des Verfahrens vorgeschrieben, vgl. Abs. 2.

und zu Ungunsten des Beschuldigten einlegen.[7] Jedes von dem Privatkläger eingelegte Rechtsmittel hat die Wirkung, daß die angefochtene Entscheidung auch zu Gunsten des Beschuldigten abgeändert oder aufgehoben werden kann. Der Privatkläger kann auch Wiederaufnahme des Verfahrens zu Ungunsten des Angeklagten beantragen.[8]

Der Privatkläger hat endlich das Recht, die erhobene Privatklage zurückzunehmen und zwar bis zur Verkündung des Urtheils erster Instanz und, soweit zulässige Berufung eingelegt ist, bis zur Verkündung des Urtheils zweiter Instanz.[9] Und zwar kann der Beschuldigte der Zurücknahme der Privatklage nicht widersprechen. Die Zurücknahme der Privatklage kann ausdrücklich erfolgen; unter Umständen wird das Ausbleiben des Privatklägers der Zurücknahme gleich geachtet.[10] Die zurückgenommene Privatklage kann nicht von neuem erhoben werden.[11]

Hat die Staatsanwaltschaft bei Privatklagesachen die öffentliche Klage erhoben, so werden hierdurch die Rechte des zum Antrage auf Strafverfolgung Berechtigten nicht beseitigt; es gelten daher hinsichtlich der Zurücknahme des Antrages auf Strafverfolgung die im Strafgesetzbuche enthaltenen Bestimmungen.[12] In Folge der nicht gleichen Behandlung des Antrages auf Strafverfolgung und der Privatklage, die doch den ersteren in sich aufnimmt, ergeben sich zwischen Strafgesetzbuch und Strafprozeßordnung folgende Widersprüche:[13]

---

[7] Vgl. Löwe S. 857, von Schwarze S. 571.

[8] StPO. §§. 430 Abs. 1, 402.

[9] StPO. §§. 431 Abs. 1, 434; vgl. Dochow in HH. Bd. II S. 362 ff., von Schwarze Erörterungen S. 66—73.

[10] StPO. §. 431 Abs. 2.

[11] StPO. §. 432.

[12] StGB. §§. 64, 194, 232 Abs. 2.

[13] von Schwarze S. 372; a. M. Löwe S. 858.

a) Nach §. 64 Abs. 1 des Strafgesetzbuchs ist die Zurücknahme des Antrages nur bis zur Verkündung eines auf Strafe lautenden Urtheils zulässig, nach §. 431 Abs. 1 der Strafprozeßordnung die Zurücknahme der Privatklage, wenn Berufung eingelegt ist, bis zur Verkündung des Urtheils zweiter Instanz.

b) Nach §. 232 Abs. 2 des Strafgesetzbuchs ist die Zurücknahme des Antrages nur zulässig, wenn die Körperverletzung gegen einen Angehörigen verübt ist, nach §. 431 Abs. 1 der Strafprozeßordnung kann die Privatklage bei allen auf Antrag zu verfolgenden Körperverletzungen zurückgenommen werden.

2. Den Rechten des Privatklägers gegenüber steht die Verpflichtung desselben, Sicherheit zu leisten für die der Staatskasse und dem Beschuldigten erwachsenden Kosten. Diese Verpflichtung besteht jedoch nur für Ausländer, denen das Armenrecht nicht bewilligt ist. Auch werden die Kosten des Beschuldigten nur berücksichtigt, wenn derselbe es beantragt hat.[14] Für die Höhe der Sicherheit, welche durch Hinterlegung in baarem Gelde oder in Werthpapieren zu bewirken ist, für die Frist zur Leistung derselben und für die Bewilligung des Armenrechts gelten die Bestimmungen der Civilprozeßordnung.[15] Abgesehen hiervon ist der Privatkläger noch verpflichtet, in gewissen Fällen einen Gebührenvorschuß zu zahlen.[16]

[14] StPO. §. 419 Abs. 1; CPO. §§. 101 ff.; GKG. §. 85 Abs. 3.

[15] StPO. §. 419 Abs. 2 und 3; CPO. §§. 104 ff.

[16] GKG. §§. 83—85.

§. 35.

3. Stellung des Privatklägers zu der Staatsanwaltschaft.

Der zur Privatklage Berechtigte kann vor Erhebung derselben bei der Staatsanwaltschaft des Landgerichts den Antrag auf Erhebung der öffentlichen Klage stellen. Die öffentliche Klage wird wegen Privatklagesachen nur erhoben, wenn dies im öffentlichen Interesse liegt.[1] Und zwar entscheidet die Staatsanwaltschaft allein darüber, ob das öffentliche Interesse in Frage ist. Die Staatsanwaltschaft hat den Antragsteller, wenn sie dem Antrage auf Erhebung der öffentlichen Klage nicht stattgeben will, zu bescheiden. Gegen den ablehnenden Bescheid steht dem Antragsteller das Recht der Beschwerde an den vorgesetzten Beamten der Staatsanwaltschaft zu. Es ist ihm jedoch nicht gestattet, den Antrag auf gerichtliche Entscheidung[2] zu stellen, da dieser als Korrektiv gegen das Anklagemonopol der Staatsanwaltschaft eingeführt ist, welches bei Privatklagesachen nicht in Frage kommt. Zur Erhebung und Durchführung der öffentlichen Klage ist die Staatsanwaltschaft nur berechtigt, wenn der Antrag auf Strafverfolgung rechtzeitig und vorschriftsmäßig gestellt ist, und in den Fällen, wo dies zulässig ist, nicht zurückgenommen wird.

In dem Verfahren auf erhobene Privatklage braucht die Staatsanwaltschaft nicht mitzuwirken. Der Termin zur Hauptverhandlung ist ihr jedoch bekannt zu machen. Sie ist berechtigt, in jeder Lage der Sache bis zum Eintritt der Rechtskraft des Urtheils durch eine ausdrückliche Erklärung

---

[1] StPO. §. 416; vgl. von Schwarze Erörterungen S. 36—42.

[2] StPO. §. 170; vgl. Dochow in HH. Bd. II S. 360.

die Verfolgung zu übernehmen. In der Einlegung eines Rechtsmittels ist die Uebernahme der Verfolgung enthalten.[3]

Uebernimmt die Staatsanwaltschaft die Verfolgung von vornherein oder tritt sie später in das Strafverfahren ein, so erhält der zur Erhebung der Privatklage Berechtigte hierdurch, ohne daß es noch einer besonderen Erklärung bedarf, die Rolle des Nebenklägers.[4] Die Staatsanwaltschaft hätte es sonst in der Hand, durch Uebernahme der Verfolgung, den Verletzten aus seiner Parteistellung als Privatkläger herauszudrängen. Es gelten dann für den bisherigen Privatkläger die über die Nebenklage aufgestellten Bestimmungen.[5] Hat die Staatsanwaltschaft in Privatklagesachen die öffentliche Klage erhoben, so kann sie diese nicht zurücknehmen.[6]

B. Die Nebenklage.

§. 36.

1. Die Nebenklage d. h. der Anschluß an die von der Staatsanwaltschaft erhobene öffentliche Klage ist gestattet:

a) Demjenigen, welcher als Privatkläger[1] aufzutreten berechtigt ist;[2]

b) Demjenigen, welcher durch einen Antrag auf gerichtliche Entscheidung[3] die Erhebung der öffentlichen Klage herbeigeführt hat, wenn die strafbare Handlung unmittelbar gegen sein Leben, seine Gesundheit, seine Freiheit,

---

[3] StPO. §. 417 Abs. 1 und 2. Die Beschwerde ist nicht ausgeschlossen, Löwe S. 841, von Schwarze S. 566.

[4] StPO. §. 417 Abs. 3.

[5] StPO. §§. 435 ff.

[6] StPO. §. 154.

[1] Vgl. Th. II §. 33 und Motive zur StPO. S. 235.

[2] StPO. §. 435 Abs. 1.

[3] StPO. §. 170.

seinen Personenstand oder seine Vermögensrechte gerichtet war;[4]

c) Demjenigen, welcher die Zuerkennung einer Buße zu verlangen berechtigt ist;[5] und

d) den Verwaltungsbehörden bei Zuwiderhandlungen gegen die Vorschriften über die Erhebung öffentlicher Abgaben und Gefälle.[6]

Bei dem Anschlusse als Nebenkläger wird vorausgesetzt, daß dieser die Fähigkeit hat, vor Gericht zu stehen. Ist dies nicht der Fall, so gelten die über die Privatklage aufgestellten Grundsätze.[7] Sind mehrere Personen berechtigt, so ist das Recht eines Jeden von dem der Uebrigen unabhängig.

Der Nebenkläger kann ebenso wie der Privatkläger nicht als Zeuge vernommen werden; es ist jedoch dem als Zeugen bereits vernommenen Verletzten gestattet, sich als Nebenkläger der öffentlichen Klage anzuschließen.[8]

Die Anschlußerklärung hat entweder zum Zwecke die Bestrafung des Angeklagten oder die Zuerkennung einer Buße.

2. Die Anschlußerklärung kann in jeder Lage des Verfahrens erfolgen[9] und zwar ist sie entweder bei dem Gerichte schriftlich einzureichen oder zu Protokoll des Gerichtsschreibers abzugeben.[10] Das Gericht[11] entscheidet nach An=

---

[4] StPO. §. 435 Abs. 2.

[5] StPO. §. 443. Es ist nicht nothwendig, daß die Zuerkennung einer Buße im konkreten Falle wirklich verlangt wird, Löwe S. 867 f.

[6] StPO. §. 467.

[7] Vgl. Th. II §. 33.

[8] Löwe S. 863.

[9] StPO. §. 435 Abs. 1.

[10] Löwe S. 863 f., von Schwarze S. 576.

[11] Bei dem Anschlusse zum Zwecke der Einlegung eines Rechtsmittels (StPO. §. 435 Abs. 1) entscheidet das Gericht, welches über das Rechtsmittel zu entscheiden hat, auch über die Zulässigkeit des Anschlusses.

hörung der Staatsanwaltschaft über die Berechtigung des Nebenklägers zum Anschlusse.[12]

3. Nach erfolgtem Anschlusse hat der Nebenkläger die rechtliche Stellung des Privatklägers.[13] Die Lage des Nebenklägers ist aber durch einzelne Bestimmungen eine keineswegs günstige. So wird der Fortgang des Verfahrens durch den Anschluß nicht aufgehalten. Die bereits anberaumten Termine finden an den bestimmten Tagen statt, auch wenn der Nebenkläger wegen Kürze der Zeit nicht mehr geladen oder benachrichtigt werden konnte.[14] Entscheidungen, welche schon vor dem Anschlusse des Nebenklägers ergangen und der Staatsanwaltschaft bekannt gemacht waren, bedürfen keiner Bekanntmachung an den Nebenkläger. Der Nebenkläger kann solche Entscheidungen nur anfechten, wenn die Frist zur Anfechtung für die Staatsanwaltschaft noch nicht abgelaufen ist.[15] Abgesehen hiervon kann der Nebenkläger unabhängig von der Staatsanwaltschaft Rechtsmittel einlegen.[16] Der Staatsanwaltschaft liegt es ob, die Sache zu betreiben, wenn in Folge des von dem Nebenkläger eingelegten Rechtsmittels die angefochtene Entscheidung aufgehoben wird.[17] Das Recht des Nebenklägers, in der höheren Instanz mitzuwirken, wird hierdurch nicht berührt. Legen die Staatsanwaltschaft und der Nebenkläger zusammen ein Rechtsmittel ein, so ist gleichzeitig über jedes der beiden Rechtsmittel zu verhandeln und zu entscheiden.[18]

---

[12] StPO. §. 436 Abs. 1 und 2.

[13] StPO. §. 437 Abs. 1.

[14] StPO. §. 438 Abs. 1 und 2.

[15] StPO. §. 439.

[16] StPO. §. 441 Abs. 1.

[17] StPO. §. 441 Abs. 2.

[18] Der Antrag auf Wiederaufnahme des Verfahrens kann von dem Nebenkläger nicht gestellt werden, da die Nebenklage ja einen Anschluß an die öffentliche Klage darstellt. Die Hinweise auf StPO. §§. 430 Abs. 1 und 437 Abs. 1 passen nicht; a. M. Löwe S. 867.

Der Nebenkläger nimmt an den Erklärungen über Annahme oder Ablehnung der Geschworenen nicht Theil, es steht ihm dagegen ebenso wie dem Privatkläger das Recht zu, andere Gerichtspersonen abzulehnen.[19]

Zu einer Sicherheitsleistung ist der Nebenkläger nicht verpflichtet;[20] er muß aber in gewissen Fällen einen Gebührenvorschuß zahlen.[21]

4. Die Anschlußerklärung verliert durch ausdrücklichen Widerruf ihre Wirkung.[22] Der Nebenkläger kann sich jedoch, wenn er nur die Bestrafung des Angeklagten und nicht die Zuerkennung einer Buße bezweckt,[23] nach geschehenem Widerrufe von neuem dem Verfahren anschließen. Eine Präsumtion der Zurücknahme ist in der Strafprozeßordnung hinsichtlich der Nebenklage nicht aufgestellt. Selbst wenn nach erhobener Privatklage die Staatsanwaltschaft die Verfolgung übernimmt, so wird der bisherige Privatkläger so lange als Nebenkläger angesehen, bis er nicht erklärt hat, daß er sich an dem Verfahren nicht weiter betheilige.[24] Der Tod des Nebenklägers hat dieselbe Wirkung wie der Widerruf.[25]

Das Nichterscheinen des Nebenklägers oder eines Anwaltes für denselben in der Hauptverhandlung ist ohne Einfluß auf das Verfahren. In diesem letzteren Falle wird das Urtheil dem Nebenkläger zugestellt.[26] Ist ein Anwalt für den Nebenkläger erschienen, so findet die Zustellung des Urtheils nicht statt.

---

[19] StPO. §. 437 Abs. 2; vgl. §§. 24, 31, 437 Abs. 1.

[20] StPO. §. 436 Abs. 3.

[21] GKG. §§. 83—85.

[22] StPO. §. 442.

[23] StPO. §. 444 Abs. 2.

[24] Löwe S. 867, 842.

[25] StPO. §. 442.

[26] StPO. §. 440.

C. Die Buße.

§. 37.

1. Die Strafprozeßordnung hat die gleichzeitige Erledigung des Anspruches auf Strafe und auf Ersatz des durch die strafbare Handlung verursachten Schadens (Adhäsionsprozeß) in den Fällen zugelassen, in welchen im Reichsstrafrecht die Zuerkennung einer Buße beansprucht werden kann. Es sind dies:

a) §§. 188, 231 des Strafgesetzbuchs;[1]

b) §§. 18, 43, 45 des RGes. betr. das Urheberrecht an Schriftwerken u. s. w. vom 11. Juni 1870;

c) §. 15 des RGes. über Markenschutz vom 30. November 1874;

d) §. 16. des RGes. betr. das Urheberrecht an Werken der bildenden Künste vom 9. Januar 1876;

e) §. 9 des RGes. betr. den Schutz der Photographien vom 10. Januar 1876;

f) §. 14 des RGes. betr. das Urheberrecht an Mustern und Modellen vom 11. Januar 1876;

g) §. 36 des RPatentgesetzes vom 25. Mai 1877.

2. Nur der Verletzte ist berechtigt, eine Buße zu verlangen. Fehlt dem Verletzten die Prozeßfähigkeit, so ist der gesetzliche Vertreter desselben berechtigt, für ihn die Buße zu verlangen. Die Erben des Verletzten können den Anspruch

---

[1] Bei den nach §§. 186, 187 des StGB. strafbaren Beleidigungen und bei allen Fällen der Körperverletzung, auch wenn die Strafdrohung nicht im 17. Abschnitte des StGB. sich findet (vgl. z. B. StGB. §. 340), dagegen nicht, wenn die Körperverletzung bei der Begehung einer anderen strafbaren Handlung verursacht ist (vgl. z. B. StGB. §§. 118, 221, 239, 321 f.).

auf Buße weder erheben, noch den erhobenen Anspruch nach dem Tode des Verletzten fortsetzen.[2]

3. Das Verlangen einer Buße ist durch Privatklage oder durch Nebenklage zu verwirklichen. Bei Privatklagesachen[3] ist dasselbe mit der Privatklage zu verbinden;[4] wird jedoch in diesen Fällen die öffentliche Klage von der Staatsanwaltschaft erhoben und bei allen übrigen Strafsachen, in welchen die Zuerkennung einer Buße beansprucht werden kann, muß sich der Berechtigte der öffentlichen Klage als Nebenkläger anschließen.[5]

4. Der Antrag auf Zuerkennung einer Buße kann mündlich oder schriftlich, vor oder in der Hauptverhandlung bis zur Verkündung des Urtheils erster Instanz gestellt, bis zur Verkündung des die Sache abschließenden Urtheils zurückgenommen, ein zurückgenommener Antrag jedoch nicht erneuert werden.[6] Dabei hat der Berechtigte den verlangten Betrag der Buße anzugeben;[7] er kann denselben innerhalb der erwähnten Frist erhöhen und ermäßigen.[8] Der verlangte Betrag darf jedoch ebenso wenig wie der im Reichsstrafrecht aufgestellte Maximalbetrag[9] der Buße vom Richter überschritten werden.[10]

5. Die Zuerkennung einer Buße setzt eine Verurtheilung und die Einziehung der zuerkannten Buße eine rechtskräftige Verurtheilung voraus; lautet das Urtheil auf Freisprechung

---

[2] StPO. §. 444 Abs. 4.
[3] Vgl. Th. II §. 33.
[4] StPO. §. 446.
[5] StPO. §. 443.
[6] StPO. §. 444 Abs. 1 und 2.
[7] StPO. §§. 445 Abs. 1, 446.
[8] Löwe S. 871 f., von Schwarze S. 579.
[9] StPO. §. 445 Abs. 2. Das Maximum im RGes. über Markenschutz ist 5000, im RPatentgesetz 10000, in den übrigen Fällen 6000 Mark.
[10] StPO. §§. 445 Abs. 2, 446.

oder Einstellung des Verfahrens oder wird die Sache ohne Urtheil erledigt, z. B. durch Tod des Nebenklägers,[11] so gilt auch der Antrag auf Zuerkennung einer Buße ohne weitere Entscheidung für erledigt.[12] Die Vollstreckung der über eine Buße ergangenen Entscheidung erfolgt nach den Vorschriften über die Vollstreckung der Urtheile der Civilgerichte.[13]

6. Der auf die Buße sich beziehende Theil des Urtheils kann von dem Privatkläger, dem Nebenkläger und dem Angeklagten mit den gegen das betreffende Urtheil zulässigen Rechtsmitteln angefochten werden. Ein Rechtsmittel steht dagegen nicht zur Verfügung, wenn der Richter es abgelehnt hat, auf Buße zu erkennen, da dies dem freien Ermessen des Richters überlassen ist. Dem Verletzten bleibt es in einem solchen Falle überlassen, seinen Anspruch auf Entschädigung im Wege des Civilprozesses geltend zu machen.

Zweiter Abschnitt.

Der Angeklagte.

§. 38.

I. Rechtliche Stellung des Angeklagten.

1. Nach der Strafprozeßordnung[1] ist **Angeklagter** der Beschuldigte, gegen welchen die Eröffnung des Hauptverfahrens[2] beschlossen ist. Im Gegensatze hierzu bezeichnet **Angeschuldigter** den Beschuldigten, gegen welchen die

[11] StPO. §. 442.
[12] StPO. §. 444 Abs. 3.
[13] StPO. §. 495; CPO. §§. 644 ff.

[1] §. 155.
[2] StPO. §. 201.

öffentliche Klage erhoben ist.[3] Für den Begriff des Beschuldigten ist eine gesetzliche Definition nicht aufgestellt und derselbe bald im weiteren, bald im engeren Sinne zu nehmen.[4]

2. Die Strafprozeßordnung geht davon aus, daß der Angeklagte im Strafverfahren Partei ist; sie verzichtet aber nicht darauf, in ihm auch zugleich ein Beweismittel zu sehen. Die Gleichheit der Parteien ist möglichst durchzuführen versucht.[5] Eine Ungleichheit tritt darin besonders hervor, daß die außerhalb einer Hauptverhandlung ergehenden Entscheidungen des Gerichts nach erfolgter schriftlicher oder mündlicher Erklärung der Staatsanwaltschaft erlassen werden,[6] und daß diese das Recht hat, von dem Stande der Voruntersuchung stets durch Einsicht der Akten Kenntniß zu nehmen und die ihr geeigneten Anträge zu stellen,[7] während dem Vertheidiger vor Schluß der Voruntersuchung nur ausnahmsweise die Einsicht der gerichtlichen Untersuchungsakten gestattet wird.[8] Außerdem zeigt sich eine verschiedene Behandlung der Parteien bei Ausübung der Sitzungspolizei.[9]

3. Der Beschuldigte ist schriftlich zur richterlichen Vernehmung im Vorverfahren zu laden. Die Ladung kann unter der Androhung geschehen, daß im Falle des Ausbleibens Vorführung des Beschuldigten erfolgen werde.[10] In der Ladung muß angegeben sein, daß die geladene Person als Beschuldigter vernommen werden soll; eine Bezeich-

[3] StPO. §. 168.

[4] Vgl. hierüber StPO. §§. 3, 22, 24, 51 f., 57, 97, 99 (102), 133 ff., 140, 164 u. a.

[5] Vgl. StPO. §§. 191, 221, 238, 239, 244, 245, 282, 338.

[6] StPO. §. 33.

[7] StPO. §. 194.

[8] StPO. §. 147 Abs. 1 und 2; vgl. auch §. 191 Abs. 4.

[9] Vgl. Th. I §. 12 dieses Buches.

[10] StPO. §. 133.

nung der strafbaren Handlung ist jedoch nicht erforderlich.[11] Erscheint der Beschuldigte nicht, wozu er verpflichtet ist, obwol er sich auf die Beschuldigung nicht einzulassen braucht,[12] so kann ein Vorführungsbefehl erlassen werden.

Eine Vertretung des Beschuldigten ist bei den außerhalb der Hauptverhandlung stattfindenden Vernehmungen nicht gestattet. In dem Vorführungsbefehle ist der Beschuldigte genau zu bezeichnen und die ihm zur Last gelegte strafbare Handlung sowie der Grund der Vorführung anzugeben.[13] Liegen Gründe vor, welche die Erlassung eines Haftbefehls rechtfertigen würden, so kann ohne vorangegangene Ladung die sofortige Vorführung des Beschuldigten verfügt werden.[14]

Der Vorgeführte ist sofort von dem Richter zu vernehmen, kann jedoch, wenn dies nicht ausführbar ist, bis zu seiner Vernehmung, aber nicht über den nächstfolgenden Tag hinaus, gleichviel ob derselbe ein Werktag oder Sonntag bzw. Feiertag ist, festgehalten werden.[15]

Bei Beginn der ersten Vernehmung, die in Abwesenheit der Staatsanwaltschaft und des Vertheidigers erfolgt,[16] ist dem Beschuldigten zu eröffnen, welche bestimmte strafbare Handlung ihm zur Last gelegt wird. Die Vernehmung hat einen doppelten Zweck: sie soll zur Aufklärung des Sachverhalts dienen und dem Beschuldigten Gelegenheit geben zur Beseitigung der gegen ihn vorliegenden Verdachtsgründe und zur Geltendmachung der zu seinen Gunsten sprechenden Thatsachen. Hierbei hat der Richter den Beschul-

[11] Löwe S. 439 f.
[12] StPO. §. 136.
[13] StPO. §. 134 Abs. 2.
[14] StPO. §. 134 Abs. 1.
[15] StPO. §. 135.
[16] StPO. §. 190 Abs. 2.

digten zu fragen, ob er etwas auf die Beschuldigung erwidern wolle.[17] Der Beschuldigte ist nicht verpflichtet, eine Erklärung abzugeben, der Richter braucht ihn aber auf diese ihm zustehende Berechtigung nicht aufmerksam zu machen.[18] Zwangsmittel zur Erlangung einer Erklärung stehen dem Richter nicht zur Verfügung.

Bei der ersten Vernehmung des Beschuldigten sind zugleich seine persönlichen Verhältnisse zu ermitteln.[19] Verweigert derselbe hierüber eine Auskunft, so ist Verhaftung zulässig.[20]

4. Die Grundsätze, welche über die im Vorverfahren stattfindende richterliche Vernehmung des Beschuldigten aufgestellt sind, gelten im wesentlichen auch für die Hauptverhandlung.[21]

5. Die einzelnen Rechte und Pflichten des Angeklagten sind theils in den nächstfolgenden Paragraphen, theils in den verschiedenen Stadien des Verfahrens erwähnt.

II. Die Vertheidigung.

§. 39.

1. Zulässigkeit und Nothwendigkeit.

1. Für die Vertheidigung des Beschuldigten ist zunächst dadurch gesorgt, daß das Gericht und die Staatsanwaltschaft verpflichtet sind, auch im Interesse des Beschuldigten

---

[17] StPO. §. 136 Abs. 1 u. 2.

[18] Löwe S. 444 macht mit Recht darauf aufmerksam, daß vom Standpunkt der StPO. der Richter nicht befugt ist, den Beschuldigten zur Angabe der Wahrheit zu ermahnen; a. M. von Schwarze S. 271.

[19] StPO. §. 136 Abs. 3.

[20] StPO. §. 112 Abs. 2 Nr. 2.

[21] Vgl. Th. III Abschn. 2, II und III dieses Buches.

thätig zu sein (materielle Vertheidigung). Außerdem kann sich der Beschuldigte bei allen Strafsachen und in jeder Lage des Verfahrens, abgesehen von der ersten Vernehmung durch den Richter, des Beistandes eines oder mehrerer Vertheidiger bedienen (formelle Vertheidigung). Die Vertheidigung mehrerer Beschuldigter kann, insofern dies der Aufgabe der Vertheidigung nicht widerstreitet, durch einen gemeinschaftlichen Vertheidiger geführt werden.[1]

2. In gewissen Fällen ist die Vertheidigung für nothwendig erklärt, d. h. es wird ein Vertheidiger, selbst gegen den Willen des Beschuldigten, bestellt, wenn dieser einen Vertheidiger nicht gewählt hat oder der gewählte nicht fähig ist, eine nothwendige Vertheidigung zu führen.[2] Die Rechtfertigung der nothwendigen Vertheidigung liegt theils in der Natur der Strafsachen oder in der Person des Thäters, theils in dem Verfahren. Die Nichtbeobachtung der Bestimmungen über die nothwendige Vertheidigung hat Nichtigkeit des Verfahrens zur Folge.[3]

Nothwendig ist die Vertheidigung in den Strafsachen,[4] welche zu verhandeln sind:

a) vor dem Reichsgerichte in erster Instanz,
b) vor dem Schwurgerichte und
c) vor dem Landgerichte in erster Instanz,
   1. wenn ein Verbrechen,[5] abgesehen von den strafbaren Handlungen, welche lediglich durch die Rückfälligkeit des Thäters zum Verbrechen werden, den Gegenstand der Untersuchung bildet und der Beschuldigte oder sein gesetzlicher Vertreter die

---

[1] StPO. §§. 137 Abs. 1, 226, 146.
[2] Vgl. auch StPO. §. 145.
[3] StPO. §. 377 Z. 5.
[4] StPO. §. 140.
[5] StGB. §. 1 Abs. 1.

Bestellung eines Vertheidigers beantragt hat oder

2. wenn der Angeschuldigte taub oder stumm ist oder das sechszehnte Lebensjahr[6] noch nicht vollendet hat.

Für den Eintritt der nothwendigen Vertheidigung kommt es nicht darauf an, ob die Strafsachen an sich zur Zuständigkeit der erwähnten Gerichte gehören oder ihnen nur wegen des Zusammenhanges überwiesen sind, es entscheidet lediglich der Umstand, daß sie vor denselben zu verhandeln sind.[7] Die nothwendige Vertheidigung erstreckt sich aber nur auf das Verfahren vor den erwähnten Gerichten und ist auf die Revisionsinstanz[8] nicht auszudehnen.[9] Wird die betreffende Strafsache in die erste Instanz zurückverwiesen oder tritt in Folge der Wiederaufnahme eines durch rechtskräftiges Urtheil geschlossenen Verfahrens eine erneute Hauptverhandlung ein, so ist auch die Vertheidigung wieder nothwendig.[10] Für diese Ansicht spricht der klare Ausdruck des Gesetzes. Sie wird aber noch dadurch unterstützt, daß das Recht des Vorsitzenden bzw. des Gerichts, einen Vertheidiger zu bestellen, sich nur auf das Verfahren vor dem betreffenden Gericht erstrecken kann. Und dasselbe gilt von der Verpflichtung derjenigen

---

[6] Entscheidend ist der Zeitpunkt, zu welchem die Vertheidigung eintreten muß, vgl. StPO. §. 140 Abs. 3.

[7] Löwe S. 454, von Schwarze S. 280 f., von Holtzendorff in HH. Bd. I S. 397; vgl. Voitus Kontroversen S. 61—65.

[8] Die Berufungsinstanz kann hier nicht in Frage kommen.

[9] Löwe S. 455, von Schwarze S. 281; a. M. von Holtzendorff in HH. Bd. I S. 397, Voitus Kontroversen S. 50—53.

[10] von Schwarze S. 281 schließt ohne Grund die in Folge der Wiederaufnahme eintretende erneute Hauptverhandlung aus.

Personen, welche als Vertheidiger bestellt werden können. Die Rechtsanwälte, an die hier vorzugsweise zu denken ist, sind zwar berechtigt, aber nicht verpflichtet, vor jedem Gerichte Vertheidigungen zu führen.[11] Daß der bestellte Vertheidiger Rechtsmittel einlegen darf, und daß ein Vertheidiger für die Berufungs- und Revisionsinstanz bestellt werden kann, unterliegt übrigens keinem Zweifel.

3. Abgesehen von den Fällen der nothwendigen Vertheidigung ist ein Vertheidiger zu bestellen, wenn der Angeschuldigte zur Vorbereitung eines Gutachtens über seinen Geisteszustand in eine öffentliche Irrenanstalt gebracht und dort beobachtet wird.[12]

Vervollständigt werden die unter 2 erwähnten Bestimmungen noch dadurch, daß das Gericht und bei vorhandener Dringlichkeit der Vorsitzende desselben auch in anderen Fällen auf Antrag oder von Amtswegen einen Vertheidiger bestellen können.[13]

4. Der Beginn der Vertheidigung hängt zunächst von dem Willen des Beschuldigten ab.[14] Dies gilt auch für die Fälle der nothwendigen Vertheidigung; es ist jedoch für diese ein Zeitpunkt angegeben, von welchem an ein Vertheidiger vorhanden sein muß.[15] Ist bis zu diesem Zeitpunkte ein Vertheidiger nicht gewählt oder der gewählte nicht fähig, eine nothwendige Vertheidigung zu führen, so wird ein solcher bestellt. Für Reichs- und Schwurgerichtssachen und für die Landgerichtssachen, bei welchen es sich um einen tauben, stummen oder noch nicht sechszehn Jahre alten Verbrecher

---

[11] RAO. §. 26; vgl. Th. II §. 40 dieses Buches.

[12] StPO. §. 81.

[13] StPO. §. 141.

[14] StPO. §. 137 Abs. 1; vgl. jedoch §§. 136, 190 Abs. 2.

[15] StPO. §. 140 Abs. 3.

handelt, muß ein (gewählter oder bestellter) Vertheidiger vorhanden sein, sobald der Vorsitzende des Gerichts dem Angeschuldigten die Anklageschrift mitgetheilt und ihn zugleich aufgefordert hat, sich zu erklären, ob er eine Voruntersuchung u. s. w. beantragen wolle.[16] Bei den Verbrechen, welche von den Landgerichten abgeurtheilt werden, ist die Bestellung eines Vertheidigers binnen einer Frist von drei Tagen nach der Aufforderung zu beantragen.[17]

5. Es entspricht der Bestimmung, daß der Beschuldigte sich in jeder Lage des Verfahrens des Beistandes eines Vertheidigers bedienen könne, wenn auch die Bestellung eines Vertheidigers schon während des Vorverfahrens zulässig ist.[18] In der Regel beschränkt sich jedoch die Bestellung eines Vertheidigers auf die Hauptverhandlung erster Instanz.

§. 40.

2. Das Personal der Vertheidigung.

1. Der Kreis der Personen, welche nach der Strafprozeßordnung befähigt sind, eine Vertheidigung zu führen, ist ein sehr weiter. Das Gericht übt jedoch dadurch eine Kontrole aus, daß gewisse Personen nur mit Genehmigung des Gerichts als Vertheidiger auftreten können und daß in den Fällen der nothwendigen Vertheidigung,[1] wenn der gewählte Vertheidiger nicht zu den Personen gehört, die als Vertheidiger bestellt werden dürfen, noch die Bestellung eines Vertheidigers erfolgt.[2]

---

[16] StPO. §§. 199 Abs. 1 und 2, 206 Abs. 2.

[17] Aushülfe bei Verspätung gewährt StPO. §. 141.

[18] StPO. §. 142.

[1] Vgl. Th. II §. 39 dieses Buches.

[2] StPO. §. 138 Abs. 2.

2. Ohne Genehmigung des Gerichts können als Vertheidiger gewählt[3] werden:

a) Die bei einem deutschen Gerichte zugelassenen Rechtsanwälte ohne jede örtliche Beschränkung.[4] Der als Vertheidiger gewählte Rechtsanwalt kann[5] mit Zustimmung des Angeklagten, jedoch ohne Zustimmung des Gerichts die Vertheidigung einem Rechtskundigen, welcher die erste Prüfung für den Justizdienst bestanden hat und in demselben seit mindestens zwei Jahren beschäftigt ist, übertragen.

b) Rechtslehrer (Professoren und Dozenten) an einer Universität des deutschen Reichs.

3. Mit Genehmigung des Gerichts können auch andere Personen,[6] die nicht zu den beiden erwähnten Kategorien gehören, als Vertheidiger gewählt werden.

4. Als Vertheidiger können bestellt werden:

a) Die am Sitze des Gerichts, wo die Bestellung erfolgt, wohnhaften Rechtsanwälte.[7] Diesen stehen gleich die innerhalb des Bezirks des betreffenden Gerichts wohnhaften und bei demselben zugelassenen Rechtsanwälte.[8] Und dasselbe gilt von den widerruflich zugelassenen Rechtsanwälten aus einem benachbarten Landgerichtsbezirke, wenn es in dem Bezirke, wo die Bestellung des Vertheidigers erfolgt, an dort wohnenden Rechtsanwälten mangelt.[9]

---

[3] StPO. §. 138 Abs. 1.

[4] RAO. §. 26.

[5] StPO. §. 139.

[6] Frauen sind an sich nicht ausgeschlossen; Löwe S. 450, von Holtzendorff in HH. Bd. I S. 401, a. M. Voitus Kontroversen S. 48—50.

[7] StPO. §. 144 Abs. 1.

[8] RAO. §. 39 Abs. 2; vgl. auch §§. 9, 11, 18.

[9] RAO. §. 39 Abs. 3; vgl. §. 12.

b) Justizbeamte,[10] welche nicht als Richter angestellt sind.[11]

c) Rechtskundige,[10] welche die vorgeschriebene erste Prüfung für den Justizdienst bestanden haben.

5. Eine allgemeine Bestimmung darüber, wer verpflichtet sei, eine Vertheidigung zu übernehmen, ist nicht vorhanden. In Betreff der Rechtsanwälte ergibt sich aus der Strafprozeß- und der Rechtsanwaltsordnung,[12] daß dem Rechte des Gerichts bzw. des Vorsitzenden, einen Rechtsanwalt als Vertheidiger zu bestellen, die Verpflichtung des Rechtsanwalts entspricht, die Vertheidigung zu übernehmen.[13] Abgesehen hiervon sind die Rechtsanwälte nicht verpflichtet, eine Vertheidigung zu übernehmen. In Betreff der übrigen Personen, welche als Vertheidiger bestellt werden können, kann sich die Verpflichtung zur Uebernahme einer Vertheidigung nur aus ihrer dienstlichen Stellung ergeben.

§. 41.

3. Wahl und Bestellung des Vertheidigers.

1. Die Wahl des Vertheidigers hängt in allen Fällen von dem Beschuldigten bzw. von dem gesetzlichen Vertreter desselben ab, dem das Recht eingeräumt ist, selbständig einen Vertheidiger wählen zu dürfen.[1] Ist jedoch in den Fällen der nothwendigen Vertheidigung[2] ein Vertheidiger überhaupt nicht oder nicht ein solcher gewählt, der eine nothwendige

---

[10] StPO. §. 144 Abs. 2.

[11] Hierhin gehören auch die bei den Gerichten angestellten Sekretäre, Aktuare u. s. w.

[12] StPO. §. 144; RAO. §. 39.

[13] Ueber Ablehnung einer übertragenen Vertheidigung vgl. RAO. §. 31.

[1] StPO. §. 137 Abs. 2.

[2] StPO. §. 140.

Vertheidigung führen darf,[3] so tritt Bestellung eines Vertheidigers ein.

Da in allen Fällen der gewählte Vertheidiger, vorausgesetzt, daß er den gesetzlichen Erfordernissen entspricht, dem bestellten vorgeht, so ist die Bestellung eines Vertheidigers zurückzunehmen, wenn demnächst ein anderer Vertheidiger gewählt wird und dieser die Wahl annimmt.[4] Die Verpflichtung des bestellten Vertheidigers erlischt jedoch erst mit der erfolgten Zurücknahme der Bestellung.

2. In den Fällen der nothwendigen Vertheidigung erfolgt die Bestellung des Vertheidigers durch den Vorsitzenden des mit der betreffenden Strafsache betrauten Gerichts (Strafkammer, Schwurgericht u. s. w.).[5] Abgesehen hiervon erfolgt die Bestellung des Vertheidigers durch das Gericht und nur bei vorhandener Dringlichkeit durch den Vorsitzenden desselben.[6] Da durch den Beschluß des Gerichts nur die Frage entschieden wird, ob ein Vertheidiger zu bestellen ist, so hat die Auswahl auch hier der Vorsitzende des Gerichts.

In der Voruntersuchung wird der Vertheidiger durch den Vorsitzenden der Strafkammer und während der Vorbereitung der öffentlichen Klage durch den Amtsrichter bestellt, in dessen Bezirke die Untersuchungshandlungen vorgenommen werden.[7]

3. Ueber die Form, in der sich der gewählte Vertheidiger zu legitimiren hat, fehlt eine allgemeine Bestimmung. Es genügt die schriftliche oder mündliche Anzeige oder Er-

---

[3] Vgl. Th. II §. 40.

[4] StPO. §. 143.

[5] StPO. §. 144 Abs. 1 Satz 1.

[6] StPO. §. 141.

[7] StPO. §. 144 Abs. 1 Satz 2. Hier ist jedoch nicht die Voruntersuchung berücksichtigt.

klärung zu Protokoll. Nur in einigen Fällen[8] ist die Vorlegung einer schriftlichen Vollmacht vorgeschrieben.

§. 42.

4. Rechte und Pflichten des Vertheidigers.

Die Rechte und Pflichten des Vertheidigers sind in der Strafprozeßordnung an verschiedenen Stellen, aber in keiner Weise erschöpfend aufgeführt.

I. Der Vertheidiger ist Vertreter der Partei des Beschuldigten. Aus diesem Parteistandpunkte folgt, daß der Vertheidiger Alles thun muß, was zu Gunsten des Beschuldigten spricht, und Nichts thun darf, was zu dessen Ungunsten verwendet werden kann. Da die Vertheidigung aber nicht ausschließlich im Interesse des Beschuldigten, sondern im Interesse einer gerechten Strafrechtspflege überhaupt stattfindet, so ist der Vertheidiger bei Erfüllung der von ihm zu lösenden Aufgabe von dem Willen des Beschuldigten unabhängig.[1] Es gilt dies nicht nur für den bestellten, sondern auch für den gewählten Vertheidiger; auch dieser hat, so lange er in Funktion ist, nur die ihm obliegenden, aus dem Wesen der Vertheidigung sich ergebenden Pflichten zu erfüllen.

II. In der Strafprozeßordnung sind folgende Rechte und Pflichten des Vertheidigers besonders aufgeführt:

1. Der Vertheidiger hat das Recht im Vorverfahren den richterlichen Untersuchungshandlungen beizuwohnen,[2] so-

[8] Vgl. StPO. §§. 233, 390, 427, 451, 457, 478. Vgl. Voitus Kontroversen S. 46 – 48.

[1] Diese Sätze sind in der StPO. nicht vollständig anerkannt; vgl. StPO. §§. 52, 95, 339.

[2] StPO. §§. 167, 191; vgl. auch §§. 222, 409.

weit nicht Ausnahmen gemacht sind.[3] Er ist von den Terminen vorher zu benachrichtigen, wenn dies ohne Aufenthalt für die Sache geschehen kann.[4]

2. Das Recht der Akteneinsicht[5] steht nur dem Vertheidiger, nicht dem Beschuldigten oder seinem gesetzlichen Vertreter zu. Und zwar ist der Vertheidiger befugt die dem Gerichte vorliegenden Akten[6] nach dem Schlusse der Voruntersuchung[7] und, wenn eine solche nicht stattgefunden hat, nach Einreichung der Anklageschrift bei dem Gerichte[8] einzusehen.

Die Einsicht der gerichtlichen Untersuchungsakten kann ihm schon vor dem erwähnten Zeitpunkte gestattet werden, wenn hierdurch der Untersuchungszweck nicht gefährdet wird. Nicht verweigert werden darf dem Vertheidiger die Einsicht der Protokolle über die Vernehmung des Beschuldigten, der Gutachten der Sachverständigen und der Protokolle über diejenigen gerichtlichen Handlungen, denen er beizuwohnen befugt ist.

Die Akten mit Ausnahme der Ueberführungsstücke können dem Vertheidiger auch in seine Wohnung verabfolgt werden.

3. Der Vertheidiger hat das Recht, mit dem verhafteten Beschuldigten mündlich und schriftlich zu verkehren.[9] Dieses Recht ist jedoch zunächst dadurch eingeschränkt, daß der Richter vor Eröffnung des Hauptverfahrens schriftliche Mittheilungen zurückweisen kann, deren Einsicht ihm nicht gestattet wird. Außerdem kann der Richter anordnen, daß, so lange

---

[3] Vgl. StPO. §§. 167, 190 Abs. 2.

[4] StPO. §. 191 Abs. 3.

[5] StPO. §. 147.

[6] Hierhin gehören auch die staatsanwaltschaftlichen Akten aus dem Vorverfahren.

[7] StPO. §. 195.

[8] StPO. §. 197.

[9] StPO. §. 148.

das Hauptverfahren nicht eröffnet ist, allen Unterredungen des verhafteten Beschuldigten mit dem Vertheidiger eine Gerichtsperson beiwohne. Doch ist dies Letztere nur dann zulässig, wenn die Verhaftung zur Zeit der stattfindenden Unterredung nicht lediglich wegen Verdachts der Flucht gerechtfertigt ist.[10]

4. Zur Hauptverhandlung ist der bestellte Vertheidiger stets, der gewählte dann zu laden, wenn die erfolgte Wahl dem Gerichte angezeigt worden ist.[11] Der Hauptverhandlung[12] kann der Vertheidiger auch dann beiwohnen, wenn der Angeklagte zeitweise[13] aus derselben entfernt[14] wird.[15] Für den Angeklagten, jedoch nicht gegen dessen ausdrücklichen Willen ist der Vertheidiger befugt, Rechtsmittel einzulegen.[16] Und endlich ist es dem Vertheidiger gestattet, der Vollstreckung der Todesstrafe beizuwohnen.[16]

5. Für die Vertheidigung kann der Vertheidiger Gebühren beanspruchen. Dem zum Vertheidiger bestellten Rechtsanwalte werden die Gebühren nach Maßgabe der Gebührenordnung für Rechtsanwälte aus der Staatskasse gezahlt und zwar ist es dabei gleichgültig, ob es sich um eine nothwendige Vertheidigung handelt oder nicht.[17]

6. Ob die Rechte, welche der Vertheidiger im Verfahren ausüben kann, im einzelnen Falle auch wirklich auszuüben

---

[10] Es ist also irrelevant, aus welchem Grunde die Verhaftung erfolgte.

[11] StPO. §. 217.

[12] Vgl. auch StPO. §. 232 Abs. 3.

[13] StPO. §. 246.

[14] Ueber das Fragerecht des Vertheidigers vgl. StPO. §§. 238 ff.

[15] StPO. §. 339. Dasselbe gilt auch hinsichtlich des Antrages auf Wiederaufnahme des Verfahrens, §. 405.

[16] StPO. §. 486 Abs. 3.

[17] GebO. für Rechtsanwälte §§. 8, 63 ff.; StPO. §. 150.

sind, ist dem freien Ermessen des Vertheidigers überlassen. Die Strafprozeßordnung enthält nur eine allgemeine Bestimmung über die Verpflichtung des Vertheidigers.[18] Derselbe muß in einem Falle, in welchem die Vertheidigung eine nothwendige oder die Bestellung des Vertheidigers auf Grund des §. 141 der Strafprozeßordnung erfolgt ist, in der Hauptverhandlung erscheinen, die Vertheidigung führen und darf sich nicht unzeitig entfernen. Wird durch seine Schuld eine Aussetzung erforderlich, so sind ihm, vorbehaltlich dienstlicher Ahndung, durch Beschluß des Gerichts die durch die Aussetzung verursachten Kosten aufzuerlegen. Die dienstliche Ahndung des Vertheidigers hängt von dem betreffenden Disciplinargesetze ab, welchem derselbe unterworfen ist.[19]

§. 43.

III. Gesetzliche Vertreter und Beistände.

1. Das Interesse des Beschuldigten im Verfahren kann, abgesehen von dem Vertheidiger, noch durch andere Personen wahrgenommen werden. Die Strafprozeßordnung hat zu diesem Zwecke nicht nur dem gesetzlichen Vertreter des Beschuldigten gewisse Rechte eingeräumt, sondern auch nahen Angehörigen[1] desselben gestattet, als Beistände mitzuwirken. Alle die genannten Personen können die ihnen zustehenden Rechte ohne Rücksicht auf den Willen des Beschuldigten und auch neben dem bestellten oder gewählten Vertheidiger ausüben.

---

[18] StPO. §. 145; vgl. noch §. 227 Abs. 1.

[19] Vgl. GVG. §. 180 und in Betreff der Rechtsanwälte noch RAO. §§. 30 ff.

[1] Ueber die Rechte aller Angehörigen im Verfahren gegen Abwesende vgl. StPO. §§. 322, 328, 474 und Th. III Abschn. 3, VI und VII dieses Buches.

2. Der gesetzliche Vertreter des Beschuldigten[2] hat das Recht für diesen einen Vertheidiger zu wählen;[3] er kann in Landgerichtssachen, wenn ein Verbrechen den Gegenstand der Untersuchung bildet, beantragen, daß ein Vertheidiger bestellt wird.[4] Es steht ihm auch die Befugniß zu, Rechtsmittel binnen der für den Beschuldigten laufenden Frist einzulegen[4] und den Antrag auf Wiederaufnahme des Verfahrens zu stellen.[5]

Eine besondere Bestimmung findet sich noch für den gesetzlichen Vertreter eines jugendlichen Verbrechers.[6] In der Hauptverhandlung gegen diesen kann der gesetzliche Vertreter als Beistand auftreten. Hat er dies nicht gethan und lautet das Urtheil auf Unterbringung des Beschuldigten in eine Erziehungs- oder Besserungsanstalt, so ist ihm dasselbe zuzustellen.

3. Als Beistände werden erwähnt[7] der Ehemann der Angeklagten und der Vater, Adoptivvater und Vormund eines minderjährigen Angeklagten. Diese Personen sind in den Hauptverhandlungen aller[8] Instanzen, jedoch nur wenn der Beschuldigte erschienen ist,[8] zuzulassen und auf ihr Verlangen zu hören.[9] Im Vorverfahren unterliegt dagegen ihre Zulassung, um Kollusionen zu verhüten, dem richterlichen Ermessen.[10]

---

2 Der Ehemann der Beschuldigten ist nicht als gesetzlicher Vertreter anzusehen, StPO. §. 340. Es handelt sich hier vielmehr um Minderjährige, Geisteskranke, Taubstumme u. s. w. Vgl. Löwe S. 445 f.

3 StPO. §. 137.

4 StPO. §. 140 Abs. 2 Nr. 2.

5 StPO. §§. 340, 371, 405.

6 StPO. §. 268.

7 StPO. §. 149.

8 Löwe S. 464 f.

9 StPO. §. 149 Abs. 1. — Ein Recht, Anträge zu stellen, Richter abzulehnen, Beschwerden zu erheben u. dgl. steht ihnen nicht zu; auch brauchen sie nicht zur Hauptverhandlung geladen zu werden.

10 StPO. §. 149 Abs. 3.

Dritter Theil.

Das Verfahren.

Erster Abschnitt.

Allgemeines.

§. 44.

I. Leitende Grundsätze des Verfahrens.

1. Dem Verfahren nach der Strafprozeßordnung liegt das Anklageprincip zu Grunde, welches jedoch nicht streng durchgeführt ist.

Die Eröffnung einer gerichtlichen Untersuchung ist durch die Erhebung einer Klage bedingt.[1] Die Erhebung der (öffentlichen oder Privat-) Klage hängt, abgesehen von einigen Ausnahmen,[2] von der Staatsanwaltschaft bzw. dem Privatkläger ab.[3] Erhoben wird die Klage entweder durch den Antrag auf gerichtliche Voruntersuchung oder durch die Einreichung einer Anklageschrift.[4] Auf den weiteren Verlauf der Untersuchung ist das Gericht aber nicht ohne Einfluß. Das Hauptverfahren kann in der Regel nicht eintreten, wenn das Gericht die Eröffnung desselben nicht beschlossen hat.[5]

---

[1] StPO. §. 151.
[2] Vgl. Th. II §. 31.
[3] StPO. §§. 152, 414, 416.
[4] StPO. §. 168; vgl. jedoch auch §§. 211, 265 Abs. 1.
[5] StPO. §§. 196, 197, 201 ff.

Die Untersuchuug und Entscheidung erstreckt sich nur auf die in der Klage bezeichnete That und auf die durch die Klage beschuldigten Personen.[6] Eine Ausdehnung der Untersuchung und Entscheidung ist ohne hierauf abzielenden Antrag der Staatsanwaltschaft nicht zulässig.[7] Gegenstand der Urtheilsfindung ist die in der Anklage bezeichnete That, wie sich dieselbe nach dem Ergebnisse der Verhandlung darstellt.[8]

Ein Einfluß des Gerichts auf den zwischen dem Ankläger und dem Angeklagten stattfindenden Rechtsstreit zeigt sich nach zwei Seiten hin. Zunächst ist es der Staatsanwaltschaft nicht gestattet, nach Eröffnung der Untersuchung die öffentliche Klage zurückzunehmen.[9] Obwol diese Bestimmung mit dem Anklageprincipe schwer zu vereinbaren ist, hat man es doch dem Wesen der Strafsache und der Würde des strafrichterlichen Amts nicht entsprechend gehalten, daß der Fortgang der Sache allein von der Staatsanwaltschaft abhängig sein soll.[10] Nur in dem Verfahren bei amtsrichterlichen Strafbefehlen ist hiervon eine Ausnahme gemacht.[11] Die Staatsanwaltschaft kann bis zum Beginne der Hauptverhandlung die Klage fallen lassen, wenn gegen den erlassenen Strafbefehl von dem Angeklagten rechtzeitig Einspruch erhoben ist. Begründet wird diese Ausnahme dadurch, daß in den erwähnten Fällen die öffentliche Klage nicht immer ausreichend vorbereitet ist und es nicht erforderlich erscheint, offenbar unbegründete Untersuchungen der richterlichen Entscheidung zu unterwerfen.[10] Im Gegensatze hierzu ist die Zurücknahme der Privatklage allgemein gestattet.[12]

Das Gericht ist außerdem, da im Strafprozesse materielle

---

[6] StPO. §. 153 Abs. 1.
[7] StPO. §§. 189, 265.
[8] StPO. §. 263 Abs. 1.
[9] StPO. §. 154.
[10] Vgl. Motive zur StPO. S. 88.
[11] StPO. §. 451 Abs. 1.
[12] StPO. §. 431.

Wahrheit erforscht und festgestellt werden soll, innerhalb der Grenzen, welche für die Untersuchung und Entscheidung vorhanden sind, zu einer selbständigen Thätigkeit berechtigt und verpflichtet.[13] Es kann, wenn ihm das von den Parteien erbrachte Beweismaterial nicht ausreichend erscheint, von Amtswegen Zeugen und Sachverständige laden und andere Beweismittel herbeischaffen lassen.[14]

An die Anträge der Parteien hinsichtlich der Beweisführung, der Anwendung des Strafgesetzes und der Festsetzung der Strafe ist das Gericht nicht gebunden. Auch die Beurtheilung der That, welche dem Beschlusse über die Eröffnung des Hauptverfahrens zu Grunde liegt, ist für das Gericht nicht maßgebend.[15] Nur die Gerichte höherer Instanzen sind bei der Urtheilsfindung insofern beschränkt, als sie in gewissen Fällen das Urtheil nicht zum Nachtheile des Angeklagten abändern dürfen (Verbot der reformatio in pejus).[16]

2. Der Grundsatz der Oeffentlichkeit des Verfahrens. Die Oeffentlichkeit d. h. die Zugänglichkeit der Verhandlungen für unbetheiligte Personen erstreckt sich nicht auf das ganze Verfahren, sondern nur auf die Verhandlung vor dem erkennenden Gerichte, einschließlich der Verkündung der Urtheile und Beschlüsse desselben.[17] Ausgeschlossen ist daher zunächst die Oeffentlichkeit in dem Vorverfahren, in welchem jedoch den Parteien gestattet ist, gewissen Untersuchungshand-

[13] StPO. §. 153 Abs. 2.

[14] StPO. §§. 220, 243 Abs. 3.

[15] StPO. §§. 153 Abs. 2, 263 Abs. 2.

[16] StPO. §§. 372, 398. Dies gilt auch für die Wiederaufnahme des Verfahrens; vgl. §. 413.

[17] GVG. §§. 170, 174. Auch die Bildung der Geschworenenbank erfolgt in öffentlicher Sitzung, StPO. §. 281. Vgl. noch GVG. §§. 45 Abs. 2, 91 Abs. 1.

lungen beizuwohnen (Parteienöffentlichkeit). Nicht öffentlich[18] erfolgt außerdem die Berathung und Abstimmung des Gerichts, doch kann zu Gunsten der bei dem Gerichte zu ihrer juristischen Ausbildung beschäftigten Personen hiervon eine Ausnahme gemacht werden.[19]

In allen Strafsachen kann aus persönlichen oder sachlichen Gründen die Oeffentlichkeit ganz oder für einen Theil der Verhandlung durch das Gericht ausgeschlossen werden. Der Zutritt kann unerwachsenen und solchen Personen versagt werden, welche sich nicht im Besitze der bürgerlichen Ehrenrechte befinden oder welche in einer der Würde des Gerichts nicht entsprechenden Weise erscheinen.[20] Und die Oeffentlichkeit kann ausgeschlossen werden, wenn sie eine Gefährdung der öffentlichen Ordnung oder der Sittlichkeit besorgen läßt.[21] In diesem letzteren Falle muß in nicht öffentlicher Sitzung darüber verhandelt werden, ob die Oeffentlichkeit auszuschließen ist oder nicht. Der unanfechtbare Beschluß des Gerichts, welcher die Oeffentlichkeit ausschließt, muß ebenso wie das Urtheil öffentlich verkündet werden.[22] Von dem Vorsitzenden des Gerichts kann einzelnen Personen gestattet werden, nicht öffentlichen Verhandlungen beizuwohnen.[23]

Aus dem Protokolle über die Hauptverhandlung muß ersichtlich sein, ob öffentlich verhandelt oder die Oeffentlichkeit ausgeschlossen worden ist.[24] Die Nichtbeobachtung der

---

[18] Leise Berathung und Abstimmung im Sitzungssaale ist hierdurch nicht ausgeschlossen, wird sich aber wegen StPO. §. 267 in der Regel nur bei Beschlüssen durchführen lassen; vgl. jedoch §. 314, Löwe S. 178.

[19] GVG. §. 195.

[20] GVG. §. 176 Abs. 1.

[21] GVG. §. 173.

[22] GVG. §. 175.

[23] GVG. §. 176 Abs. 2.

[24] StPO. §. 272 Z. 5.

Vorschriften über die Oeffentlichkeit berechtigt zur Anfechtung des Urtheils.[25]

3 Der Grundsatz der Mündlichkeit oder Unmittelbarkeit des Verfahrens besteht darin, daß das Urtheil nicht auf Grund der Prozeßakten oder des Vortrages eines Referenten, sondern auf Grund einer vor dem erkennenden Gerichte stattgefundenen Beweisaufnahme gefällt wird. Hieraus folgt zunächst, daß Alles, was die Basis des Urtheils bilden soll, dem Gerichte von den Parteien, Zeugen, Sachverständigen u. s. w. mündlich vorgetragen werden muß und daß nur das Vorgetragene berücksichtigt werden darf. Unter gewissen Umständen kann jedoch der mündliche Vortrag durch Verlesung von Schriftstücken ersetzt werden.[26] Außerdem muß die Hauptverhandlung in ununterbrochener Gegenwart der zur Urtheilsfällung berufenen Richter[27] und ohne größere Unterbrechungen stattfinden. Werden bei Verhandlungen von längerer Dauer Ergänzungsrichter, Ergänzungsschöffen oder Ergänzungsgeschworene zugezogen, so haben diese den Verhandlungen von Anfang an beizuwohnen.[28] Tritt eine Unterbrechung der Hauptverhandlung ein, so muß diese spätestens am vierten Tage nach der Unterbrechung fortgesetzt werden, widrigenfalls mit dem Verfahren von neuem zu beginnen ist.[29]

---

[25] StPO. §§. 369 Abs. 2 (Berufung), 377 Z. 6 (Revision).

[26] StPO. §§. 248, 250—255; vgl. auch §§. 71, 232.

[27] StPO. §. 225.

[28] GVG. §. 194 Abs. 2 und 3. Im Gegensatze hierzu ist ein Wechsel in der Person des Staatsanwalts, des Vertheidigers und des Protokollführers in der Hauptverhandlung zulässig. Vgl. noch StPO. §. 377 Z. 1 und 5.

[29] StPO. §. 228. Es ist durchaus zulässig, eine unterbrochene Hauptverhandlung an einem Sonn- oder Feiertage fortzusetzen; Löwe S. 593, Voitus Kontroversen S. 139—142.

Im wesentlichen gilt der Grundsatz der Mündlichkeit nur für die Hauptverhandlung erster Instanz. Nicht anerkannt ist dieser Grundsatz im Vorverfahren[30] und in der Beschwerdeinstanz,[31] nicht vollständig anerkannt in der Berufungs- und der Revisionsinstanz.[32] Auch der Antrag auf Wiederaufnahme der Untersuchung kann ohne mündliche Verhandlung erledigt werden.[33]

4. Der Grundsatz der freien Beweiswürdigung gilt für alle im Strafverfahren vorkommenden Entscheidungen. Nach diesem Grundsatze entscheidet das Gericht über das Ergebniß einer Beweisaufnahme nach seiner freien, aus dem Inbegriffe der Verhandlung geschöpften Ueberzeugung und ist an gesetzliche Regeln über die Beweiskraft der zur Erbringung des Beweises benutzten Mittel nicht gebunden.[34] Nur in wenigen Fällen ist aus praktischen Rücksichten von dem obigen Grundsatze abgewichen und das freie Ermessen des Gerichts etwas eingeschränkt worden. Hierhin gehört besonders der Fall, daß die Verurtheilung eines Abwesenden, welcher sich der Wehrpflicht entzogen hat, auf Grund einer Erklärung der mit der Kontrole des Wehrpflichtigen beauftragten Behörde erfolgen kann, wenn sich nicht Umstände ergeben, welche dieser Erklärung entgegenstehen.[35]

Als Mittel, durch welche dem Gerichte die Gründe der

[30] StPO. §§. 168, 186, 197.

[31] StPO. §. 348.

[32] StPO. §§. 363, 365, 366, 386, 391.

[33] StPO. §§ 407, 411.

[34] StPO. §. 260. Vgl. über die Lehre vom Beweis bes. Geyer in HH. Bd. I S. 187 ff., Löwe S. 633 ff.

[35] StPO. §. 475 Abs. 1; vgl. noch §§. 274, 372, 398, 413. Weitere Abweichungen finden sich in Specialgesetzen, Löwe S. 634, Binding die Normen und ihre Uebertretungen Bd. II (1877) S. 612 ff.

für die Entscheidungen erforderlichen Gewißheit erbracht werden können, gelten Zeugen, Sachverständige, richterlicher Augenschein, Geständniß, Urkunden, Anzeigen (Indicien).[36] Eine Bevorzugung einzelner Beweismittel ist gesetzlich nicht anerkannt, vielmehr steht der direkte Beweis dem indirekten d. h. durch Anzeigen völlig gleich.

Bei der Stellung, welche dem Gerichte gegenüber den Parteien, und der Staatsanwaltschaft gegenüber dem Angeklagten eingeräumt ist, kann von einer Beweislast wie im Gebiete des Civilprozesses hier nicht die Rede sein. Und dasselbe gilt hinsichtlich etwaiger Beweisfristen. Zwar sind einige Fristen aufgestellt,[37] allein die Nichtbeobachtung derselben ist ohne wesentlichen Einfluß auf das Verfahren, da ausdrücklich bestimmt ist, daß in der Hauptverhandlung eine Beweiserhebung nicht deßhalb abgelehnt werden darf, weil das Beweismittel oder die zu beweisende Thatsache zu spät vorgebracht worden sei.[38] Und außerdem sind selbst in der Berufungsinstanz neue Beweismittel zulässig.[39]

In einer Anzahl von Fällen fordert die Strafprozeßordnung für die Entscheidung des Gerichts nicht Beweis, sondern nur Glaubhaftmachung, Bescheinigung oder Bestätigung der betreffenden Thatsachen.[40] Die Mittel, durch welche dies zu erfolgen hat, sind nicht selten beschränkt, namentlich ist der Eid als Mittel der Glaubhaftmachung bald zugelassen, bald ausgeschlossen.[41] In gleicher Weise begnügt sich die Strafprozeßordnung, um die Vornahme von Handlungen zu

[36] Vgl. Th. III §§. 56 ff. dieses Buches.

[37] StPO. §§. 199, 206, 221.

[38] StPO. §. 245 Abs. 1.

[39] StPO. §. 364 Abs. 3.

[40] GVG. §§. 56, 96, StPO. §§. 26, 45, 50, 55, 74, 120, 234, 370, 410, 431, 455, 472.

[41] Vgl. StPO. §§. 26, 55, 74.

rechtfertigen, mit Anhaltspunkten, (dringenden oder hinreichenden) Verdachtsgründen, Vermuthungen, genügendem Anlaß.[42]

5. Der Grundsatz der schriftlichen Beurkundung. Ueber alle Untersuchungshandlungen und über die Hauptverhandlung muß ein Protokoll aufgenommen werden. Die Beobachtung dieses Grundsatzes ist für das Gericht und die bei dem Verfahren betheiligten Personen von Wichtigkeit; für das Gericht, weil es auf Grund der im Vorverfahren stattgefundenen Untersuchungshandlungen Entscheidungen zu treffen hat; für die sonst betheiligten Personen, weil sie auf Grund der Protokolle zu prüfen haben, ob die gesetzlichen Vorschriften beobachtet sind oder Veranlassung vorhanden ist, ein Rechtsmittel einzulegen.[43]

§. 45.

II. Gerichtssprache.

1. Die Gerichtssprache ist die deutsche.[1] Sind bei den gerichtlichen Verhandlungen[2] Personen betheiligt, welche der deutschen Sprache nicht mächtig sind, so ist ein Dolmetscher zuzuziehen. Es kann dies jedoch unterlassen werden, wenn alle betheiligten Personen der fremden Sprache mächtig sind.[3] Zu verdolmetschen ist Alles, wobei der Angeklagte be-

[42] StPO. §§. 102, 103, 112, 130, 157, 158, 168, 172, 201, 332.

[43] Ueber Form und Inhalt der Protokolle und der dabei zu beobachtenden Vorschriften vgl. StPO. §§. 166, 185, 186, 271—274.

[1] GVG. §. 186. Eine Ausnahme hiervon ist nur für Elsaß-Lothringen gemacht; vgl. EG. zum GVG. §. 12.

[2] Für schriftliche Erklärungen gilt dieser Satz nicht.

[3] GVG. §. 187. Es handelt sich hier jedoch nur um einzelne Aussagen und Schriftstücke.

theiligt erscheint. Nur hinsichtlich der Schlußvorträge in der Hauptverhandlung ist eine beschränkende Bestimmung aufgestellt; die Schlußvorträge sind nicht vollständig zu übersetzen, jedoch müssen dem Angeklagten aus denselben mindestens die Anträge der Staatsanwaltschaft und des Vertheidigers durch den Dolmetscher bekannt gemacht werden.[4]

Die Führung eines Nebenprotokolles in der fremden Sprache findet nicht statt, doch können wichtige Aussagen und Erklärungen in der fremden Sprache nach dem Ermessen des Richters auch in der fremden Sprache niedergeschrieben werden.[5]

Eide werden von Personen, welche der deutschen Sprache nicht mächtig sind, in der ihnen geläufigen Sprache geleistet.[6]

2. Die Auswahl des Dolmetschers geschieht durch das Gericht. Der Dolmetscher ist zu beeidigen; ist er jedoch für Uebertragungen der betreffenden Art im allgemeinen beeidigt, so genügt die Berufung auf den geleisteten Eid.[7] Der Dienst des Dolmetschers kann von dem Gerichtsschreiber[8] wahrgenommen werden, der für diesen Zweck nicht besonders zu beeidigen ist.[9]

3. Mit tauben und stummen Personen ist schriftlich zu verhandeln. Ist dies nicht möglich, so ist eine Person als Dolmetscher zuzuziehen, mit deren Hülfe die Verständigung in anderer Weise z. B. durch Zeichensprache erfolgen kann.[10]

---

[4] StPO. §. 258 Abs. 1.
[5] GVG. §. 187.
[6] GVG. §. 190.
[7] GVG. §. 191.
[8] GVG. §. 192.
[9] Ueber Ablehnung des Dolmetschers vgl. GVG. §. 193, StPO. §. 74.
[10] GVG. §. 188; vgl. auch StPO. §. 258 Abs. 2.

§. 46.

III. Zeitbestimmungen.

1. Die Zeitbestimmungen, welche für die Gerichte und die an dem Verfahren betheiligten Personen aufgestellt sind, sind entweder Termine oder Fristen. Bei den Terminen muß die fragliche Handlung zu der Zeit geschehen, die hierfür anberaumt ist, bei den Fristen dagegen nur innerhalb eines bestimmten Zeitraumes. Dieser Zeitraum ist theils nach Tagen, Wochen oder Monaten, theils nach den verschiedenen Stadien des Verfahrens[1] festgesetzt.

Die Fristen sind entweder gesetzliche, deren Dauer durch das Gesetz,[2] oder richterliche, deren Dauer durch den Richter[3] im einzelnen Falle bestimmt ist. Die gesetzlichen Fristen betragen in der Regel eine Woche,[4] doch finden sich auch kürzere und längere Fristen.[5] Gesetzliche Fristen können nicht verlängert werden; bei richterlichen ist dies gestattet, wenn die Continuität nicht unterbrochen ist.

2. Die Berechnung der Fristen ist verschieden.[6] Bei einer nach Tagen bestimmten Frist wird der Tag nicht mitgerechnet, auf welchen der Zeitpunkt oder das Ereigniß fällt,

---

[1] Vgl. StPO. §§. 16, 435.

[2] In einigen Fällen ist bei den gesetzlichen Fristen ein gewisser Spielraum gelassen; vgl. GVG. §. 93, StPO. §§. 216, 425, 488.

[3] StPO. §§. 121, 171, 174, 199, 206, 261, 270, 350, 408, 419, 422, 431.

[4] Vgl. z. B. StPO. §§. 45, 126, 234, 353, 355, 358, 360.

[5] Drei Tage GVG. §. 93, StPO. §§. 98, 100, 140, 348; vier Tage §. 228; zwei Wochen §§. 40, 170, 323; ein Monat §§. 170, 320, 469, 473; zwei Monate §. 433; drei Monate §. 208; vier Monate §. 488.

[6] Die Gerichtsferien sind ohne Einfluß. GVG. §. 202 Z. 1.

nach welchem der Anfang der Frist sich richten soll.[7] Hierbei ist es gleichgültig, ob der letzte Tag der Frist ein Sonntag oder allgemeiner Feiertag ist. Die nach einer Woche oder einem Monat oder mehreren Wochen oder mehreren Monaten bestimmten Fristen endigen mit Ablauf desjenigen Tages der letzten Woche oder des letzten Monats, welcher durch seine Benennung oder Zahl dem Tage entspricht, an welchem die Frist begonnen hat;[8] fehlt dieser Tag in dem letzten Monate, so endigt die Frist mit Ablauf des letzten Tages dieses Monats. Ist der letzte Tag der Frist ein Sonntag oder allgemeiner Feiertag, so endigt die Frist erst mit Ablauf des nächstfolgenden Werktages.[9]

3. Nichtbeobachtung der Zeitbestimmungen hat entweder Entstehung[10] oder Untergang eines Rechts zur Folge; Ersteres, wenn die Schuld auf Seiten des Gerichts, Letzteres, wenn die Schuld auf Seiten der betheiligten Personen liegt. Doch können diese unter Umständen Wiedereinsetzung in den vorigen Stand beanspruchen.

§. 47.

IV. Wiedereinsetzung in den vorigen Stand.

Wiedereinsetzung in den vorigen Stand kann stattfinden gegen die Versäumung von Fristen und von Terminen.

1. Gegen die Versäumung einer (gesetzlichen oder richterlichen) Frist[1] ist die Wiedereinsetzung zulässig, wenn der An-

---

[7] StPO. §. 42.

[8] StPO. §. 42 ist hier nicht anzuwenden.

[9] StPO. §. 43.

[10] Vgl. z. B. StPO. §§. 216, 277.

[1] Auch gegen die Versäumung der Frist für den Antrag um Wiedereinsetzung.

tragsteller[2] durch unabwendbare Zufälle an der Einhaltung der Frist verhindert worden ist. Was als unabwendbarer Zufall anzusehen, ist dem Ermessen des Richters überlassen. Die Strafprozeßordnung erwähnt nur als Beispiele Naturereignisse und den Umstand, daß der Antragsteller ohne sein Verschulden keine Kenntniß von einer Zustellung erlangt hat.[3] Dieselben Grundsätze gelten hinsichtlich der Versäumung von Terminen.[4]

2. Das Gesuch um Wiedereinsetzung in den vorigen Stand muß bei demjenigen Gerichte angebracht werden, bei welchem die Frist wahrzunehmen gewesen wäre, und zwar binnen einer Woche nach Beseitigung des Hindernisses d. h. der Versäumungsgründe. Diese sind in dem Gesuche anzugeben und glaubhaft zu machen. Außerdem muß mit dem Gesuche zugleich die versäumte Handlung nachgeholt werden, da ein besonderes Verfahren in Betreff des Gesuches nicht eingeleitet wird.[5]

Ueber das Gesuch entscheidet dasjenige Gericht, welches bei rechtzeitig erfolgter Handlung zur Entscheidung in der Sache selbst berufen gewesen wäre. Die dem Gesuche stattgebende Entscheidung kann nicht, die das Gesuch verwerfende durch sofortige Beschwerde[6] angefochten werden.[7]

Durch das Gesuch wird die Vollstreckung einer gerichtlichen Entscheidung nicht gehemmt, doch kann das Gericht[8]

---

[2] Hierhin gehören alle bei dem Verfahren betheiligten Personen.
[3] StPO. §. 44; vgl. noch §§. 356, 370, 382, 431, 452, 455, 461.
[4] Vgl. StPO. §§. 234, 431, 452.
[5] StPO. §. 45.
[6] StPO. §. 353.
[7] StPO. §. 46.
[8] StPO. §. 47.

auf Antrag oder von Amtswegen einen Aufschub der Vollstreckung anordnen.

§. 48.

V. Entscheidungen.

1. Unter Entscheidungen sind alle im Strafverfahren vorkommenden richterlichen Anordnungen zu verstehen. Hierhin gehören auch die prozeßleitenden Verfügungen, doch sind diese nicht immer einbegriffen, wenn in der Strafprozeßordnung von Entscheidungen gesprochen wird.[1]

Die Entscheidungen zerfallen in Urtheile, Beschlüsse und Verfügungen. Urtheile sind die Entscheidungen, welche in einer Hauptverhandlung ergehen und entweder die Anklage[2] oder die Rechtsmittel der Berufung und der Revision[3] erledigen. Außerdem sind zu den Urtheilen die Entscheidungen zu rechnen, durch welche nach erfolgter Wiederaufnahme des Verfahrens das frühere Urtheil aufgehoben oder aufrecht erhalten wird.[4] Zwischen den Beschlüssen und Verfügungen läßt sich ein fester Unterschied dahin nicht aufstellen, daß erstere von einem Kollegium, letztere von einem einzelnen Richter erlassen werden, vielmehr werden beide Ausdrücke in der Strafprozeßordnung vielfach in gleichem Sinne gebraucht.[5]

Für einzelne richterliche Anordnungen finden sich noch besondere Ausdrücke. Es sind dies der Strafbefehl,[6]

---

[1] Vgl. z. B. StPO. §§. 33, 34.

[2] StPO. §. 259.

[3] StPO. §§. 363, 389. Wird Hauptverhandlung nicht anberaumt, so werden die obigen Rechtsmittel durch Beschluß erledigt.

[4] StPO. §§. 411, 413.

[5] Vgl. z. B. StPO. §. 346; Löwe S. 265 f.

durch welchen der Amtsrichter ohne vorgängige Hauptverhandlung eine Strafe festsetzt, der Haft-[7] und der Vorführungsbefehl.[8]

2. Die im Laufe einer Hauptverhandlung ergehenden Entscheidungen des Gerichts[9] werden nach Anhörung der Betheiligten, die außerhalb einer Hauptverhandlung ergehenden nach erfolgter schriftlicher oder mündlicher Erklärung der Staatsanwaltschaft erlassen.[10] Die durch ein Rechtsmittel anfechtbaren Entscheidungen und diejenigen, durch welche ein Antrag abgelehnt wird, gleichviel ob diese anfechtbar sind oder nicht, sind mit Gründen zu versehen.[11] Hieraus folgt jedoch nicht, daß den nicht mehr anfechtbaren Entscheidungen Gründe nicht beigefügt zu werden brauchen.[12]

3. Die Bekanntmachung der Entscheidungen erfolgt durch Verkündung oder durch Zustellung. Die Verkündung ist eine richterliche Handlung und wird bei den Entscheidungen angewendet, welche in Anwesenheit der davon betroffenen Person ergehen. Dieser ist auch auf Verlangen eine Abschrift der Entscheidung zu ertheilen. Alle anderen Entscheidungen sind durch Zustellung bekannt zu

---

[6] StPO. §. 447. Nichtrichterliche Anordnungen sind Strafverfügung und Strafbescheid, StPO. §§. 453, 459.

[7] StPO. §. 114.

[8] StPO. §. 134.

[9] Im Gegensatze zu den Entscheidungen des Untersuchungsrichters, des beauftragten und ersuchten Richters und des Amtsrichters. Vgl. über den sehr bestrittenen §. 33 der StPO. Löwe S. 266 ff.

[10] StPO. §. 33.

[11] StPO. §. 34. Besondere Bestimmungen finden sich StPO. §§. 114 Abs. 2, 202, 205, 266, 316; vgl. auch §. 377 Z. 7.

[12] Entscheidungen ist hier im engeren Sinne zu interpretiren; denn es kann nicht beabsichtigt sein, daß die prozeßleitenden Verfügungen mit Gründen zu versehen sind; Löwe S. 271.

machen.[13] Dem nicht auf freiem Fuße Befindlichen ist das zugestellte Schriftstück auf Verlangen vorzulesen.[14]

Die Entscheidungen, welche einer Zustellung (oder Vollstreckung) bedürfen, sind der Staatsanwaltschaft zu übergeben welche das Erforderliche zu veranlassen hat.[15] Der Untersuchungsrichter und der Amtsrichter können Zustellungen aller Art (sowie die Vollstreckung von Beschlüssen und Verfügungen) unmittelbar d. h. ohne Vermittelung der Staatsanwaltschaft veranlassen.[16] Dasselbe gilt, obwol es nicht besonders erwähnt ist, auch von den Gerichten.[17]

Ausgenommen von der Regel sind die Entscheidungen, welche lediglich den inneren Dienst der Gerichte oder die Ordnung in den Sitzungen betreffen.[18]

Besondere Bestimmungen sind noch aufgestellt über die Zustellungen an die Staatsanwaltschaft und an den Beschuldigten in gewissen Fällen. Die Zustellungen an die Staatsanwaltschaft erfolgen durch Vorlegung der Urschrift des zuzustellenden Schriftstücks. Beginnt mit der Zustellung der Lauf einer Frist, so ist der Tag der Vorlegung von der Staatsanwaltschaft auf der Urschrift zu vermerken.[19] Können die Zustellungen an den Beschuldigten nicht in der regelmäßigen Weise erfolgen und erscheint die Befolgung der für Zustellungen im Auslande bestehenden Bestimmungen unausführbar oder voraussichtlich erfolglos, so tritt ein Ersatz für die Zustellung ein. War dem Beschuldigten noch keine Ladung zur Hauptverhandlung zugestellt, so ist der Inhalt des zuzustellenden Schriftstücks durch ein deutsches oder aus-

---

[13] StPO. §. 35.

[14] Vgl. hierüber Löwe S. 273 f.

[15] StPO. §. 36 Abs. 1 Satz 1.

[16] StPO. §. 36 Abs. 2.

[17] Vgl. Löwe S. 274 f.

[18] StPO. §. 36 Abs. 1 Satz 2.

[19] StPO. §. 41.

ländisches Blatt bekannt zu machen, war demselben aber bereits die Ladung zur Hauptverhandlung zugestellt, so ist das zuzustellende Schriftstück — von Urtheilen und Beschlüssen jedoch nur der entscheidende Theil — an die Gerichtstafel des Gerichts erster Instanz anzuheften. Im ersteren Falle gilt die Zustellung als erfolgt, wenn seit dem Erscheinen des Blattes zwei Wochen verflossen sind, im letzteren, wenn das Schriftstück zwei Wochen angeheftet gewesen ist.[20]

Die Zustellungen erfolgen durch den Gerichtsvollzieher[21] oder durch die Post.[22] Auch der Gerichtsvollzieher kann sich der Post bedienen. Das bei der Zustellung zu beobachtende Verfahren regelt sich nach den Vorschriften der Civilprozeßordnung,[23] die durch die Strafprozeßordnung[24] jedoch theilweise ergänzt werden.

Da das Verfahren bei Zustellungen sehr complicirt ist, so ist den Landesjustizverwaltungen gestattet, einfachere Formen für den Nachweis der Zustellung[25] vorzuschreiben, jedoch nur für das die öffentliche Klage vorbereitende Verfahren, für die Voruntersuchung und für das Verfahren bei der Strafvollstreckung.[26] Abgesehen hiervon sind Abweichungen nicht gestattet.

---

[20] StPO. §. 40.

[21] Die bei dem Strafverfahren betheiligten Personen, welche Zeugen und Sachverständige unmittelbar laden dürfen (StPO. §§. 193, 219, 364, 426, 437 Abs. 1), haben mit der Zustellung der Ladung den Gerichtsvollzieher zu beauftragen, StPO. §. 38.

[22] CPO. §§. 152, 176.

[23] CPO. §§. 152—190, doch sind nicht alle §§. auf das Strafverfahren anwendbar. Zu den unanwendbaren gehören wol §§. 154, 155, 159—164, 175, 181. Vgl. Löwe S. 276 ff.

[24] StPO. §§. 38, 40, 41.

[25] CPO. §§. 173, 174, 178, 185.

[26] StPO. §. 39. Vgl. hierzu die allg. Verfügung des preuß. Justizministers vom 16. Juli 1879, betr. vereinfachte Zustellungen in Strafsachen.

VI. Die Zwangsmittel.

§. 49.

1. Arten der Zwangsmittel.

1. Die Zwangsmittel, welche im Strafverfahren vorkommen können, richten sich gegen den Beschuldigten oder gegen dritte Personen. Ihr Zweck ist entweder die Gestellung eines Beschuldigten, Zeugen oder Sachverständigen oder die Herbeischaffung von Gegenständen, welche als Beweismittel von Bedeutung sein können oder der Einziehung unterliegen.

2. Bei den gegen den Beschuldigten zulässigen Zwangsmitteln ist zu unterscheiden, ob der Aufenthalt desselben bekannt ist oder ob der Beschuldigte als abwesend[1] gilt. Im ersteren Falle sind, abgesehen von der Ladung, die als Zwangsmittel nicht anzusehen ist, zunächst folgende Zwangsmittel anwendbar: der Vorführungsbefehl d. h. die zwangsweise durch eine Gerichtsperson auszuführende Gestellung,[2] die vorläufige Festnahme[3] und die Verhaftung.[4] Die letztere kann sich an einen Vorführungsbefehl oder an eine vorläufige Festnahme anschließen, sie ist aber auch von vornherein zulässig. Ein Surrogat der Verhaftung und ebenfalls ein Zwangsmittel ist die Sicherheitsleistung.[5] Zur Gestellung des Beschuldigten dienen ferner die Nacheile,[6] welche den Sicherheitsbeamten gestattet ist, und die Durchsuchung[7] von Wohnungen und anderen Räumen. Unter Umständen kann auch ein Steckbrief[8] erlassen werden. Und

---

[1] StPO. §. 318.
[2] Vgl. Th. II §. 38.
[3] StPO. §§. 127 ff.
[4] StPO. §§. 112 ff.
[5] StPO. §§. 117 ff.
[6] GVG. §. 168.
[7] StPO. §§. 102 ff.
[8] StPO. §. 131.

endlich ist noch eine Gestellung des Beschuldigten durch Requisition ausländischer Behörden durchführbar.[9]

Im Verfahren gegen Abwesende tritt an Stelle der einfachen die öffentliche Ladung.[10] Die Erlassung eines Steckbriefes ist hier besonders anwendbar. Außerdem kann als Zwangsmittel die Beschlagnahme des Vermögens oder einzelner zum Vermögen des Abwesenden gehöriger Gegenstände angeordnet werden.[11]

3. Die Gestellung eines Zeugen geschieht durch Ladung. Erscheint der Zeuge nicht, so ist, abgesehen von der Bestrafung, zwangsweise Vorführung desselben zulässig.[12] Zur Erzwingung des Zeugnisses kann (Zwangs-) Haft angeordnet werden.[13] Das Nichterscheinen oder die Weigerung eines Sachverständigen hat die Anwendung von Zwangsmitteln nicht zur Folge.[14]

4. Die Herbeischaffung der Gegenstände, welche als Beweismittel von Bedeutung sein können oder der Einziehung unterliegen, geschieht zunächst durch Aufforderung an diejenigen, welche derartige Gegenstände in ihrem Gewahrsam haben. Zur Erfüllung dieser Pflicht können die im §. 69 der Strafprozeßordnung wegen Verweigerung des Zeugnisses bestimmten Zwangsmittel angewendet werden.[15] Die Beschlagnahme[16] und die Durchsuchung[17] sind die hier außerdem noch zur Verfügung stehenden Zwangsmittel.

5. Die folgende Darstellung schließt sich im wesentlichen an den achten und neunten Abschnitt der Strafprozeßordnung

[9] Vgl. hierüber Th. I §. 25.
[10] StPO. §§. 320 ff., 473.
[11] StPO. §§. 326, 332 ff.
[12] StPO. §. 50 Abs. 1.
[13] StPO. §. 69 Abs. 2.
[14] StPO. §. 77.
[15] StPO. §. 95.
[16] StPO. §§. 94 ff.
[17] StPO. §§. 102 ff.

an, da die oben gegebene Eintheilung hier nicht gut durchgeführt werden konnte.

§. 50.

2. Beschlagnahme.

I. Gegenstände der Beschlagnahme.

Die Beschlagnahme ist die ausdrückliche Anordnung, daß ein bestimmter Gegenstand in amtliche Verwahrung zu nehmen oder sonst sicher zu stellen sei. In der Strafprozeßordnung wird aber auch der Akt, durch welchen die angeordnete Beschlagnahme ausgeführt wird, als Beschlagnahme bezeichnet.

Die Beschlagnahme erstreckt sich auf alle Gegenstände, welche als Beweismittel für die Untersuchung von Bedeutung sein können oder welche der Einziehung unterliegen.[1] Derartige Gegenstände werden in Verwahrung genommen, wenn sie sich nicht in dem Gewahrsam einer Person befinden oder freiwillig herausgegeben werden. Ist dies jedoch nicht der Fall, so bedarf es der Beschlagnahme.[2]

Ausgenommen von der Beschlagnahme sind schriftliche Mittheilungen[3] zwischen dem Beschuldigten und den nach den §§. 51 und 52 der Strafprozeßordnung zur Verweigerung des Zeugnisses berechtigten Personen, wenn sich dieselben in den Händen der letzteren Personen befinden und diese nicht einer Theilnahme, Begünstigung oder Hehlerei verdächtig sind.[4]

---

[1] Vgl. hinsichtlich der B. von Postsendungen und Telegrammen StPO. §§. 99—101.

[2] StPO. §. 94.

[3] Auf andere Schriftstücke bezieht sich diese Ausnahme nicht.

[4] StPO. §. 97; vgl. Th. III §. 56 VI.

Eine bedingte Ausnahme ist außerdem noch hinsichtlich der Akten und anderer in amtlicher Verwahrung befindlicher Schriftstücke gemacht. Die Vorlegung und Auslieferung derselben durch Behörden und öffentliche Beamte darf nicht gefordert werden, wenn deren oberste Dienstbehörde erklärt, daß das Bekanntwerden des Inhalts dieser Akten oder Schriftstücke dem Wohle des Reichs oder eines Bundesstaates Nachtheil bereiten würde.[5]

II. Pflicht zur Herausgabe.

Jeder, der einen Gegenstand, welcher als Beweismittel dienen kann oder der Einziehung unterliegt, in seinem Gewahrsam hat, ist verpflichtet, denselben auf Erfordern vorzulegen und auszuliefern (Editionspflicht). Zur Erfüllung dieser Pflicht kann er durch die bei der Verweigerung des Zeugnisses bzw. Eides zulässigen[6] Zwangsmittel (Verurtheilung in Strafe und Kosten, Zwangshaft) angehalten werden. Da die Editionspflicht der Zeugnißpflicht analog behandelt wird, so dürfen die erwähnten Zwangsmaßregeln gegen die Personen nicht angewendet werden, welche zur Verweigerung des Zeugnisses[7] berechtigt sind.[8] Abgesehen von den erwähnten Zwangsmaßregeln kann noch die Durchsuchung[9] angewendet werden, um zu dem betreffenden Gegenstande zu gelangen. Und zwar sind alle diese Zwangsmaßregeln von einander unabhängig; es kann daher die Durchsuchung vor, nach und neben den anderen Zwangsmaßregeln eintreten.

---

[5] StPO. §. 96.

[6] StPO. §. 69.

[7] StPO. §§. 51, 52. Auch nicht gegen öffentliche Beamte und den Beschuldigten.

[8] StPO. §. 95.

[9] StPO. §. 103. Eine Ausnahme zu Gunsten der zur Verweigerung des Zeugnisses berechtigten Personen ist hier nicht gemacht.

III. Berechtigung zur Beschlagnahme.

Die Anordnung der Beschlagnahme[10] steht in der Regel dem Richter zu, bei Gefahr im Verzug auch der Staatsanwaltschaft und denjenigen Polizei- und Sicherheitsbeamten, welche als Hülfsbeamte[11] der Staatsanwaltschaft den Anordnungen derselben Folge zu leisten haben.[12]

Eine ohne richterliche Anordnung erfolgte Beschlagnahme bedarf der richterlichen Bestätigung:[13]

1. wenn bei der Beschlagnahme weder der davon Betroffene noch ein erwachsener Angehöriger anwesend war, oder
2. wenn der Betroffene und im Falle seiner Abwesenheit ein erwachsener Angehöriger desselben gegen die Beschlagnahme ausdrücklich Widerspruch erhoben hat.

Die richterliche Bestätigung ist von dem Beamten, welcher die Beschlagnahme angeordnet hat, binnen drei Tagen[14] nachzusuchen. Ist die öffentliche Klage noch nicht erhoben, so entscheidet hierüber der Amtsrichter, in dessen Bezirke die Beschlagnahme erfolgte, ist die öffentliche Klage aber schon erhoben, so entscheidet der Richter bzw. das Gericht, bei welchem die Sache anhängig ist.

Der von der Beschlagnahme Betroffene d. h. jeder, der ein Interesse daran hat, daß die Beschlagnahme des be-

---

[10] Wesentliche Abweichungen enthält das Verfahren bei B. von Druckschriften; vgl. RGes. über die Presse vom 7. Mai 1874 §§. 23—29.

[11] Vgl. Th. II §. 31.

[12] StPO. §. 98 Abs. 1.

[13] StPO. §. 98 Abs. 2.

[14] Die Frist wird von der erfolgten Beschlagnahme gerechnet. Nichtbeobachtung dieser Frist hebt die Beschlagnahme nicht von selbst auf.

treffenden Gegenstandes nicht erfolge, kann[15] jederzeit die richterliche Entscheidung nachsuchen.[16]

Wenn nach erhobener öffentlicher Klage eine Beschlagnahme durch die Staatsanwaltschaft oder einen Polizei- oder Sicherheitsbeamten erfolgt, so muß[17] hiervon dem Richter binnen drei Tagen Anzeige gemacht werden, auch sind ihm die in Beschlag genommenen Gegenstände zur Verfügung zu stellen.[18]

IV. Beschlagnahme von Postsendungen und Telegrammen.

1. Für die Beschlagnahme von Postsendungen und Telegrammen gelten zunächst die allgemeinen Bestimmungen; besondere sind jedoch für den Fall aufgestellt, daß die Beschlagnahme auf der Post oder den Telegraphenanstalten stattfinden soll. Nach der Strafprozeßordnung[19] können an den bezeichneten Orten in Beschlag genommen werden:

a) Briefe, Sendungen und Telegramme, die an den Beschuldigten gerichtet sind;
b) solche Briefe, Sendungen und Telegramme,[20] in Betreff deren Thatsachen vorliegen, aus welchen zu schließen ist, daß sie von dem Beschuldigten herrühren oder für ihn bestimmt sind und daß ihr Inhalt für die Untersuchung Bedeutung habe.

---

[15] Diese Bestimmung gilt wol ganz allgemein für die in §. 94 der StPO. erwähnten Fälle.

[16] StPO. §. 98 Abs. 2.

[17] StPO. §. 98 Abs. 3.

[18] Ueber B. in militärischen Dienstgebäuden vgl. StPO. §. 98 Abs. 4.

[19] §. 99; vgl. RGes. über das Postwesen vom 28. Oktober 1871 §. 5; Telegraphenordnung vom 21. Juni 1872 §. 3; StGB. §§. 354 f.

[20] Den Post- und Telegraphenbehörden sind diese Briefe u. s. w. derartig zu bezeichnen, daß sie die Beschlagnahme ausführen können.

2. Die Beschlagnahme der erwähnten Postsendungen und Telegramme und die Eröffnung derselben steht nur dem Richter zu. Ausnahmsweise kann jedoch auch die Staatsanwaltschaft, wenn es sich um Verbrechen und Vergehen handelt und Gefahr im Verzug obwaltet, die Beschlagnahme verfügen. Sie muß aber den ihr überlieferten Gegenstand sofort, und zwar Briefe und andere Postsendungen[21] uneröffnet dem Richter vorlegen.[22]

Die von der Staatsanwaltschaft verfügte Beschlagnahme, auch wenn sie eine Auslieferung noch nicht zur Folge gehabt hat, wird unwirksam,[23] wenn sie nicht binnen drei Tagen[24] von dem zuständigen[25] Richter bestätigt wird.[26]

3. Von der Beschlagnahme sind die Betheiligten zu benachrichtigen, sobald dies ohne Gefährdung des Untersuchungszweckes geschehen kann. Sendungen, die nicht eröffnet werden sollen, sind ihnen sofort, eröffnete dann auszuantworten, wenn die Zurückbehaltung derselben nicht mehr erforderlich ist. Der unverfängliche Theil eines zurückbehaltenen Briefes ist dem Empfangsberechtigten abschriftlich mitzutheilen.[27]

§. 51.

3. Durchsuchung.

I. Zulässigkeit.

1. Die Durchsuchung kann sich auf Personen, Räume[1]

---

[21] Vgl. hinsichtlich der Telegramme Löwe S. 392 f.

[22] StPO. §. 100 Abs. 1.

[23] d. h. von Anfang an und nicht nur für die Zeit von dem vierten Tage an.

[24] Die Frist wird gerechnet von dem Tage, an welchem die betr. Behörde Kenntniß von der Verfügung erhalten hat.

[25] Vgl. StPO. §§. 100, 98, 160.

[26] StPO. §. 100 Abs. 2.

[27] StPO. §. 101.

[1] Die StPO. enthält den Ausdruck „Haussuchung" nicht.

und Sachen erstrecken und zum Zwecke der Ergreifung des Beschuldigten oder der Auffindung von Beweismitteln stattfinden. Nothwendige Voraussetzung der Durchsuchung ist die Wahrscheinlichkeit, daß eine strafbare Handlung begangen ist.

Bei der Ausführung der Durchsuchung ist zu unterscheiden, ob sie bei dem einer strafbaren Handlung Verdächtigen oder bei anderen Personen erfolgt; im ersteren Falle sind die bei der Durchsuchung zu beobachtenden Vorschriften weniger streng als im letzteren.

2. Bei dem Verdächtigen ist eine Durchsuchung nicht nur zum Zwecke der Ergreifung, sondern auch dann gestattet, wenn zu vermuthen ist, daß sie zur Auffindung von Beweismitteln führen werde.[2]

Bei anderen Personen ist eine Durchsuchung nur zulässig behufs Ergreifung des Beschuldigten oder behufs der Verfolgung von Spuren einer strafbaren Handlung oder behufs der Beschlagnahme von Gegenständen, wenn Thatsachen vorliegen, daß die gesuchte[3] Person, Spur oder Sache sich in den zu durchsuchenden Räumen befinde. Hiervon ausgenommen sind jedoch die Räume, in denen der Beschuldigte ergriffen worden ist oder die er während der Verfolgung betreten hat oder in denen eine unter Polizeiaufsicht[4] stehende Person wohnt oder sich aufhält.[5]

3. Eine besondere Vorschrift ist für die Durchsuchungen zur Nachtzeit[6] aufgestellt. Die Wohnung, die Geschäftsräume

---

[2] StPO. §. 102.

[3] Hieraus folgt, daß es sich um bestimmte Personen u. s. w. handeln muß; vgl. Löwe S. 396.

[4] StGB. §§. 38, 39.

[5] StPO. §. 103.

[6] Die Nachtzeit umfaßt vom 1. April bis 30. Sept. die Stunden von 9 Uhr Abends bis 4 Uhr Morgens und vom 1. Okt. bis 31. März die Stunden von 9 Uhr Abends bis 6 Uhr Morgens; StPO. §. 104 Abs. 3.

und das befriedete Besitzthum sollen zur Nachtzeit nur durchsucht werden

a) bei Verfolgung auf frischer That,

b) bei Gefahr im Verzug und

c) zur Wiederergreifung eines entwichenen Gefangenen.

Diese Vorschrift ist nicht anzuwenden auf Wohnungen von Personen, welche unter Polizeiaufsicht stehen, auf Räume, welche zur Nachtzeit Jedermann zugänglich oder welche der Polizei als Herbergen oder Versammlungsorte bestrafter Personen, als Niederlagen von Sachen, welche mittels strafbarer Handlungen erlangt sind, oder als Schlupfwinkel[7] des Glückspiels oder gewerbsmäßiger Unzucht bekannt sind.[8]

II. Verfahren.

1. Die Anordnung von Durchsuchungen steht dem Richter, bei Gefahr im Verzug auch der Staatsanwaltschaft und denjenigen Polizei- und Sicherheitsbeamten zu, welche als Hülfsbeamte[9] der Staatsanwaltschaft den Anordnungen derselben Folge zu leisten haben.[10]

Zur Durchsicht der Papiere des von der Durchsuchung Betroffenen ist nur der Richter befugt, andere Beamte nur dann, wenn der Inhaber der betreffenden Papiere damit einverstanden ist. Ist dies letztere nicht der Fall, so müssen die Papiere in Gegenwart des Inhabers mit dem Amtssiegel verschlossen und an den Richter abgeliefert werden. Es ist

---

[7] Dieser Ausdruck paßt nicht auf Wohnungen derjenigen Personen, welche mit polizeilicher Erlaubniß gewerbsmäßig Unzucht treiben. Diese Personen stehen nicht im Sinne des §. 39 des StGB. unter Polizeiaufsicht; es sind daher StPO. §§. 103 Abs. 2 und 104 Abs. 1 auch nicht anwendbar. Vgl. von Holtzendorff in HH. Bd. I S. 329.

[8] StPO. §. 104.

[9] Vgl. Th. II §. 30.

[10] StPO. §. 105 Abs. 1.

dem Inhaber oder dessen Vertreter die Beidrückung seines Siegels gestattet. Der Entsiegelung und Durchsicht der in Beschlag genommenen Papiere kann er beiwohnen; wenn es möglich ist, ist er hierzn aufzufordern.[11]

2. Findet eine Durchsuchung der Wohnung, der Geschäftsräume oder des befriedeten Besitzthums ohne Beisein des Richters oder des Staatsanwalts statt, so sind, wenn dies möglich, ein Gemeindebeamter oder zwei Mitglieder der Gemeinde, in deren Bezirke die Durchsuchung erfolgt, zuzuziehen. Nur die letzteren dürfen nicht Polizei- oder Sicherheitsbeamte sein. Diese Beschränkungen finden auf die in der Strafprozeßordnung §. 104 Abs. 2 bezeichneten allgemein verdächtigen Wohnungen und Räume keine Anwendung.[12]

Ist der Inhaber der zu durchsuchenden Räume oder Gegenstände anwesend, so darf er der Durchsuchung beiwohnen,[13] ist er abwesend, so ist, wenn dies möglich, sein Vertreter oder ein erwachsener Angehöriger, Hausgenosse oder Nachbar zuzuziehen. Vor Beginn der Durchsuchung ist in den Fällen des §. 103 Abs. 1 der Strafprozeßordnung dem Inhaber bzw. der in dessen Abwesenheit zugezogenen Person der Zweck der Durchsuchung bekannt zu machen. Diese Bekanntmachung findet bei den Inhabern der vorher erwähnten allgemein verdächtigen Wohnungen und Räume nicht statt.[14]

Nach Beendigung der Durchsuchung ist dem davon Betroffenen auf Verlangen eine schriftliche Mittheilung über den Grund der Durchsuchung zu machen und, wenn diese bei dem

---

[11] StPO. §. 110.

[12] StPO. §. 105 Abs. 2 und 3; über D. in militärischen Dienstgebäuden vgl. Abs. 4.

[13] Nur die Staatsanwaltschaft ist noch befugt, der vom Richter vorgenommenen D. beizuwohnen.

[14] StPO. §. 106.

einer strafbaren Handlung Verdächtigen[15] vorgenommen ist, auch die strafbare Handlung zu bezeichnen. Außerdem ist demselben ein Verzeichniß der in Verwahrung oder in Beschlag genommenen Gegenstände, falls aber nichts Verdächtiges gefunden wird, eine Bescheinigung hierüber zu geben.[16]

3. Werden die gesuchten Gegenstände gefunden, so sind dieselben in Beschlag zu nehmen,[17] werden andere Gegenstände, die zwar in keiner Beziehung zu der Untersuchung stehen, aber auf die Begehung einer anderen strafbaren Handlung[18] hindeuten, gefunden, so sind dieselben einstweilen auch in Beschlag zu nehmen[17] und es ist die Staatsanwaltschaft hiervon zu benachrichtigen.[19]

Die Gegenstände, welche dem Verletzten durch die strafbare Handlung entzogen und bei dem Beschuldigten in Beschlag genommen wurden, sind dem ersteren nach Beendigung der Untersuchung oder auch schon vorher von Amtswegen und ohne daß es eines Urtheils hierüber bedarf zurückzugeben, falls nicht Ansprüche Dritter entgegenstehen. Dem Betheiligten[20] bleibt die Geltendmachung seiner Rechte auf die betreffenden Gegenstände im Civilverfahren vorbehalten.[21]

§. 52.

4. Verhaftung.

I. Zulässigkeit.

1. Allgemeine Voraussetzung einer jeden Verhaftung,

[15] StPO. §. 102.
[16] StPO. §. 107.
[17] Vgl. noch bes. StPO. §. 109.
[18] Die Antragsdelikte bilden keine Ausnahme, vgl. StPO. §§. 127 Abs. 3, 130.
[19] StPO. §. 108.
[20] Der Beschuldigte oder dritte Personen.
[21] StPO. §. 111.

mag sie vor oder nach Erhebung der öffentlichen Klage eintreten, ist das Vorhandensein dringender Verdachtsgründe. Ist dies der Fall, so kann der Angeschuldigte[1] verhaftet werden, wenn er der Flucht verdächtig ist oder Thatsachen vorliegen, aus denen zu schließen ist, daß er Spuren der That vernichten oder daß er Zeugen oder Mitschuldige zu einer falschen Aussage oder Zeugen dazu verleiten werde, sich der Zeugnißpflicht zu entziehen (Kollusionshaft). Diese Thatsachen sind aktenkundig zu machen.[2]

Der Verdacht der Flucht wird vermuthet und bedarf daher keiner weiteren Begründung:[3]

a) wenn es sich um ein Verbrechen[4] handelt oder

b) wenn der Angeschuldigte ein Heimatloser oder Landstreicher[5] oder nicht im Stande ist, sich über seine Person auszuweisen, oder wenn er ein Ausländer ist und gegründeter Zweifel besteht, daß er der Ladung oder dem Urtheile nicht Folge leisten werde.

Eine Ausnahme von der obigen Regel ist zu Gunsten der mit Haft oder mit Geldstrafe bedrohten strafbaren Handlungen gemacht.[6] Bei diesen darf eine Verhaftung wegen Verdachts der Kollusion überhaupt nicht, wegen Verdachts der Flucht nur dann eintreten, wenn der Angeschuldigte

a) zu den vorher genannten Personen[7] gehört, oder

b) unter Polizeiaufsicht[8] steht, oder

---

[1] StPO. §. 155.
[2] StPO. §. 112 Abs. 1.
[3] StPO. §. 112 Abs. 2.
[4] StGB. §. 1 Abs. 1.
[5] StGB. §. 361 Z. 3.
[6] StPO. §. 113. Hierhin gehören auch die kumulativ mit Haft und mit Geldstrafe bedrohten strafbaren Handlungen, Löwe S. 412, von Schwarze S. 248.
[7] StPO. §. 112 Abs. 2.
[8] StGB. §§. 38, 39.

c) einer Uebertretung sich schuldig gemacht hat, wegen deren auf Ueberweisung an die Landespolizeibehörde[9] erkannt werden kann.[10]

II. Ausführung der Verhaftung.

1. Die Verhaftung erfolgt auf Grund eines schriftlichen Haftbefehls des Richters. Der Haftbefehl muß eine genaue Bezeichnung des Angeschuldigten, der ihm zur Last gelegten That[11] und des Grundes der Verhaftung enthalten.[12]

2. Der Haftbefehl ist von dem zuständigen d. h. von dem mit der betreffenden Strafsache befaßten Gerichte[13] zu erlassen. In der Voruntersuchung ist der Untersuchungsrichter und nach Eröffnung des Hauptverfahrens[14] in dringenden Fällen auch der Vorsitzende des Gerichts hierzu befugt.[15] Vor Erhebung der öffentlichen Klage kann jeder Amtsrichter einen Haftbefehl erlassen, in dessen Bezirke ein Gerichtsstand für die Strafsache begründet ist oder der zu Verhaftende betroffen wird. Es bedarf jedoch hierzu eines Antrages der Staatsanwaltschaft, von dem nur bei Gefahr im Verzug abgesehen werden kann.[16]

3. Dem Angeschuldigten ist der Haftbefehl durch Verkündung bekannt zu machen, wenn dieser in Anwesenheit des Angeschuldigten erlassen wurde, sonst durch Zustellung.[17] Im ersteren Falle erhält der Angeschuldigte nur auf Ver-

---

[9] StGB. §. 362.

[10] Ueber den Haftbefehl behufs Vollstreckung einer Freiheitsstrafe vgl. StPO. §. 489.

[11] Eine Angabe des Gattungsbegriffes genügt nicht.

[12] StPO. §. 114 Abs. 1 und 2.

[13] StPO. §. 124 Abs. 1. Dies gilt für alle auf die Untersuchungshaft und Sicherheitsleistung bezüglichen Entscheidungen.

[14] StPO. §. 201.

[15] StPO. §. 124 Abs. 2 und 3.

[16] StPO. §. 125.

[17] StPO. §. 35; CPO. §. 156.

langen eine Abschrift des Haftbefehls, im letzteren soll der Haftbefehl ihm bei der Verhaftung und, wenn dies nicht thunlich ist, spätestens am Tage nach seiner Einlieferung in das Gefänguiß zugestellt werden.[18] In beiden Fällen ist dem Angeschuldigten zu eröffenen, daß ihm das Rechtsmittel der Beschwerde[19] zustehe.[20]

Der Verhaftete muß spätestens am Tage nach seiner Einlieferung in das Gefängniß[18] durch einen Richter über den Gegenstand der Beschuldigung gehört werden,[21] um dem Angeschuldigten hierdurch Gelegenheit zu geben, sich so zu rechtfertigen, daß der Haftbefehl sofort wieder aufgehoben werden kann.

Der auf Grund eines Haftbefehls (oder eines Steckbriefs) Ergriffene ist vor den zuständigen Richter zu stellen. Ist dies jedoch nicht spätestens am Tage nach der Ergreifung[18] ausführbar, so ist er auf sein Verlangen dem nächsten Amtsrichter vorzuführen. Weist er bei der Vernehmung, die spätestens am Tage nach der Ergreifung zu bewirken ist, nach, daß er nicht die verfolgte Person oder daß die Verfolgung durch die zuständige Behörde wieder aufgehoben sei, so hat der Amtsrichter die Freilassung zu verfügen.[22]

4. Die Strafprozeßordnung hat für die Behandlung der Untersuchungsgefangenen einige Normativbestimmungen aufgestellt.[23] Hiernach soll jeder Verhaftete, soweit möglich, einzeln und namentlich nicht mit Strafgefangenen

---

[18] Bei den in Betreff der Verhaftung vorgeschriebenen Fristen ist es gleichgültig, ob es sich um Werktage oder Sonntage bzw. Feiertage handelt.

[19] StPO. §§. 346, 347, 352.

[20] StPO. §. 114. Hinsichtlich der Zeit ist die Verhaftung unbeschränkt.

[21] StPO. §. 115. Nicht zu verwechseln mit der Vernehmung; vgl. §§. 135, 136.

[22] StPO. §. 132.

[23] StPO. §. 116.

zusammen verwahrt werden. Mit Zustimmung des Verhafteten kann aber von dieser Vorschrift abgesehen werden. Nur solche Beschränkungen sollen ihm auferlegt werden, welche zur Sicherung des Zweckes der Haft oder zur Aufrechthaltung der Ordnung im Gefängnisse nothwendig sind. Bequemlichkeiten und Beschäftigungen, die dem Stande und den Vermögensverhälnissen des Verhafteten entsprechen, darf sich derselbe auf seine Kosten verschaffen, soweit sie mit dem Zwecke der Haft vereinbar sind und weder die Ordnung im Gefängnisse stören, noch die Sicherheit gefährden. Fesseln sind dem Verhafteten im Gefängnisse nur dann anzulegen, wenn es wegen besonderer Gefährlichkeit seiner Person, namentlich zur Sicherung Anderer erforderlich erscheint, oder wenn er einen Selbstentleibungs- oder Entweichungsversuch gemacht oder vorbereitet hat. Bei der Hauptverhandlung soll[24] er ungefesselt sein.

Die hierauf bezüglichen Verfügungen hat der Richter zu treffen oder, wenn sie von anderen Beamten getroffen sind, zu genehmigen.

III. Aufhebung des Haftbefehls.

1. Die Aufhebung eines jeden Haftbefehls erfolgt,[25] wenn der in demselben angegebene Grund weggefallen ist, oder wenn der Angeschuldigte freigesprochen oder außer Verfolgung gesetzt wird. Die Freilassung darf durch Einlegung eines Rechtsmittels nicht verzögert werden, doch ist die Wiederverhaftung zulässig, wenn ein Grund hierfür eintritt.

2. Der Haftbefehl wird durch das zuständige Gericht

---

[24] Hierdurch ist jedoch nicht ausgeschlossen, daß ausnahmsweise von dieser Bestimmung abgewichen wird; vgl. Löwe S. 416, Keller Strafprozeß-Ordnung (1878) S. 114.

[25] StPO. §. 123.

aufgehoben.[26] In der Voruntersuchung kann der Untersuchungsrichter den Haftbefehl jedoch nur mit Zustimmung der Staatsanwaltschaft aufheben. Versagt die Staatsanwaltschaft diese Zustimmung, so hat der Untersuchungsrichter, wenn er trotzdem die beanstandete Maßregel vornehmen will, sofort, spätestens binnen vierundzwanzig Stunden, die Entscheidung des Gerichts nachzusuchen. Nur unter derselben beschränkenden Bedingung ist nach Eröffnung des Hauptverfahrens in dringenden Fällen der Vorsitzende des erkennenden Gerichts zur Aufhebung eines Haftbefehls berechtigt.[27]

3. Die Aufhebung des vor Erhebung der öffentlichen Klage erlassenen Haftbefehls erfolgt:[28]

a) wenn die Staatsanwaltschaft es beantragt oder

b) wenn nicht binnen einer Woche nach Vollstreckung des Haftbefehls die öffentliche Klage erhoben, die Fortdauer der Haft von dem für die betreffende Strafsache zuständigen Richter angeordnet und diese Anordnung zur Kenntniß des Amtsrichters gelangt ist. Die Frist beginnt mit der Vollstreckung des Haftbefehls. Erhält der Amtsrichter nicht vor Ablauf der Frist in irgend einer Weise Kenntniß davon, daß die Haft bestehen bleiben solle, so ist der Haftbefehl unter allen Umständen aufzuheben.

Die Dauer dieser Frist von einer Woche kann bei allen strafbaren Handlungen auf Antrag der Staatsanwaltschaft noch um eine Woche verlängert werden, wenn zur Vorbereitung und Erhebuug der öffentlichen Klage die Frist von einer Woche nicht genügt.[29] Bei Verbrechen und Vergehen

[26] StPO. §. 124 Abs. 1; vgl. Th. III §. 52 II 2.

[27] StPO. §. 124 Abs. 2 und 3.

[28] StPO. §. 126 Abs. 1.

[29] Der Amtsrichter entscheidet hierüber nach freiem Ermessen;

ist auf erneuten Antrag der Staatsanwaltschaft noch eine Verlängerung der Frist um fernere zwei Wochen zulässig.[30] Die längste Dauer dieser vor Erhebung der öffentlichen Klage eintretenden Untersuchungshaft beträgt daher vier Wochen für Verbrechen und Vergehen, zwei Wochen für Uebertretungen.[31]

§. 53.

5. Sicherheitsleistung.

1. Ein Angeschuldigter, der lediglich wegen Fluchtverdachts verhaftet ist, kann gegen Sicherheitsleistung mit der Untersuchungshaft verschont werden.[1] Es ist hierbei gleichgültig, ob die Verhaftung vor oder nach Erhebung der öffentlichen Klage eingetreten ist.[2] Wie die Verhaftung, so bezweckt auch die geleistete Sicherheit die Durchführung der Untersuchung und den Antritt einer erkannten Freiheitsstrafe.

Die Freilassung gegen Sicherheitsleistung ist kein Recht des Angeschuldigten, sondern hängt von dem Ermessen des Richters ab. Dieser hat auch über die Höhe und die Art der zu leistenden Sicherheit zu entscheiden.[3] Als Mittel der Sicherheitsleistung gelten die Hinterlegung in baarem Gelde oder in Werthpapieren, die Pfandbestellung[4] oder die Bürgschaft geeigneter Personen. Bei allen Mitteln handelt es sich um eine bestimmte[4] Geldsumme. Der Richter hat

---

er kann auch eine kürzere Frist als die von der Staatsanwaltschaft beantragte bewilligen.

[30] StPO. §. 126 Abs. 2.

[31] Ueber die Berechnung der Fristen vgl. Th. III §. 46.

[1] StPO. §. 117. Dies gilt für alle strafbaren Handlungen.

[2] StPO. §. 125 Abs. 3. Ueber die Zuständigkeit für die auf die Sicherheitsleistung bezüglichen Entscheidungen vgl. StPO. §. 124.

[3] StPO. §. 118 Abs. 2.

[4] Vgl. Löwe S. 418 f., von Schwarze S. 254. — Auch

dieselbe so zu wählen, daß ihr Verlust, gleichviel ob dieser den Angeschuldigten oder einen Dritten trifft, als ein ausreichendes Aequivalent für die strafrechtlichen Folgen der That anzusehen ist. Hierbei sind die persönlichen Verhältnisse des Angeschuldigten und die Schwere der That zu berücksichtigen.

Der nicht im deutschen Reiche wohnende Angeschuldigte muß außerdem noch, wenn er seine Freilassung beantragt, eine im Bezirke des zuständigen Gerichts wohnende Person zur Empfangnahme von Zustellungen bevollmächtigen. Es soll hierdurch vermieden werden, daß der Angeschuldigte eine Verschleppung der Untersuchung herbeiführen oder den Verfall der geleisteten Sicherheit hintertreiben kann.[5]

2. Trotz geleisteter Sicherheit kann der Angeschuldigte verhaftet werden:[6]

a) wenn er Anstalten zur Flucht trifft,

b) wenn er auf ergangene Ladung ohne genügende Entschuldigung ausbleibt, oder

c) wenn neu hervorgetretene Umstände seine Verhaftung erforderlich machen z. B. wegen Verdachts der Kollusion.

3. Eine noch nicht verfallene Sicherheit, gleichviel ob sie von dem Angeschuldigten oder einem Dritten geleistet ist, wird frei:[7]

---

der Bürge verspricht nur, die Geldsumme zu zahlen, wenn der Angeschuldigte sich nicht stellen sollte. Die civilistischen Grundsätze über die Bürgschaft finden hier keine Anwendung.

[5] StPO. §. 119.

[6] StPO. §. 120. Durch Erhöhung der geleisteten Sicherheit kann auch hier wieder unter Umständen Freilassung eintreten.

[7] StPO. §. 121 Abs. 1.

a) wenn der Angeschuldigte verhaftet, oder

b) wenn der Haftbefehl aufgehoben worden ist, oder

c) wenn der Antritt[8] der erkannten Freiheitsstrafe erfolgt.

Diejenigen, welche für den Angeschuldigten Sicherheit geleistet haben, können noch aus zwei anderen Gründen[9] die von ihnen geleistete Sicherheit zurückerhalten. Zunächst dann, wenn sie binnen einer vom Gerichte[10] zu bestimmenden Frist die Gestellung des Angeschuldigten bewirken. Das Gericht ist jedoch nicht verpflichtet, hierauf einzugehen. Es entspricht nicht dem Ausdrucke des Gesetzes, wenn man die erwähnte Bestimmung nur auf den Fall beziehen will, in welchem die geleistete Sicherheit bereits verfallen war.[11] Die Befreiung tritt ein, sobald die Gestellung bewirkt ist. Man würde zu weit gehen, wenn man verlangen wollte, daß die Gestellung ohne richterliche oder polizeiliche Hülfe bewirkt sein müsse.[12] Und außerdem wird die geleistete Sicherheit denjenigen zurückgegeben, welche sie für den Angeschuldigten geleistet haben, wenn sie von den Thatsachen, welche den Verdacht einer von dem Angeschuldigten beabsichtigten Flucht begründen, rechtzeitig dergestalt Anzeige machen, daß die Verhaftung bewirkt werden kann. Die Befreiung tritt ein, sobald rechtzeitig Anzeige gemacht ist. Es wird daher die Sicherheit auch dann zurückgegeben, wenn trotz rechzeitiger Anzeige durch ein Verschulden der Behörden die Verhaftung nicht ausgeführt werden konnte.[13] Die Entscheidung darüber, ob die Anzeige recht-

[8] Späteres Entweichen aus dem Gefängnisse ist einflußlos.

[9] StPO. §. 121 Abs. 2.

[10] Bezeichnet auch den Richter.

[11] A. M. Löwe S. 422. Aus den Motiven S. 75 kann die entgegengesetzte Ansicht m. E. nicht abgeleitet werden.

[12] von Holtzendorff in HH. Bd. I S. 371 f.

[13] Löwe S. 422 f., von Schwarze S. 257, von Holtzendorff in HH. Bd. I S. 372.

zeitig erfolgt und ob ein Verschulden der Behörden anzunehmen ist, gebührt dem Gerichte bzw. Richter, welcher über den Verfall der Sicherheit zu entscheiden hat.[14]

Die geleistete Sicherheit ist unverkürzt wieder herauszugeben. Es ist durchaus unzulässig, die etwa erkannte Geldstrafe oder die Kosten des Verfahrens oder den Betrag der an den Verletzten zu zahlenden Buße abzuziehen.

4. Eine noch nicht frei gewordene Sicherheit verfällt dagegen, wenn der Angeschuldigte sich der Untersuchung oder dem Antritte der erkannten Freiheitsstrafe entzieht.[15]

Die geleistete Sicherheit verfällt der Staats- bzw. Reichskasse. Vor der Entscheidung des Strafrichters[16] darüber, ob die Sicherheit als verfallen zu erklären sei, sind die Betheiligten d. h. der Angeschuldigte und diejenigen Personen, welche für diesen Sicherheit geleistet haben, außerdem auch noch die Staatsanwaltschaft[17] zu einer Erklärung aufzufordern. Gegen die Entscheidung, welche außerhalb der Hauptverhandlung erfolgt, kann die sofortige Beschwerde eingelegt werden.[18] Vor der Entscheidung über die sofortige Beschwerde ist den Betheiligten und der Staatsanwaltschaft Gelegenheit zur mündlichen Begründung ihrer Anträge, sowie zur Erörterung über stattgehabte Ermittelungen zu geben.[19]

Die Entscheidung, durch welche der Verfall einer gelei-

---

[14] Löwe S. 423, von Holtzendorff S. 372. — In vielen Fällen, wo es sich um eine Entscheidung des Gerichts in eigener Sache handelt, dürfte StPO. §. 30 praktisch werden.

[15] StPO. §. 122 Abs. 1.

[16] StPO. §. 124.

[17] StPO. §. 33.

[18] Auch von der Staatsanwaltschaft, was zwar bestritten ist, aber aus den allgemeinen Vorschriften über Rechtsmittel folgt; vgl. Löwe S. 425.

[19] StPO. §. 122 Abs. 2. Ueber die vielfachen Zweifel, zu welchen dieser §. Veranlassung gibt, vgl. Löwe S. 424 ff.

steten Sicherheit ausgesprochen wird, hat gegen diejenigen, welche für den Angeschuldigten Sicherheit geleistet haben, die Wirkung eines von dem Civilrichter erlassenen, für vorläufig vollstreckbar erklärten Endurtheils bzw. nach Ablauf der Beschwerdefrist eines rechtskräftigen Civilendurtheils.[20]

5. Hinsichtlich der auf die Sicherheitsleistung bezüglichen Entscheidungen gelten dieselben Grundsätze, welche über die Erlassung und Aufhebung eines Haftbefehls aufgestellt sind.[21]

§. 54.

6. Vorläufige Festnahme.

I. Zulässigkeit.

Die vorläufige Festnahme einer Person geschicht ohne richterlichen Haftbefehl. Sie ist in folgenden Fällen zulässig:

1. In den Fällen, in welchen ein Haftbefehl erlassen werden kann,[1] sind die Staatsanwaltschaft und die Polizei- und Sicherheitsbeamten zur vorläufigen Festnahme befugt, wenn Gefahr im Verzug obwaltet.[2]
2. Wird Jemand auf frischer That betroffen oder verfolgt, so ist, wenn er der Flucht verdächtig ist oder seine Persönlichkeit nicht sofort festgestellt werden kann, Jedermann zur vorläufigen Festnahme desselben befugt.[3]

Diese Regeln gelten für alle strafbaren Handlungen, auch für die Antragsdelikte, selbst wenn der Antrag auf Strafverfolgung im einzelnen Falle noch nicht gestellt ist.[4]

---

[20] StPO. §. 122 Abs. 3; vgl. CPO. §§. 648 ff.

[21] StPO. §§. 124, 125; vgl. Th. III §. 52 III.

[1] StPO. §§. 112, 113.

[2] StPO. §. 127 Abs. 2.

[3] StPO. §. 127 Abs. 1.

[4] StPO. §. 127 Abs. 3.

II. Verfahren.

Bei dem Verfahren, welches nach der vorläufigen Festnahme einer Person eintritt, ist zu unterscheiden, ob gegen diese bereits die öffentliche Klage erhoben ist oder nicht.

Ist die öffentliche Klage gegen den Festgenommenen noch nicht erhoben, so ist derselbe, wenn er nicht wieder in Freiheit gesetzt wird,[5] unverzüglich dem Amtsrichter des Bezirks vorzuführen, in welchem die Festnahme erfolgt ist. Die Vernehmung des Festgenommenen durch den Amtsrichter muß spätestens am Tage nach der Vorführung[6] stattfinden. Der Amtsrichter verordnet die Freilassung, wenn er die Festnahme nicht für gerechtfertigt oder die Gründe derselben für beseitigt hält; im entgegengesetzten Falle erläßt er einen Haftbefehl, auf welchen die Bestimmungen des §. 126 der Strafprozeßordnung Anwendung finden.[7]

Ist die öffentliche Klage gegen den Festgenommenen aber bereits erhoben, so ist derselbe sofort dem zuständigen Gerichte oder Untersuchungsrichter vorzuführen. Es kann dies direkt oder auf Verfügung des Amtsrichters geschehen, welchem der Festgenommene zunächst vorgeführt ist. Der Amtsrichter braucht nicht unter allen Umständen die Vorführung des Festgenommenen anzuordnen, sondern kann ihn, wenn er die Festnahme nicht für gerechtfertigt oder die Gründe derselben für beseitigt hält, freilassen.[8] Ist der Festgenommene nicht dem Amtsrichter, sondern dem zuständigen Gerichte oder Untersuchungs-

---

[5] Dies kann schon durch den geschehen, der die Festnahme bewirkt hat, aber auch durch die Polizeibehörden bzw. die Staatsanwaltschaft, welchen der Festgenommene vorgeführt wird.

[6] Vgl. Th. III §. 52 Anm. 18 dieses Buches.

[7] StPO. §. 128; vgl. auch §. 211.

[8] Löwe S. 436; Keller Strafprozeß-Ordnung (1878) S. 128.

richter vorgeführt, so sollen diese spätestens am Tage nach der Vorführung[8] über Freilassung oder Verhaftung entscheiden.[9]

§. 55.

7. Steckbrief.

1. Wenn eine zu verhaftende Person nicht verhaftet werden kann, weil sie flüchtig ist oder sich verborgen hält, so kann auf Grund des Haftbefehls ein Steckbrief erlassen werden. Hierzu ist sowol der Richter wie die Staatsanwaltschaft befugt.[1]

Ohne vorgängigen Haftbefehl ist ein Steckbrief nur statthaft, wenn ein Festgenommener aus dem Gefängisse entweicht oder sonst sich der Bewachung entzieht. In diesem Falle sind außer dem Richter und der Staatsanwaltschaft auch die Polizeibehörden befugt, einen Steckbrief zu erlassen.[2]

Die Staatsanwaltschaft[3] kann außerdem noch behufs Vollstreckung einer Freiheitsstrafe den Verurtheilten steckbrieflich verfolgen, wenn dieser flüchtig ist oder sich verborgen hält.[4]

2. In Betreff des Inhaltes eines Steckbriefes schreibt die Strafprozeßordnung[5] nur vor, daß der Steckbrief, soweit dies möglich, die Person des zu Verhaftenden und die demselben zur Last gelegte strafbare Handlung[6] sowie das Gefängniß bezeichnen soll, in welches die Ablieferung zu erfolgen hat.[7]

---

[9] StPO. §. 129. Ueber die Schwierigkeiten bei der Anwendung dieses §. vgl. bes. Löwe S. 436.

[1] StPO. §. 131 Abs. 1.

[2] StPO. §. 131 Abs. 2.

[3] Unter Umständen auch der Amtsrichter, vgl. StPO. §§. 489 Abs. 3, 483 Abs. 3.

[4] StPO. §. 489 Abs. 2.

[5] StPO. §. 131 Abs. 3.

[6] Es genügt die Angabe des Gattungsbegriffes.

[7] Ueber das Verfahren gegen einen auf Grund eines Steckbriefs Ergriffenen vgl. Th. III §. 52 II 3.

VII. Die Beweismittel.

§. 56.

1. Zeugen.

I. Zeugnißpflicht.

Zeugen sind diejenigen Personen, welche über das, was ihnen von dem Gegenstande einer Untersuchung aus eigener Wahrnehmung bekannt ist, auf Erfordern des Richters aussagen sollen.[1] Die Strafprozeßordnung hat im Einklange mit dem Grundsatze der freien Beweiswürdigung[2] die bisher üblichen Eintheilungen der Zeugen, besonders auch die in klassische und verdächtige, aufgegeben und unterscheidet nur, ob die Zeugen beeidigt oder unbeeidigt zu vernehmen sind.

Die Zeugnißpflicht d. h. die Pflicht, der Ladung Folge zu leisten, eine Aussage zu machen und die Wahrheit derselben durch Eid oder was der Ableistung eines Eides gesetzlich gleich geachtet ist zu bekräftigen,[3] besteht nicht nur für den Inländer, sondern auch für den im Inlande sich aufhaltenden Ausländer.[4] Auf die Vernehmung des im deutschen Reiche sich aufhaltenden Ausländers werden die deutschen Gesetze angewendet. Es hängt dagegen lediglich von dem im Auslande sich aufhaltenden Ausländer ab, ob er sich im deutschen Reiche als Zeuge vernehmen lassen will. Die Vernehmung

---

[1] Auch Mitbeschuldigte können unter Umständen als Zeugen vernommen werden, nur kann Niemand gleichzeitig Zeuge und Beschuldigter sein; vgl. hierüber Löwe S. 301 f.

[2] Vgl. Th. III §. 44.

[3] Ein vernommener Zeuge darf sich nicht eigenmächtig von der Gerichtsstelle entfernen, StPO. §. 247.

[4] Ueber die Ausnahmen vgl. Einleitung §. 2.

des Ausländers im Auslande erfolgt durch Requisition der ausländischen Behörde und nach den ausländischen Gesetzen.[5]

Voraussetzung der Zeugnißpflicht ist die Wahrscheinlichkeit, daß eine strafbare Handlung begangen, auch wenn die Untersuchung noch nicht gegen eine bestimmte Person eingeleitet worden ist.

Um die Kollision der Zeugnißpflicht mit anderen Pflichten, welche gleichfalls Berücksichtigung verdienen, zu vermeiden, hat der Staat gewissen Personen das Recht zur Verweigerung des Zeugnisses gewährt[6] bzw. ihre Vernehmung von einer Bedingung abhängig gemacht.[7] Wird die Erfüllung der Zeugnißpflicht ohne gesetzlichen Grund verweigert, so treten Zwangsmaßregeln (Zeugnißzwang) ein.[8]

II. Ladung.

Die Zeugen sind schriftlich[9] zu laden.[10] In der Ladung muß auf die gesetzlichen Folgen des Ausbleibens[11] hingewiesen sein. Die Ladung erfolgt entweder unmittelbar durch den Richter[12] oder durch die Staatsanwaltschaft[13] oder durch den Gerichtsvollzieher.[14]

Ist eine dem aktiven Heere oder der aktiven Marine angehörende Person zu laden, so geschieht dies durch Ersuchen der Kommandobehörde.[15] Wird dem Ersuchen nicht stattge-

---

[5] Vgl. über die Zeugnißpflicht des Ausländers bes. Dochow der Zeugnißzwang (1877) S. 29—32.

[6] StPO. §§. 51, 52, 54.

[7] StPO. §. 53.

[8] StPO. §§. 50, 69.

[9] Die mündliche Ladung ist an sich nicht ausgeschlossen; vgl. Löwe S. 303.

[10] StPO. §. 48 Abs. 1.

[11] StPO. §. 50.

[12] StPO. §. 36 Abs. 2.

[13] StPO. §§. 36 Abs. 1, 213, 221.

[14] StPO. §§. 38, 193, 219, 364, 426, 437.

[15] StPO. §. 48 Abs. 2. — Für die hier nicht erwähnten Personen des Soldatenstandes

geben, so muß Verlegung des Termins oder kommissarische Vernehmung des Zeugen eintreten.

Die Landesherren und die Mitglieder der landesherrlichen Familien sind nicht zu laden, sondern in ihrer Wohnung zu vernehmen.[16] Höhere Beamte sind an ihrem Amtssitze bzw. Aufenthaltsorte, Mitglieder des Bundesraths und der gesetzgebenden Versammlungen am Orte der Versammlung, wenn sie sich daselbst aufhalten, zu vernehmen, doch kann unter Umständen von dieser Vorschrift abgewichen werden.[17] Außerdem kann bei Zeugen und Sachverständigen aus gewissen Gründen (Krankheit, Gebrechlichkeit, große Entfernung u. s. w.) von einer Ladung derselben abgesehen werden und hierfür kommissarische Vernehmung eintreten.[18]

III. Vernehmung.

Jeder Zeuge ist, um eine Beeinflussung zu vermeiden, einzeln und in Abwesenheit der später abzuhörenden Zeugen zu vernehmen.[19] Gegenüberstellungen mit anderen Zeugen oder mit dem Beschuldigten sollen im Vorverfahren nur dann stattfinden, wenn sie ohne Nachtheil für die Sache nicht bis zur Hauptverhandlung ausgesetzt werden können.[20]

Vor der Vernehmung des Zeugen ist demselben der Gegenstand der Untersuchung und der Beschuldigte, sofern ein solcher vorhanden ist, zu bezeichnen.[21] Die Vernehmung beginnt mit

---

(vgl. Anlage zum MilStGB. vom 20. Juni 1872, RGB. S. 204) gelten die allgemeinen Regeln.

[16] StPO. §. 71.

[17] StPO. §. 49.

[18] StPO. §. 222.

[19] StPO. §. 58 Abs. 1. — Ueber die Zuziehung eines Dolmetschers vgl. Th. III §. 45 dieses Buches.

[20] StPO. §. 58 Abs. 2. Gegenüberstellungen zum Zwecke der Rekognition einer Person sind jedoch zulässig.

[21] StPO. §. 68 Abs. 1 Satz 2.

den Generalfragen nach Namen, Alter, Religionsbekenntniß, Stand oder Gewerbe und Wohnort.[22] Es können dem Zeugen auch noch Fragen mit Bezug auf seine Glaubwürdigkeit vorgelegt werden.[23] Der Zeuge ist darauf in der Regel zu beeidigen[24] und dann zu veranlassen, dasjenige, was ihm von dem Gegenstande seiner Vernehmung bekannt ist, im Zusammenhange anzugeben. Zur Aufklärung und zur Vervollständigung der Aussage können weitere Fragen an den Zeugen gestellt werden.[25]

IV. Beeidigung.

1. Das Zeugniß ist, abgesehen von einigen Ausnahmen,[26] zu beeidigen. Vor der Beeidigung ist der Zeuge von dem Richter auf die Bedeutung des Eides hinzuweisen.[27] Der Eid ist einzeln und in der Regel vor der Vernehmung und nur ausnahmsweise, namentlich wenn Bedenken gegen die Zulässigkeit der Beeidigung obwalten, nach der Vernehmung zu eisten.[28]

Aus der Stellung des Vorverfahrens (Vorbereitungsverfahren und Voruntersuchung) zu dem Hauptverfahren folgt, daß die Beeidigung der Zeugen, welche einen wesentlichen Theil der Beweisaufnahme bildet, in der Hauptverhandlung stattzufinden hat.[29] Da diese Regel sich jedoch nicht ohne Ausnahme durchführen läßt, so hat die Strafprozeß-

---

[22] Die Frage nach etwaigen Bestrafungen ist zulässig, vgl. StPO. §. 54. Es wird sich in der Regel aber wol nur darum handeln, ob der Betreffende schon auf Grund des §. 161 des StGB. verurtheilt und daher unfähig ist, als Zeuge vernommen zu werden.

[23] StPO. §. 67.

[24] StPO. §. 60.

[25] StPO. §. 68.

[26] StPO. §§. 56, 57.

[27] StPO. §. 59. Die Nichtbeobachtung dieser Vorschrift ist juristisch einflußlos.

[28] StPO. §. 60.

[29] StPO. §. 65 Abs. 1.

ordnung unter gewissen Bedingungen die Beeidigung der Zeugen auch in anderen Stadien des Verfahrens zuzulassen.[30]

a) In dem Vorbereitungsverfahren[31] ist die Beeidigung zulässig, wenn Gefahr im Verzug obwaltet, oder wenn die Beeidigung als Mittel zur Herbeiführung einer wahrheitsgemäßen Aussage über eine Thatsache, von der die Erhebung der öffentlichen Klage abhängig ist, erforderlich erscheint.

b) In der Voruntersuchung[32] kann die Beeidigung erfolgen, wenn voraussichtlich der Zeuge am Erscheinen in der Hauptverhandlung verhindert[33] oder sein Erscheinen wegen großer Entfernung besonders erschwert sein wird,[34] oder wenn die Beeidigung als Mittel zur Herbeiführung einer wahrheitsgemäßen Aussage erforderlich erscheint.[35]

c) Nach Eröffnung des Hauptverfahrens, aber vor der Hauptverhandlung[36] ist die Beeidigung gestattet, wenn dem Erscheinen des Zeugen in der Hauptverhandlung für eine längere oder ungewisse Zeit Krankheit oder Gebrechlichkeit oder andere nicht zu beseitigende Hindernisse entgegenstehen oder dasselbe wegen großer Entfernung besonders erschwert sein wird.[37]

[30] Vgl. die übersichtliche Darstellung bei Keller Strafprozeß-Ordnung (1878) S. 57 ff.

[31] StPO. §. 65 Abs. 3.

[32] StPO. §. 65 Abs. 2.

[33] Hierhin gehören die Fälle, wenn der Zeuge in den Krieg zieht, eine große Reise macht, auswandert, viel von seinem Wohnorte entfernt ist. Auch Krankheit kann die Ausnahme rechtfertigen.

[34] Es wird dabei auf die Wichtigkeit der Sache, die Erheblichkeit des Zeugnisses und die Höhe der Kosten Rücksicht zu nehmen sein.

[35] d. h. wenn anzunehmen ist, daß der Zeuge ohne Beeidigung nicht die Wahrheit sagen wird.

[36] StPO. §§. 65 Abs. 1, 222.

[37] Die Frage, ob die Beeidigung eines Zeugen vor der Hauptverhandlung einzutreten habe, entscheidet im Vorbereitungsverfahren der Amtsrichter,

Die Beeidigung eines Zeugen vor der Hauptverhandlung, gleichviel in welchem Stadium des Verfahrens, macht die nochmalige Beeidigung desselben in der Hauptverhandlung nicht überflüssig. Um aber eine Häufung der Eide zu vermeiden kann[38] der Richter, wenn ein bereits eidlich vernommener Zeuge in demselben Vorverfahren[39] oder in demselben Hauptverfahren[40] nochmals vernommen wird, statt der nochmaligen Beeidigung den Zeugen die Richtigkeit seiner Aussage unter Berufung auf den früher geleisteten Eid ver-

jedoch nur bei Gefahr im Verzug ohne Antrag der Staatsanwaltschaft. Bei vorliegendem Antrage wird sich die Prüfung nur darauf erstrecken, ob die Handlung gesetzlich zulässig ist. In der Voruntersuchung entscheidet der Untersuchungsrichter und sonst der beauftragte oder ersuchte Richter. Auch der letztere hat nur die gesetzliche Zulässigkeit der Handlung zu prüfen.

[38] StPO. §. 66.

[39] Es gehört hierhin auch der Fall, wenn ein Zeuge im Vorbereitungsverfahren eidlich vernommen ist und in der Voruntersuchung noch einmal vernommen werden soll.

[40] Da das Hauptverfahren mit dem Beschluß des Gerichts auf Eröffnung desselben beginnt (StPO. §. 201), so ist es zulässig, bei einem Zeugen, welcher nach Eröffnung des Hauptverfahrens, aber vor der Hauptverhandlung durch einen beauftragten oder ersuchten Richter eidlich vernommen ist (StPO. §. 222), von der nochmaligen Beeidigung in der Hauptverhandlung abzusehen; Löwe S. 336 f. Im Gegensatze hierzu sprechen sich von Schwarze S. 200 und Geyer in HH. Bd. I S. 289 dahin aus, daß diese Vorschrift nur auf dieselbe Hauptverhandlung zu beziehen sei, weil sonst gegen den Grundsatz der Mündlichkeit verstoßen würde. — Von demselben Hauptverfahren kann nicht mehr geredet werden, wenn nach einer Vertagung mit dem Verfahren von neuem zu beginnen ist (StPO. §. 228); wenn die Sache in die zweite Instanz gelangt ist; wenn die Sache zur nochmaligen Verhandlung in die erste Instanz zurückgewiesen wird (StPO. §§. 369 Abs. 2, 394 Abs. 2 und 3) oder wenn in Folge der Wiederaufnahme des Verfahrens die Erneuerung der Hauptverhandlung eintritt (StPO. §. 410 Abs. 2).

sichern lassen. Ein Eid gilt daher nur für das Stadium des Verfahrens, in welchem er geleistet ist.

2. Der Eid beginnt mit den Worten: „Ich schwöre bei Gott dem Allmächtigen und Allwissenden" und schließt mit den Worten: „So wahr mir Gott helfe."[41] Wird der Zeuge vor der Vernehmung beeidigt, so lautet der Eid: daß Zeuge nach bestem Wissen die reine Wahrheit sagen, nichts verschweigen und nichts hinzusetzen werde; wird der Zeuge nach der Vernehmung beeidigt, so lautet der Eid: daß Zeuge nach bestem Wissen die reine Wahrheit gesagt, nichts verschwiegen und nichts hinzugesetzt habe.[42]

Der Eid wird mittels Nachsprechens oder Ablesens der die Eidesnorm enthaltenden Eidesformel geleistet, wobei der Schwörende die rechte Hand erheben soll.[43] Stumme, welche schreiben können, leisten den Eid mittels Abschreibens und Unterschreibens der die Eidesnorm enthaltenden Eidesformel, Stumme, welche nicht schreiben können, mit Hülfe eines Dolmetschers durch Zeichen.[44]

Die Mitglieder einer Religionsgesellschaft, welcher durch reichs- oder landesrechtliche[45] Bestimmungen der Gebrauch gewisser Betheuerungsformeln an Stelle des Eides gestattet ist, geben ihre Erklärungen unter der Betheuerungsformel ihrer Religionsgesellschaft ab.[46] Weitere Ausnahmen sind nicht zugelassen. Auch die Beamten können sich nicht mehr

---

41 StPO. §. 62 (Eidesformel).

42 StPO. §. 61 (Eidesnorm).

43 StPO. §. 63 Abs. 1. — Nichtbeobachtung dieser Vorschrift ist juristisch einflußlos.

44 StPO. §. 63 Abs. 2 und 3; vgl. auch GVG. §§. 188, 190.

45 Die Mitglieder können sich nur in dem Bundesstaate hierauf berufen, dessen Landesrecht ihnen das Privilegium eingeräumt hat; Löwe S. 332, a. M. Geyer in HH. Bd. I S. 292.

46 StPO. §. 64.

auf den Diensteid berufen, sondern müssen den Zeugeneid leisten.

3. Unbeeidigt sind zu vernehmen:[47]

a) Personen, welche zur Zeit der Vernehmung das sechszehnte Lebensjahr noch nicht vollendet oder wegen mangelnder Verstandesreife oder wegen Verstandesschwäche von dem Wesen und der Bedeutung des Eides keine genügende Vorstellung haben;

b) Personen, welche nach den Bestimmungen der Strafgesetze unfähig sind, als Zeugen eidlich vernommen zu werden;[48]

c) Personen, welche hinsichtlich der den Gegenstand der Untersuchung bildenden That als Theilnehmer, Begünstiger oder Hehler verdächtig oder bereits verurtheilt sind.

Außerdem ist es dem Richter überlassen, ob er die Personen, welche zu dem Beschuldigten in einem Verhältnisse stehen, das sie nach §. 51 der Strafprozeßordnung zur Verweigerung des Zeugnisses berechtigt, unbeeidigt oder beeidigt vernehmen will.[49]

V. Zeugnißzwang.

Bei der Anwendung der Zwangsmaßregeln ist zu unterscheiden, ob der Zeuge ohne gesetzlichen Grund der Ladung nicht Folge geleistet hat,[50] oder ob er die Aussage bzw. Leistung des Eides verweigert.[51]

---

[47] StPO. §. 56.

[48] StGB. §. 161. Die auf Grund von landesgesetzlichen Vorschriften vor dem StGB. eingetretene Unfähigkeit bleibt bestehen.

[49] StPO. §. 57.

[50] StPO. §. 50. Hierhin gehört auch der Fall, wenn der vernommene Zeuge sich ohne Genehmigung von der Gerichtsstelle entfernt hat, StPO. §. 247.

[51] StPO. §. 69. Vgl. über die beiden Fälle Dochow der Zeugnißzwang (1877) S. 44—54.

1. Ist ein ordnungsmäßig[52] geladener Zeuge ausgeblieben, so ist derselbe in die durch das Ausbleiben verursachten Kosten und außerdem zu einer Geldstrafe bis zu dreihundert Mark zu verurtheilen. Kann der Zeuge die Geldstrafe nicht bezahlen, so tritt Haft bis zu sechs Wochen ein. Die Umwandlung der Haft erfolgt nicht nach den im Strafgesetzbuche enthaltenen Grundsätzen. Für die Verhängung der Strafe gegen den ungehorsamen Zeugen ist es gleichgültig, ob die Parteien auf das Zeugniß verzichten oder ob dieses als entbehrlich erscheint.

Nach der Verurtheilung des Zeugen, mag auch die Strafe noch nicht vollstreckt sein, hat der Richter die Wahl, ob er den Zeugen zwangsweise vorführen oder noch einmal laden lassen will. Ladet er den Zeugen zum zweiten Male vor und erscheint dieser wieder nicht, so tritt nochmalige Verurtheilung in die Kosten und zu einer Geldstrafe ein. Das Maximum der Geldstrafe von dreihundert Mark kann in beiden Fällen verhängt werden. Nach der zweiten Verurtheilung kann der Richter in derselben Strafsache aber nur noch einen Vorführungsbefehl gegen den ungehorsamen Zeugen erlassen.[53]

Die Verurtheilung in Kosten und Strafe unterbleibt oder wird wieder aufgehoben, wenn das Ausbleiben des Zeugen genügend entschuldigt ist.[54]

2. Verweigert der erschienene Zeuge die Aussage oder die Leistung des Eides, so ist derselbe in die durch die Weigerung verursachten Kosten und in eine Geldstrafe bis

---

[52] StPO. §. 48.

[53] StPO. §. 50 Abs. 1. Geyer in HH. Bd. I S. 271; a. M. Löwe S. 308, der einen in der Voruntersuchung bereits zweimal bestraften Zeugen wegen Ausbleibens in der Hauptverhandlung von neuem bestrafen will.

[54] StPO. §. 50 Abs. 2.

zu dreihundert Mark zu verurtheilen. Kann der Zeuge die Geldstrafe nicht bezahlen, so tritt Haft bis zu sechs Wochen ein.[55] Die Umwandlung erfolgt auch hier nicht nach den im Strafgesetzbuche enthaltenen Grundsätzen. Die Verurtheilung kann nicht wieder aufgehoben werden, auch wenn der Zeuge sich später bereit erklärt, die Aussage zu machen oder den Eid zu leisten.

Nach der Verurtheilung hat der Richter, selbst wenn die erkannte Strafe noch nicht vollstreckt ist, das Recht, zur Erzwingung der Zeugnisses die Haft anzuordnen. Bei der Anordnung der Haft kann der Richter die Dauer derselben für den betreffenden Fall festsetzen. Als Maximum der Haft gilt bei Verbrechen und Vergehen die Zeit von sechs Monaten und bei Uebertretungen die Zeit von sechs Wochen. Der Richter kann aber auch die Dauer unbestimmt lassen.[56] Die Haft hört auf, wenn sie nicht mehr nothwendig ist, d. h. wenn der Zeuge seine Pflicht erfüllt hat oder das Zeugniß entbehrlich ist und außerdem wenn das Verfahren in der Instanz beendigt oder wenn die Maximaldauer der Haft erreicht ist.[57] Sind die erwähnten Zwangsmaßregeln erschöpft, so können sie in demselben oder in einem anderen Verfahren, welches dieselbe That zum Gegenstande hat, nicht wiederho werden.[58]

3. Die Zwangsmaßregeln wegen Verweigerung des Zeugnisses bzw. des Eides sind unabhängig von denen, welche wegen Nichterscheinens des Zeugen angewendet werden, und

---

[55] StPO. §. 69 Abs. 1.

[56] Die Haft kann auch mit Unterbrechungen angeordnet werden.

[57] StPO. §. 69 Abs. 2.

[58] StPO. §. 69 Abs. 4. Es ist dabei gleichgültig, ob die That juristisch anders qualificirt wird oder die Person des Beschuldigten sich geändert hat.

sind daher neben einander zulässig. Der Ungehorsam des Zeugen ist in beiden Fällen ganz verschieden.

4. Die Befugniß zur Verhängung der Zwangsmaßregeln steht nur dem Richter zu und zwar nicht nur dem erkennenden, sondern auch dem Untersuchungsrichter, dem Amtsrichter im Vorverfahren, sowie dem beauftragten und ersuchten Richter. Die Verhängung der Zwangsmaßregeln geschieht durch Beschluß oder Verfügung.[59] Hiergegen ist Beschwerde[60] zulässig.

Die Verhängung der Zwangsmaßregeln gegen eine dem aktiven Heere oder der aktiven Marine angehörende Militärperson[61] ist abweichend geregelt.[62] Man mußte dabei auf den besonderen Gerichtsstand der Militärpersonen Rücksicht nehmen und zugleich Kollisionen zwischen den verschiedenen Verpflichtungen der als Zeugen vorgeladenen Militärpersonen zu vermeiden suchen. Die Festsetzung der Strafe d. h. die Beantwortung der Fragen, ob und welche Strafe im konkreten Falle zu verhängen sei, und die Strafvollstreckung erfolgen auf Ersuchen durch das Militärgericht.[63] Dieses hat auch darüber zu entscheiden, ob die Verurtheilung wegen nachträglich erfolgender genügender Entschuldigung wieder auf-

[59] Die Schöffen wirken mit, GVG. §. 30 Abs. 1; vgl. jedoch auch Abs. 2.

[60] StPO. §. 346 Abs. 1 und 2; Ausnahmen in Abs. 3 erwähnt.

[61] Vgl. Anm. 15.

[62] StPO. §§. 50 Abs. 4, 69 Abs. 5; vgl. hierzu Motive zur StPO. S. 47 f. und bes. Voitus Kontroversen S. 20—27, dessen Erklärungen ich im wesentlichen zustimme.

[63] A. M. Löwe S. 309 und Geyer in HH. Bd. I S. 273, welche die Schuld von dem Strafgericht (Civilgericht) und die Strafe nach Art und Maß von dem Militärgericht festsetzen lassen wollen. Eine solche irrationelle Trennung von demselben Gericht zu entscheidender Fragen läßt sich aus der StPO. nicht begründen und praktisch ohne Nachtheil kaum durchführen.

zuheben sei. Die Anwendung des Vorführungsbefehls und der (Zwangs-) Haft geschieht durch Ersuchen der Militärbehörde d. h. der Kommandobehörde.[64] Die Verurtheilung des Zeugen in die durch das Ausbleiben oder die Weigerung verursachten Kosten verbleibt dem ordentlichen Strafgericht.

VI. Befreiung von der Zeugnißpflicht.

Die Personen, welche von dem ihnen eingeräumten Rechte zur Verweigerung des Zeugnisses im einzelnen Falle Gebrauch machen wollen, müssen auf Verlangen die Thatsache glaubhaft machen, auf welche sie die Verweigerung stützen. Es genügt hierbei die eidliche Versicherung.[65] Die zur Verweigerung des Zeugnisses berechtigten Personen können noch während der Vernehmung zurücktreten und die weitere Aussage bzw. den Eid verweigern. Die Aussage eines vor der Hauptverhandlung vernommenen Zeugen, welcher erst in der Hauptverhandlung von seinem Rechte, das Zeugniß zu verweigern, Gebrauch macht, darf nicht verlesen werden.[66]

1. Jeder Zeuge kann die Auskunft auf solche Fragen verweigern, deren Beantwortung ihm selbst oder einem der Angehörigen, in Betreff welcher er zur Verweigerung des Zeugnisses berechtigt ist,[67] die Gefahr strafgerichtlicher Verfolgung zuziehen würde.[68]

2. Gewisse Angehörige des Beschuldigten können das

---

[64] Hinsichtlich des Vorführungsbefehls ist dies ausdrücklich bestimmt, aber auch hinsichtlich der (Zwangs-)Haft wird nach Analogie der CPO. §. 793 die Militärbehörde und nicht das Militärgericht um Vollstreckung zu ersuchen sein.

[65] StPO. §. 55.

[66] Vgl. StPO. §§. 51 Abs. 2, 57 Abs. 2, 251; StGB. §. 157 Z. 2.

[67] StPO. §. 51.

[68] StPO. §. 54. Ist die Gefahr beseitigt z. B. durch Verjährung, Begnadigung u. s. w., so muß der Zeuge aussagen.

Zeugniß verweigern. Hierhin gehören: der Verlobte; der Ehegatte des Beschuldigten, auch wenn die Ehe nicht mehr besteht; diejenigen, welche mit dem Beschuldigten in gerader Linie verwandt, verschwägert oder durch Adoption verbunden, oder in der Seitenlinie bis zum dritten Grade verwandt oder bis zum zweiten Grade verschwägert sind, auch wenn die Ehe durch welche die Schwägerschaft begründet ist, nicht mehr besteht.[69]

Die Angehörigen sind vor jeder Vernehmung über das ihnen zustehende Recht zur Verweigerung des Zeugnisses zu belehren. Die auf die Belehrung erfolgende Erklärung des Zeugen ist in dem Protokolle zu erwähnen. Ist die Belehrung unterlassen und der Zeuge vernommen worden, so kann das Zeugniß nur verwerthet werden, wenn der Zeuge nachträglich noch auf das ihm zustehende Recht Verzicht leistet.[70]

3. Geistliche der anerkannten Religionsgesellschaften, Vertheidiger,[71] Rechtsanwälte und Aerzte können das Zeugniß in Ansehung desjenigen verweigern, was ihnen bei Ausübung der Seelsorge bzw. ihres Berufs anvertraut ist.[72] Es ist hierbei gleichgültig, von wem sie die Mittheilung erhalten haben. Das Recht der Geistlichen ist vollständig unabhängig von dem Willen desjenigen, der ihnen die Mittheilung gemacht hat, dagegen dürfen die Vertheidiger, Rechtsanwälte nnd Aerzte das Zeugniß nicht verweigern, wenn sie von der Verpflichtung zur Verschwiegenheit entbunden sind.[73]

---

[69] StPO. §. 51 Abs. 1.

[70] Löwe S. 314, Geyer in HH. Bd. I S. 278; a. M. von Schwarze S. 177.

[71] Die Hinzufügung der Worte „des Beschuldigten" in der StPO. §. 52 Z. 2 entspricht nicht dem Sinne des Gesetzes, vgl. Löwe S. 316.

[72] StPO. §. 52 Abs. 1.

[73] StPO. §. 52 Abs. 2.

4. Oeffentliche Beamte, auch wenn sie nicht mehr im Dienste sind, dürfen das Zeugniß über Umstände verweigern, auf welche sich ihre Pflicht zur Amtsverschwiegenheit bezieht. Die ihnen vorgesetzte oder zuletzt vorgesetzt gewesene Dienstbehörde kann sie jedoch hiervon dispensiren. Die Genehmigung zur Vernehmung der öffentlichen Beamten über die erwähnten Umstände darf nur dann versagt werden, wenn die Ablegung des Zeugnisses dem Wohle des Reichs oder eines Bundesstaates Nachtheil bereiten würde.[74]

VII. Gebühren.

Jeder von dem Richter oder der Staatsanwaltschaft geladene Zeuge hat nach Erfüllung der Zeugnißpflicht Anspruch auf Entschädigung aus der Staatskasse für Zeitversäumniß und die durch eine etwaige Reise verursachten Kosten.[75] Die Entschädigung der unmittelbar geladenen Zeugen, welche zum Erscheinen nur dann verpflichtet sind, wenn ihnen bei der Ladung die gesetzliche Entschädigung für Reisekosten und Versäumniß baar dargeboten oder deren Hinterlegung bei dem Gerichtsschreiber nachgewiesen wird, kann ebenfalls aus der Staatskasse erfolgen, wenn die Vernehmung in der Hauptverhandlung zur Aufklärung der Sache dienlich war.[76]

Hat der Zeuge keinen Erwerb versäumt, so hat er keinen Anspruch auf Gebühren; nur Personen, welche durch gemeine Handarbeit, Handwerksarbeit oder geringeren Gewerbebetrieb ihren Unterhalt suchen, oder sich in gleichen Verhältnissen mit solchen Personen befinden, erhalten auch dann eine nach dem geringsten Satze zu bemessende Entschädigung, wenn die Ver-

[74] StPO. §. 53.
[75] StPO. §. 70.
[76] StPO. §§. 219 Abs. 2 und 3. Dasselbe gilt von den unmittelbar geladenen Sachverständigen.

säumniß eines Erwerbes nicht stattgefunden hat.[77] Für die Berechnung der Gebühren gilt die Gebührenordnung für Zeugen und Sachverständige vom 30. Juni 1878. Die Gebühren, welche nur auf Verlangen gewährt werden,[78] sind durch das Gericht oder den Richter, vor welchem die Verhandlung stattfindet,[79] unter Berücksichtigung des von dem Zeugen versäumten Erwerbes festzusetzen.

§. 57.

2. Sachverständige.

Während die Zeugen über das aussagen, was sie mit ihren Sinnen wahrgenommen haben, erfordert die Thätigkeit der Sachverständigen besondere Kenntnisse und Fertigkeiten im Wahrnehmen oder Urtheilen.[1] Auf die Sachverständigen finden die Vorschriften über Zeugen entsprechende Anwendung, insoweit nicht abweichende Bestimmungen getroffen sind.[2]

I. Auswahl der Sachverständigen.

Es hängt von dem Ermessen des Richters ab, ob und wann er Sachverständige zuziehen will. Dasselbe gilt hinsichtlich der Auswahl und der Zahl der zuzuziehenden Sachverständigen.[3] Doch sind diese Regeln nicht ohne Ausnahmen.

---

[77] GebO. für Z. u. S. §. 2.

[78] GebO. für Z. u. S. §. 16.

[79] GebO. für Z. u. S. §. 17; vgl. überhaupt §§. 2, 5—12, 14—17, die sich auf Zeugen beziehen.

[1] Ueber die sog. sachverständigen Zeugen — ein Begriff, der nur zu Zweifeln Veranlassung gibt und auch überflüssig ist — vgl. StPO. §. 85 und Motive S. 60 f. Wird ein Sachverständiger noch als Zeuge vernommen, so hat er den Sachverständigen- und den Zeugeneid zu leisten.

[2] StPO. §. 72; vgl. §§. 48, 49, 50 Abs. 2 und 3, 51—55, 63, 64, 66, 67, 69 Abs. 3 und 4.

[3] StPO. §. 73 Abs. 1.

Sind für gewisse Arten von Gutachten Sachverständige öffentlich bestellt, so sollen andere Personen nur dann gewählt werden, wenn besondere Umstände es erfordern.[4] Das Ermessen des Richters ist ferner bei der Leichenschau und der Leichenöffnung[5] theilweise beschränkt. Und endlich darf der Richter Personen, welche eidesunfähig sind, zu Sachverständigen nicht ernennen, weil jedes Gutachten beeidigt werden muß.

Bei der Auswahl der Sachverständigen kann der Richter die Anträge der Betheiligten berücksichtigen; es ist aber auch dem Angeklagten gestattet, Sachverständige unmittelbar zu laden.[6] Die von dem Richter ernannten Sachverständigen können von den Parteien[7] aus denselben Gründen abgelehnt werden, welche zur Ablehnung eines Richters berechtigen, jedoch mit der Ausnahme, daß die geschehene Vernehmung des Sachverständigen als Zeugen einen Ablehnungsgrund nicht bildet. Den zur Ablehnung Berechtigten sind die ernannten Sachverständigen namhaft zu machen, wenn nicht besondere Umstände z. B. Kürze der Zeit entgegenstehen. Der Ablehnungsgrund muß glaubhaft gemacht werden, wobei der Eid als Mittel der Glaubhaftmachung ausgeschlossen ist.[8]

II. Pflicht zur Erstattung von Gutachten.

1. Eine Pflicht zur Erstattung von Gutachten besteht nur für denjenigen, welcher hierfür öffentlich bestellt ist oder welcher die Wissenschaft, die Kunst oder das Gewerbe, deren

[4] StPO. §. 73 Abs. 2; vgl. von Schwarze S. 209.

[5] Vgl. Th. III §. 58.

[6] Vgl. StPO. §§. 164, 167, 193, 218, 219.

[7] Staatsanwaltschaft, Beschuldigter, Privat- und Nebenkläger, StPO. §§. 74 Abs. 2, 437.

[8] StPO. §. 74.

Kenntniß Voraussetzung der Begutachtung ist, öffentlich zum Erwerbe ausübt, oder welcher zur Ausübung derselben öffentlich bestellt oder ermächtigt ist. Außerdem ist auch derjenige verpflichtet, welcher sich vor Gericht zur Erstattung des Gutachtens bereit erklärt hat.[9] Oeffentliche Beamte dürfen als Sachverständige nicht vernommen werden, wenn ihre vorgesetzte Behörde erklärt, daß die Vernehmung den dienstlichen Interessen Nachtheil bereiten würde.[10]

Sachverständige können aus denselben Gründen das Gutachten verweigern, welche einen Zeugen zur Verweigerung des Zeugnisses berechtigen. Sie können auch noch aus anderen Gründen von der ihnen obliegenden Verpflichtung entbunden werden.[11]

2. Der Sachverständige ist verpflichtet, der Ernennung Folge zu leisten, das Gutachten zu erstatten bzw. die hierzu nothwendigen Handlungen vorzunehmen und die Wahrheit desselben durch Eid oder was der Ableistung eines Eides gesetzlich gleich geachtet ist[12] zu bekräftigen. Und zwar ist der Eid vor[13] Erstattung des Gutachtens von dem Sachverständigen dahin zu leisten:[14] daß er das von ihm erforderte Gutachten unparteiisch und nach bestem Wissen und Gewissen erstatten werde. Die Eidesformel ist dieselbe wie bei dem Zeugeneide.[15] Bei Sachverständigen, die für die Erstattung

---

[9] StPO. §. 75.

[10] StPO. §. 76 Abs. 2.

[11] StPO. §. 76 Abs. 1; vgl. Th. III §. 56 VI.

[12] StPO. §. 64.

[13] Geyer in HH. Bd. I S. 248 f., Voitus Kontroversen S. 118—124. — Im Gegensatze hierzu wollen Löwe S. 360 und von Schwarze S. 214 auch die Beeidigung nach erstattetem Gutachten ausnahmsweise zulassen, obwol die StPO. die Eidesnorm für den assertorischen Sachverständigeneid nicht aufgestellt hat.

[14] StPO. §. 79 Abs. 1.

[15] StPO. §. 62.

von Gutachten der betreffenden Art im Allgemeinen beeidigt sind, genügt die Berufung auf den geleisteten Eid.[16]

3. Erscheint der ordnungsmäßig geladene Sachverständige nicht oder verweigert er die Erstattung des Gutachtens oder die Leistung des Eides, ohne einen genügenden Entschuldigungsgrund zu haben, so wird er in die hierdurch verursachten Kosten und zu einer Geldstrafe bis zu dreihundert Mark verurtheilt. Im Falle wiederholten Ungehorsams[17] kann noch einmal eine Geldstrafe bis zu sechshundert Mark erkannt werden.[18] Eine Umwandlung der Geldstrafe ist ebenso wenig gestattet wie die Anwendung der übrigen gegen Zeugen zulässigen Zwangsmittel.

III. Gebühren.

Die Sachverständigen haben[19] nach der Gebührenordnung für Zeugen und Sachverständige vom 30. Juni 1878 Anspruch auf Entschädigung für Zeitversäumniß, auf Erstattung der ihnen verursachten Kosten und außerdem auf angemessene Vergütung für ihre Mühewaltung.[20] Die Gebühren werden nur auf Verlangen der Sachverständigen gewährt[21] und durch das Gericht oder den Richter, vor welchem die Verhandlung stattfindet, festgesetzt.[22]

IV. Stellung des Richters zu den Sachverständigen.

---

[16] StPO. §. 79 Abs. 2.

[17] Es ist gleichgültig, ob es sich in dem zweiten Falle um denselben Ungehorsam wie in dem ersten Falle handelt.

[18] StPO. §. 77 Abs. 1; vgl. hinsichtlich der Militärpersonen Abs. 2 und Th. III §. 56 V dieses Buches.

[19] StPO. §. 84. Vgl. in Betreff der unmittelbar geladenen Sachverständigen Th. III §. 56 Anm. 76.

[20] Vgl. GebO. für Z. u. S. §§. 3—11, 13—17.

[21] GebO. für Z. u. S. §. 16.

[22] GebO. für Z. u. S. §. 17 Abs. 1.

1. Der Richter hat, soweit er dies für nothwendig hält, die Thätigkeit der Sachverständigen zu leiten.[23] Er kann zur Vorbereitung eines Gutachtens dem Sachverständigen auf dessen Verlangen weitere Aufklärung durch Vernehmung des Beschuldigten oder der Zeugen verschaffen; er kann ihm auch gestatten, die Akten einzusehen, der Vernehmung des Beschuldigten oder der Zeugen beizuwohnen und an dieselben unmittelbar Fragen zu stellen.[24] Der Richter hat auch darüber zu entscheiden, ob die Sachverständigen im Vorverfahren ihr Gutachten schriftlich oder mündlich zu erstatten haben.[25]

2. Nach dem Grundsatze der freien Beweiswürdigung[26] ist der Richter an das erstattete Gutachten nicht gebunden; er kann bei sich widersprechenden Gutachten dem einen den Vorzug vor dem anderen einräumen. Hält er die Begutachtung überhaupt für ungenügend, so kann er eine neue und zwar durch die früheren oder durch andere Sachverständige anordnen, in wichtigeren Fällen auch das Gutachten einer Fachbehörde einholen.[27]

V. Besondere Fälle.

1. Gutachten über den Geisteszustand eines Angeschuldigten. Zur Vorbereitung eines solchen Gutachtens kann das Gericht auf Antrag eines Sachverständigen anordnen, daß der Angeschuldigte in eine öffentliche Irrenanstalt gebracht und dort beobachtet werde.[28] Der Vertheidiger des Angeschuldigten muß jedoch vorher gehört werden; hat der letztere noch keinen Vertheidiger, so ist ihm ein solcher zu

[23] StPO. §. 78.
[24] StPO. §. 80.
[25] StPO. §. 82.
[26] Vgl. Th. III §. 44.
[27] StPO. §. 83; vgl. §. 255.
[28] Höchste Dauer der Verwahrung beträgt sechs Wochen, StPO. §. 81 Abs. 4.

bestellen.[29] Gegen den Beschluß des Gerichts ist sofortige Beschwerde zulässig, welche in diesem Falle aufschiebende Wirkung hat.[30]

2. Gutachten bei Münzverbrechen und Münzvergehen. Bei diesen strafbaren Handlungen kann[31] der Richter die Münzen und Papiere der Behörde[32] vorlegen, von welcher echte Münzen und Papiere dieser Art in Umlauf gesetzt werden. Hinsichtlich ausländischer Münzen und Papiere kann an Stelle des Gutachtens der ausländischen Behörde dasjenige einer deutschen erfordert werden.

Das Gutachten der Behörde ist über die Unechtheit oder Verfälschung und darüber einzuholen, in welcher Art die Fälschung muthmaßlich begangen worden sei.[33]

3. Schriftvergleichung. Die Beweiskraft eines Schriftstückes und somit seine Brauchbarkeit als Beweismittel hängt von der Echtheit desselben ab. Zur Ermittelung der Echtheit oder Unechtheit eines Schriftstückes sowie zur Ermittelung des Urhebers kann eine Schriftvergleichung unter Zuziehung von Sachverständigen vorgenommen werden.[34] Der Angeschuldigte darf, entsprechend der Stellung, welche er im Strafverfahren einnimmt, zum Niederschreiben einzelner Worte,

---

[29] Vgl. Th. II §. 39.

[30] StPO. §. 81 Abs. 1—3.

[31] Der Richter ist hierzu nicht verpflichtet, da er in sehr vielen Fällen die erforderliche Sachkenntniß selbst haben wird.

[32] Die Fälle, in welchen Gemeinden, Korporationen, Gesellschaften oder Privatpersonen solche Papiere ausgestellt haben (StGB. §. 149), sind hier nicht berücksichtigt.

[33] StPO. §. 92. In Betreff der nachgemachten oder verfälschten Reichskassenscheine bzw. Reichsbanknoten vgl. die vom Bundesrathe erlassenen Verfügungen vom 6. Juni 1876 (JMB. S. 119) und 20. März 1877 (JMB. S. 54).

[34] StPO. §. 93; vgl. §§. 248ff.

um diese zur Vergleichung benutzen zu können, nicht gezwungen werden.

§. 58.

3. Richterlicher Augenschein.

1. Der Augenschein kommt als Beweismittel nur dann in Betracht, wenn er vom Richter unter Beobachtung der gesetzlichen Vorschriften vorgenommen wird. Es hängt in der Regel von dem Ermessen des Richters ab, ob eine Augenscheinseinnahme eintreten soll und ob Sachverständige hierbei zuzuziehen sind.

Die Augenscheinseinnahme kann sich auf Personen und Sachen beziehen und in jedem Stadium des Verfahrens angeordnet werden. Besondere Vorschriften finden sich in der Strafprozeßordnung nur über die nicht in der Hauptverhandlung stattfindende Augenscheinseinnahme. Der Zweck des Augenscheins ist ein doppelter: einmal soll sich der Richter mit eigenen Sinnen Kenntniß von den zu untersuchenden Personen oder Sachen verschaffen und dann soll das Resultat der Augenscheinseinnahme protokollarisch festgestellt werden, um für das ganze Verfahren benutzbar zu sein.[1]

Bei der Augenscheinseinnahme muß ein Gerichtsschreiber mitwirken; in dringenden Fällen kann der Untersuchungsrichter eine von ihm zu beeidigende Person als Gerichtsschreiber zuziehen.[2] Der Staatsanwaltschaft, dem Angeschuldigten bzw. seinem Vertheidiger und den von ihm benannten Sachverständigen, dem Privat- und den Nebenkläger ist es gestattet, der Einnahme eines richterlichen Augenscheins beizuwohnen.[3]

[1] Vgl. StPO. §. 248.
[2] StPO. §§. 166, 185.
[3] StPO. §§. 167, 191, 223, 224, 409, 425, 437.

In dem Protokolle ist der vorgefundene Sachbestand festzustellen und darüber Auskunft zu geben, welche Spuren und Merkmale, deren Vorhandensein nach der besonderen Beschaffenheit des Falles vermuthet werden konnte, gefehlt haben.[4]

2. Der wichtigste Fall der Augenscheinseinnahme ist die richterliche Leichenschau. Dieselbe erstreckt sich nur auf die äußere Beschaffenheit der Leiche und soll unter Zuziehung eines Arztes vorgenommen werden.[5] Da in vielen Fällen die Zuziehung eines Arztes überflüssig sein würde, so kann der Richter auch hiervon absehen.[6]

Im Gegensatze zur richterlichen Leichenschau ist die Leichenöffnung im Beisein des Richters von zwei Aerzten vorzunehmen. Unter diesen muß sich ein Gerichtsarzt befinden. Demjenigen Arzte, welcher den Verstorbenen in der dem Tode unmittelbar vorausgegangenen Krankheit behandelt hat, ist die Leichenöffnung nicht zu übertragen. Er kann jedoch aufgefordert werden, der Leichenöffnung anzuwohnen, um aus der Krankheitsgeschichte Aufschlüsse zu geben.[7]

Vor der Leichenöffnung ist die Persönlichkeit des Verstorbenen möglichst festzustellen, auch ist die Leiche dem etwaigen Beschuldigten zur Anerkennung vorzuzeigen.[8] Die Leichenöffnung[9] soll sich, soweit dies durchführbar ist, stets auf die Oeffnung der Kopf-, Brust- und Bauchhöhle erstrecken.[10]

---

[4] StPO. §. 86.

[5] StPO. §. 87 Abs. 1; vgl. hierzu §. 157.

[6] StPO. §. 87 Abs. 2; vgl. Anm. 2.

[7] StPO. §. 87 Abs. 1.

[8] StPO. §. 88.

[9] In Preußen gilt hierfür das Regulativ des Ministers der geistl. u. s. w. Angelegenheiten vom 10. März 1875, welches durch allg. Verfügung des Justizministers vom 22. März 1875 den Gerichten und Beamten der Staatsanwaltschaft mitgetheilt ist (JMB. S. 75).

[10] StPO. §. 89.

Bei Oeffnung der Leiche eines neugeborenen Kindes ist die Untersuchung auch besonders darauf zu richten, ob das Kind nach oder während der Geburt gelebt und ob es reif oder wenigstens fähig gewesen, das Leben außerhalb des Mutterleibes fortzusetzen.[11]

In den Fällen, wo der Verdacht einer Vergiftung vorliegt, sollen die in der Leiche oder sonst gefundenen verdächtigen Stoffe durch einen Chemiker oder durch eine für solche Untersuchungen bestehende Fachbehörde untersucht werden. Der Richter braucht dieser Untersuchung nicht beizuwohnen, kann aber anordnen, daß dieselbe unter Mitwirkung oder Leitung eines Arztes stattzufinden hat.[12]

§. 59.

4. Die übrigen Beweismittel.

1. Unter Geständniß versteht man im Strafprozeß die Erklärung einer Person, durch welche sie sich der Begehung einer strafbaren Handlung beschuldigt.

Die Beweiskraft des Geständnisses hängt von seiner Glaubwürdigkeit ab d. h. davon, ob der Gestehende die Wahrheit sagen wollte und auch sagen konnte. Dies zu beurtheilen ist, wie bei den anderen Beweismitteln, Sache des erkennenden Gerichts. Nach der Strafprozeßordnung ist im Schwurgerichtsverfahren keine Ausnahme mehr gemacht; es wirken daher die Geschworenen auch dann mit, wenn der Angeklagte die strafbare Handlung eingestanden hat. Dagegen kann unter gewissen Bedingungen ohne Zuziehung von Schöffen zur Hauptverhandlung geschritten werden.[1]

---

[11] StPO. §. 90.
[12] StPO. §. 91.

[1] StPO. §. 211 Abs. 2; vgl. Th. I §. 6 dieses Buches.

Das Geständniß ist entweder ein gerichtliches oder ein außergerichtliches. Das gerichtliche ist in der Hauptverhandlung oder außerhalb derselben vor einem Richter abgelegt. Im letzteren Falle darf das richterliche Protokoll in der Hauptverhandlung zum Zwecke der Beweisaufnahme über das Geständniß verlesen werden.[2] Das außergerichtliche Geständniß, mag dasselbe nun vor einer nicht richterlichen Behörde oder vor einer Privatperson abgelegt sein, wird in der Hauptverhandlung durch Zeugenaussagen festgestellt. Auch bei dem außergerichtlichen Geständniß hängt die Beweiskraft, welche ihm beizumessen ist, lediglich von dem erkennenden Gerichte ab.

Es fragt sich noch, ob das Gericht allein auf Grund eines gerichtlichen Geständnisses erkennen darf oder ob trotz desselben eine Beweisaufnahme eintreten muß. Diese Frage ist in der Strafprozeßordnung durch eine besondere Bestimmung nicht entschieden worden.[3] So lange der Grundsatz der freien Beweiswürdigung gilt, kann man dem erkennenden Gerichte nicht verwehren, das Urtheil auf Grund eines in der Hauptverhandlung abgelegten gerichtlichen Geständnisses abzugeben und den sonstigen Resultaten der Beweisaufnahme keine Bedeutung beizumessen. Ist dies aber der Fall, so wäre es widersinnig, wenn das Gericht verpflichtet sein sollte, unter allen Umständen eine Beweisaufnahme eintreten zu lassen, obwol der Angeklagte ein glaubwürdiges Geständniß abgelegt hat. Auch aus der Strafprozeßordnung ist die entgegengesetzte Ansicht nicht zu begründen. Zunächst kann die Bestimmung,[4] daß nach der Vernehmung des Angeklagten

---

[2] StPO. §. 253 Abs. 1.

[3] Auch nicht für die Fälle, in welchen ohne Zuziehung der Schöffen zur Hauptverhandlung geschritten werden darf (StPO. §. 211 Abs. 2); vgl. Voitus Kontroversen S. 108 f.

[4] StPO. §. 244 Abs. 1.

die Beweisaufnahme eintreten müsse, hierfür nicht herangezogen werden. Da die Strafprozeßordnung von der Ansicht ausgeht, daß der Angeklagte Partei und zugleich Beweismittel sei,[5] so würde sie sich geradezu widersprechen, wenn sie die Vernehmung in einen so schroffen Gegensatz zu der Beweisaufnahme brächte. Die Bestimmung hat vielmehr nur den Zweck, den Gang der Hauptverhandlung zu regeln. Außerdem würde dadurch, daß das Gericht von der Erhebung einzelner Beweise absehen kann, wenn die Staatsanwaltschaft und der Angeklagte hiermit einverstanden sind,[6] eine weitere Beweisaufnahme leicht beseitigt werden können. Es muß daher die obige Frage dahin beantwortet werden, daß ein glaubwürdiges in der Hauptverhandlung[7] abgelegtes gerichtliches Geständniß eine weitere Beweisaufnahme ersetzen kann.[8]

2. Besondere Bestimmungen über Urkunden und Anzeigen (Indicien) sind in der Strafprozeßordnung nicht enthalten.

§. 60.

VIII. Zusammenhang von Straf- und Civilsachen.

1. Straf- und Civilsachen können zunächst derartig zusammenhängen, daß sie denselben Entstehungsgrund haben. Dies ist der Fall, wenn aus einer strafbaren Handlung, abgesehen von dem Anspruche des Staates auf Strafe, noch

---

[5] Vgl. Th. II §. 38.

[6] StPO. §. 243 Abs. 1.

[7] Ein vor einem Richter außerhalb der Hauptverhandlung abgelegtes Geständniß macht stets eine weitere Beweisaufnahme nothwendig.

[8] Löwe S. 610, 676 und bes. Voitus Kontroversen S. 106—117.

ein Anspruch des Verletzten auf Schadensersatz sich ergibt.[1] Der erstere Anspruch ist durch Strafklage, der letztere durch Civilklage geltend zu machen. Nach der Strafprzeßordnung ist die gleichzeitige Erledigung beider Ansprüche im Strafverfahren (Adhäsionsprozeß) nicht allgemein, sondern nur in den Fällen zugelassen, in welchen der Schadensersatz in der Gestalt der Buße verlangt werden kann.[2] Auf Buße kann das Strafgericht nur dann erkennen, wenn das Strafverfahren mit einer Verurtheilung schließt. Ist dies nicht der Fall oder hat das Strafgericht, wozu es berechtigt ist, es abgelehnt, dem Verlangen auf Zuerkennung einer Buße zu entsprechen, so steht dem Verletzten noch die Civilklage zur Verfügung, da das Strafgericht zwar die Buße als Schadensersatz zuerkennen, den Anspruch auf Schadensersatz aber nicht aberkennen kann.

Für den Civilprozeß gilt ebenso wie für den Strafprozeß der Grundsatz der freien Beweiswürdigung.[3] Ein strafgerichtliches Urtheil hat daher für den Civilrichter keine bindende Kraft.[4] Der letztere ist jedoch befugt, eine Verhandlung auszusetzen und die Erledigung eines Strafverfahrens z. B. wegen Meineides, Urkundenfälschung u. s. w. abzuwarten, wenn dieses auf die civilrechtliche Entscheidung von Einfluß ist.[5]

2. Anders ist der Zusammenhang von Straf- und Civilsachen, wenn die Strafbarkeit[6] einer Handlung von der

---

[1] Vgl. noch StPO. §. 111, wo es sich jedoch nicht um ein Urtheil, sondern um eine prozessualische Maßregel des Strafrichters handelt.

[2] Vgl. Th. II §. 37.

[3] CPO. §. 259.

[4] EG. zur CPO. §. 14 Nr. 1.

[5] CPO. §. 140.

[6] Die drei im StGB. §§. 170, 172, 238 enthaltenen Fälle gehören nicht hierher, da nicht die Strafbarkeit, sondern die Strafverfolgung davon abhängt, daß die Ehe geschieden ist; vgl. Löwe S. 636.

Beurtheilung eines bürgerlichen Rechtsverhältnisses abhängig ist. Derartige Fälle kommen am meisten bei den Verbrechen gegen das Vermögen vor und bestehen bei diesen gewöhnlich darin, daß der Angeklagte gegenüber der Anklage behauptet, zur Vornahme der betreffenden Handlung berechtigt gewesen zu sein. Allein auch bei anderen Verbrechen sind civilrechtliche Vorfragen möglich, z. B. über die eheliche und uneheliche Geburt eines Kindes, über Verwandschaftsverhältnisse u. s. w.

Nach der Strafprozeßordnung entscheidet das Strafgericht auch über die civilrechtlichen Vorfragen und zwar nach den für das Verfahren und den Beweis in Strafsachen geltenden Vorschriften.[7] Es ist dabei principiell gleichgültig, ob im einzelnen Falle die civilrechtliche Vorfrage bereits durch ein Urtheil des Civilgerichts entschieden ist oder nicht. Thatsächlich werden die Urtheile des Civilgerichts und besonders die vor der betreffenden Untersuchung ergangenen von wesentlichem Einflusse auf die Entscheidung des Strafgerichts sein. Das Strafgericht ist daher auch befugt, eine Untersuchung auszusetzen und das Urtheil eines Civilgerichts abzuwarten.[8] Obwol diese Bestimmung bei der Hauptverhandlung erwähnt wird, ist doch nicht zu bezweifeln, daß eine Aussetzung der Untersuchung auch im Vorverfahren gestattet ist.[9] Die Aussetzung kann nicht nur erfolgen, wenn ein Civilprozeß bereits anhängig ist, sondern auch gerade zu dem Zwecke, die Erhebung der Civilklage zu veranlassen. Es ist in dem letzeren Falle einem der Betheiligten[10] eine Frist zur Erhebung der

[7] StPO. §. 261 Abs. 1; vgl. hierzu die Motive S. 144 ff.

[8] StPO. §. 261 Abs. 2.

[9] Löwe S. 637.

[10] d. h. einer Person, welche einen civilrechtlichen Anspruch erheben kann, gleichviel ob sie an dem Strafverfahren betheiligt

Civilklage zu bestimmen. Das Strafgericht ist an den Beschluß, durch welchen die Untersuchung ausgesetzt wurde, nicht gebunden; es kann jederzeit, also auch vor Erledigung des betreffenden Civilprozesses oder vor Ablauf der zur Erhebung der Civilklage bestimmten Frist, mit der Untersuchung fortfahren. Ob und in welcher Weise von der obigen Bestimmung über die Aussetzung der Untersuchung Gebrauch zu machen sei, ist dem Ermessen des Strafgerichts überlassen.

§. 61.

IX. Gliederung des Verfahrens.

1. Nach der Strafprozeßordnung wird das Verfahren erster Instanz, wie bisher üblich war, in das Vorverfahren und das Hauptverfahren eingetheilt. In dem Vorverfahren ist die Frage zu erledigen, ob gegen eine bestimmte Person wegen eines bestimmten Verbrechens das Hauptverfahren zu eröffnen sei; in dem Hauptverfahren ist dann zu entscheiden, ob der Angeklagte des in der Anklage enthaltenen Verbrechens schuldig sei.

Das Vorverfahren umfaßt das Vorbereitungsverfahren[1] und die Voruntersuchung. Diese beiden Stadien des Verfahrens stimmen hinsichtlich des in ihnen zu erreichenden Zweckes überein; sie unterscheiden sich dadurch, daß die Voruntersuchung gegen eine bestimmte Person wegen eines

---

ist oder nicht. Da sich ein Zwang nicht ausüben läßt, so wird die Bestimmung der Frist in vielen Fällen wirkungslos sein.

[1] Die obige Bezeichnung dürfte sich im Anschluß an die StPO. für den Theil des Verfahrens empfehlen, den man sonst als Ermittelungs- oder Scrutinialverfahren zu bezeichnen pflegt; vgl. Löwe S. 492.

bestimmten Verbrechens gerichtet ist, was in dem Vorbereitungsverfahren noch nicht der Fall zu sein braucht, und daß die Voruntersuchung in den Händen des Richters liegt, während das Vorbereitungsverfahren von der Staatsanwaltschaft abhängig ist. Einzelne richterliche Untersuchungshandlungen können auch im Vorbereitungsverfahren vorkommen.

Das Hauptverfahren beschränkt sich nicht auf die Hauptverhandlung, sondern bildet nach der Strafprozeßordnung den Theil des Verfahrens, welcher vor dem erkennenden Gerichte stattfindet, mit dem Beschlusse auf Eröffnung des Hauptverfahrens beginnt[2] und mit der Erlassung des Urtheils schließt.[3]

Die drei Stadien des Verfahrens: Vorbereitungsverfahren, Voruntersuchung und Hauptverfahren stehen nicht in dem Verhältniß zu einander, daß jede Strafsache alle drei durchlaufen müßte. Es ist dies zwar möglich, aber nicht nothwendig. In vielen Fällen werden zwei genügen: Vorbereitungsverfahren und Hauptverfahren oder Voruntersuchung und Hauptverfahren. Während das Vorbereitungsverfahren überhaupt fehlen kann, ist die Voruntersuchung in gewissen Fällen theils für nothwendig, theils für unzulässig erklärt.[4] Ein Hauptverfahren kann aber auch unter Umständen ohne jedes Vorverfahren stattfinden.[5]

2. Im Gegensatze zu der in der Sache selbst liegenden Eintheilung des Verfahrens in Vorverfahren und Hauptverfahren ist noch zu erwähnen, daß die Strafprozeßordnung Voruntersuchung und Hauptverfahren zusammen auch als

---

[2] StPO. §. 201.
[3] StPO. §. 259.
[4] StPO. §. 176 Abs. 1 und 3.
[5] Vgl. StPO. §. 211, 265, 448.

Untersuchung bezeichnet.[6] Es stehen sich dann Vorbereitungsverfahren und Untersuchung gegenüber. Die Untersuchung beginnt mit der Erhebung der öffentlichen Klage. Da diese entweder durch einen Antrag auf Voruntersuchung oder durch Einreichung einer Anklageschrift[7] erhoben wird, so kann Eröffnung der Untersuchung sowol Eröffnung der Voruntersuchung als auch Eröffnung des Hauptverfahrens bedeuten.

3. Die Gliederung des Verfahrens zweiter und dritter Instanz ist in der Lehre von den Rechtsmitteln dargestellt.

Zweiter Abschnitt.

Vorverfahren.

§. 62.

I. Vorbereitungsverfahren.

1. Zweck des Vorbereitungsverfahrens ist die Entscheidung darüber, ob eine strafbare Handlung begangen und in Folge dessen die öffentliche Klage zu erheben sei. Da die Erhebung der öffentlichen Klage[1] durch die Staatsanwaltschaft erfolgt, so ist auch von dieser das Vorbereitungsverfahren abhängig. In demselben sind zwar, abgesehen von der Staatsanwaltschaft, noch die Behörden und Beamten des Polizei- nnd Sicherheitsdienstes[2] und der Amtsrichter[3] theils auf Antrag oder Ersuchen der Staatsanwaltschaft, theils aus

---

[6] Vgl. z. B. StPO. §§. 151, 153, 154, 261.

[7] Die StPO. bezeichnet dies auch als Erhebung der Anklage; vgl. z. B. §. 197.

[1] StPO. §. 168 Abs. 1.

[2] StPO. §§. 159, 161.

[3] StPO. §§. 160, 163, 164.

eigener Initiative thätig, allein in allen diesen Fällen gebührt der Staatsanwaltschaft die weitere Verfügung.[4]

2. Die Veranlassung zum strafrechtlichen Einschreiten gibt entweder die Wahrnehmung einer strafbaren Handlung durch die Staatsanwaltschaft selbst oder in der Regel eine Anzeige[5] einer strafbaren Handlung oder ein Antrag auf Strafverfolgung. Derartige Anzeigen und Anträge können[6] bei der Staatsanwaltschaft, den Behörden und Beamten des Polizei- und Sicherheitsdienstes und den Amtsgerichten[7] mündlich oder schriftlich angebracht werden. Die mündliche Anzeige ist zu beurkunden.[8] In Betreff des Antrages auf Strafverfolgung bei den Antragsdelikten ist insofern eine abweichende Bestimmung aufgestellt,[9] als der mündliche Antrag ausgeschlossen ist. Der Antrag muß vielmehr bei einem Gerichte[10] oder der Staatsanwaltschaft schriftlich oder zu Protokoll, bei einer anderen Behörde[11] schriftlich angebracht werden.

Sobald die Staatsanwaltschaft von dem Verdachte einer strafbaren Handlung Kenntniß erhält, hat sie den Sachverhalt

[4] StPO. §§. 161 Abs. 2, 165.

[5] Die A. kann erfolgen durch eine Privatperson (auch den Thäter selbst), einen Beamten oder eine Behörde.

[6] StPO. §. 156 Abs. 1.

[7] Das Amtsgericht braucht nicht für die betr. Strafsache zuständig zu sein.

[8] Es genügt eine schriftliche Registratur.

[9] StPO. §. 156 Abs. 2.

[10] Eine Beschränkung auf Amtsgerichte ist hier nicht beliebt worden.

[11] Es muß eine solche Behörde sein, welche die Pflicht hat, den Antrag der zuständigen Behörde mitzutheilen. Diese Pflicht haben nicht ausschließlich die Polizei- und Sicherheitsbehörden, wie Meves S. 44 f. behauptet; vgl. Löwe S. 494 f., Keller S. 157. — Die Frist ist gewahrt, auch wenn die zuständige Behörde erst nach Ablauf der gesetzlichen Frist Kenntniß erhält.

zu erforschen, dabei nicht bloß die zur Belastung, sondern auch die zur Entlastung dienenden Umstände zu ermitteln und diejenigen Beweise zu erheben, deren Verlust zu besorgen steht.[12] Zu diesem Zwecke kann die Staatsanwaltschaft von allen öffentlichen Behörden Auskunft verlangen und Ermittelungen jeder Art, mit Ausschluß eidlicher Vernehmungen,[13] entweder selbst vornehmen oder durch die Behörden und Beamten des Polizei- und Sicherheitsdienstes[14] vornehmen lassen.[15] Ist im Vorbereitungsverfahren eine richterliche Untersuchungshandlung[16] erforderlich, so stellt die Staatsanwaltschaft einen Antrag bei dem Amtsrichter des Bezirks, in welchem die Untersuchungshandlung vorzunehmen ist. Der Amtsrichter hat nicht zu prüfen, ob die Untersuchungshandlung zweckmäßig oder nothwendig, sondern nur ob sie nach den Umständen des Falles gesetzlich zulässig ist.[17]

Bei der Vernehmung des Beschuldigten durch den Amtsrichter, gleichviel ob sie auf Antrag der Staatsanwaltschaft erfolgt oder nicht,[18] kann der Beschuldigte zu seiner Entlastung

---

[12] StPO. §. 158.

[13] Ueber ihre Stellung zur Staatsanwaltschaft vgl. Th. II §. 31.

[14] Hieraus folgt, daß die Staatsanwaltschaft berechtigt ist, Zeugen und Sachverständigen nicht eidlich und auch den Beschuldigten zu vernehmen. Da der Staatsanwaltschaft Zwangsmittel gegen die Ausbleibenden oder die Aussage Verweigernden nicht zustehen, so ist das Recht ohne praktische Bedeutung. Löwe S. 500 und Fuchs in H.H. Bd. I S. 448 wollen zwangsweise Vorführung gestatten, a. M. mit Recht Keller Strafprozeß-Ordnung (1878) S. 160.

[15] StPO. §. 159.

[16] Eidliche Vernehmungen von Zeugen und Sachverständigen, Verhör des Beschuldigten, Augenscheinseinnahmen, Verhaftungen, Beschlagnahmen, Durchsuchungen.

[17] StPO. §. 160.

[18] Vgl. StPO. §§. 128, 136, 163.

einzelne Beweiserhebungen beantragen. Hält der Amtsrichter dieselben für erheblich, so hat er sie vorzunehmen, wenn

a) der Verlust der Beweise zu besorgen steht, oder
b) die Beweiserhebung die Freilassung des Beschuldigten begründen kann.

Ist die Beweiserhebung in einem anderen Amtsbezirke vorzunehmen, so kann der Amtsrichter des letzteren darum ersucht werden.[19]

3. Die Behörden und Beamten des Polizei- und Sicherheitsdienstes übersenden, auch wenn sie ohne Ersuchen oder Antrag thätig gewesen sind, der Staatsanwaltschaft alsbald ihre Verhandlungen. Nur ausnahmsweise kann die Uebersendung unmittelbar an den Amtsrichter erfolgen, wenn die schleunige Vornahme richterlicher Untersuchungshandlungen erforderlich ist.[20] Wenn der Amtsrichter bei Gefahr im Verzuge Untersuchungshandlungen aus eigener Initiative vorgenommen hat,[21] so sendet er ebenfalls die Akten an die Staatsanwaltschaft.[22]

4. Für die Beurkundung der richterlichen Unter-

---

[19] StPO. §. 164.

[20] StPO. §. 161.

[21] StPO. §. 163.

[22] Besondere Bestimmungen sind für den Fall aufgestellt, wenn Jemand eines nicht natürlichen Todes gestorben ist oder der Leichnam eines Unbekannten gefunden wird. Die Entscheidung darüber, ob der Verdacht einer strafbaren Handlung gerechtfertigt ist, gebührt nicht den Polizei- und Gemeindebehörden. Diese sind vielmehr verpflichtet, sofort der Staatsanwaltschaft des Landgerichts oder dem Amtsrichter Anzeige zu machen. Das Letztere wird besonders dann stattfinden, wenn der Sitz der Staatsanwaltschaft zu weit entfernt ist. Die Beerdigung darf nur auf Grund einer schriftlichen Genehmigung der Staatsanwaltschaft oder des Amtsrichters erfolgen, StPO. §. 157. Vgl. auch StGB. §. 367 Z. 1.

suchungshandlungen, die Zuziehung eines Gerichtsschreibers und die Theilnahme der Parteien gelten die für die Voruntersuchung aufgestellten Vorschriften.[23] Der Beschuldigte, der Vertheidiger und die von dem ersteren benannten Sachverständigen dürfen jedoch an den Untersuchungshandlungen erst theilnehmen, wenn der Beschuldigte als solcher vom Richter vernommen ist oder sich in Untersuchungshaft befindet.[24]

5. Das Vorbereitungsverfahren schließt[25] entweder mit der Erhebung der öffentlichen Klage, wenn die angestellten Ermittelungen hierzu genügenden Anlaß gegeben haben, oder sonst mit der Einstellung des Verfahrens.

Die Erhebung der öffentlichen Klage erfolgt durch einen Antrag auf gerichtliche Voruntersuchung oder durch Einreichung einer Anklageschrift. Abgesehen von den Fällen, in welchen die Voruntersuchung nothwendig oder unzuläßig ist,[26] entscheidet die Staatsanwaltschaft darüber, wann[27] und in welcher Weise die öffentliche Klage im einzelnen Falle zu erheben sei.

Von der Einstellung des Verfahrens ist der Beschuldigte dann in Kenntniß zu setzen, wenn er als solcher vom Richter vernommen oder ein Haftbefehl gegen ihn erlassen war. Der Grund der Einstellung braucht dem Beschuldigten nicht mitgetheilt zu werden.[28]

Außer dem Beschuldigten ist auch der Antragsteller d. h. derjenige, welcher bei der Staatsanwaltschaft einen

---

[23] StPO. §§. 166, 167 Abs. 1; vgl. Th. III §. 63.

[24] StPO. §. 167.

[25] StPO. §. 168.

[26] StPO. §. 176; vgl. Th. III §. 63.

[27] Eine zeitliche Beschränkung findet sich StPO. §. 126.

[28] StPO. §. 168 Abs. 2.

Antrag auf Erhebung der öffentlichen Klage gestellt hat,[29] zu bescheiden, wenn die Staatsanwaltschaft diesem Antrage keine Folge gibt oder das Verfahren einstellt.[30] Und zwar gilt diese Bestimmung für alle strafbaren Handlungen. Im Gegensatze zu dem Beschuldigten sind dem Antragsteller auch die Gründe für die Abweisung bzw. Einstellung bekannt zu machen. Jeder Antragsteller kann sich über den ablehnenden Bescheid bei dem vorgesetzten Beamten der Staatsanwaltschaft beschweren. Eine Beschränkung auf den nächsten vorgesetzten Beamten der Staatsanwaltschaft ist nicht vorgeschrieben.[31] Die Beschwerde kann daher bis an die Landesjustizverwaltung gehen. Besondere Fristen und Formen sind hierbei nicht zu beobachten.

Dem Antragsteller, welcher durch die strafbare Handlung verletzt ist, steht als weiteres Recht gegen den ablehnenden Bescheid der Staatsanwaltschaft noch der Antrag auf gerichtliche Entscheidung zu.[32] Der Begriff des Verletzten umfaßt nicht nur die zum Antrage auf Strafverfolgung oder zur Erhebung der Nebenklage[33] berechtigten, sondern alle Personen, welche durch eine strafbare Handlung in ihren privaten oder öffentlichen Rechten gekränkt sind.[34]

6. Die Geltendmachung dieses dem Verletzten eingeräumten Rechtes, welches sowol den Grundsätzen des Anklage-

---

[29] Es ist nicht erforderlich, daß der Antrag unmittelbar gestellt wird; Löwe S. 511.

[30] StPO. §. 169.

[31] Löwe S. 513.

[32] StPO. §. 170 Abs. 1.

[33] StPO. §. 437 Abs. 2.

[34] Vgl. Löwe S. 514, von Schwarze S. 315 ff. Es ist z. B. bei der ungerechtfertigten Auflösung eines Vereins jedes Mitglied desselben als verletzt anzusehen, bei der Gefährdung eines Eisenbahntransportes jeder mitreisende Passagier, bei der Erregung eines öffentlichen Aergernisses jeder, der die Handlung gesehen hat.

prozesses als auch der Stellung der Staatsanwaltschaft zu den Gerichten widerspricht, ist durch folgende Bedingungen nicht unerheblich erschwert:

a) Da der Antrag auf gerichtliche Entscheidung die Durchführung des Legalitätsprincips sichern soll, so kann er bei den strafbaren Handlungen nicht gestellt werden, für deren Strafverfolgung lediglich das Opportunitätsprincip maßgebend ist.[35]

b) Die Stellung des Antrages ist nur zulässig, wenn der Verletzte gegen den ablehnenden Bescheid der Staatsanwaltschaft binnen zwei Wochen nach der Bekanntmachung die Beschwerde an den vorgesetzten Beamten der Staatsanwaltschaft ohne Erfolg eingelegt hat. Die Beschwerde geht von der Amtsanwaltschaft an die Staatsanwaltschaft bei dem Landgerichte, von dieser und dem bei der detachirten Strafkammer befindlichen Beamten der Staatsanwaltschaft an die Staatsanwaltschaft bei dem Oberlandesgerichte.[36]

c) Der Antrag muß binnen einem Monate nach der Bekanntmachung des auf die Beschwerde von dem vorgesetzten Beamten der Staatsanwaltschaft ergangenen ablehnenden Bescheides gestellt werden.[37]

d) Der Antrag muß die Thatsachen und Beweismittel angeben, durch welche die Erhebung der öffentlichen Klage

---

[35] Vgl. Th. II §. 30.

[36] In Reichsgerichtssachen läßt sich das erwähnte Recht des Verletzten nicht durchführen, da ein vorgesetzter staatsanwaltschaftlicher Beamter für die Reichsanwaltschaft nicht vorhanden ist. Die Erwähnung des Reichsgerichts in StPO. §. 170 Abs. 3 ist daher m. E. mit Unrecht geschehen.

[37] StPO. §. 170 Abs. 1.

begründet werden soll, und von einem Rechtsanwalt unterzeichnet sein.[38]

e) Der Antrag ist bei dem für die Entscheidung der betreffenden Strafsache zuständigen Gerichte einzureichen.[39]

Ueber den Antrag entscheidet das Oberlandesgericht, zu dessen Sprengel die Staatsanwaltschaft gehört, welche die Erhebung der öffentlichen Klage abgelehnt hat.[40] Nur wenn die vorgeschriebenen Fristen und Formen beobachtet sind, wird auf eine sachliche Prüfung des Antrages eingegangen. Vor der Entscheidung über den Antrag muß die Staatsanwaltschaft gehört werden,[41] und kann das Gericht dem Antragsteller die Leistung einer Sicherheit für die der Staatskasse und dem Beschuldigten voraussichtlich erwachsenden Kosten auferlegen.[42] Die Sicherheitsleistung ist in baarem Gelde oder in Werthpapieren zu bewirken. Die Höhe und die Frist, binnen welcher die Sicherheit zu leisten ist, wird von dem Gerichte nach freiem Ermessen festgesetzt. Wird die Sicherheit nicht rechtzeitig geleistet, so ist der Antrag für zurückgenommen zu erklären.

Das Gericht kann sofort über den Antrag entscheiden; es kann aber auch noch Ermittelungen anordnen und mit deren Vornahme eines seiner Mitglieder, den Untersuchungsrichter oder den Amtsrichter beauftragen, die von der Staatsanwaltschaft bisher geführten Verhandlungen sich vorlegen lassen und den Antrag dem Beschuldigten zur Erklärung mittheilen.[43] Verwirft[44] das Gericht den Antrag, so sind der Antragsteller, die Staatsanwaltschaft und der Beschuldigte

[38] StPO. §. 170 Abs. 2 Satz 1.
[39] StPO. §. 170 Abs. 2 Satz 2.
[40] StPO. §. 170 Abs. 3.
[41] StPO. §. 33.
[42] StPO. §. 174.
[43] StPO. §. 171.
[44] StPO. §. 172 Abs. 1.

hiervon in Kenntniß zu setzen. Die öffentliche Klage kann dann nur auf Grund neuer Thatsachen oder Beweismittel, d. h. solcher, welche dem Gerichte bei der Entscheidung nicht bekannt waren, erhoben werden.[45] Hält das Gericht dagegen den Antrag für begründet,[46] so beschließt es die Erhebung der öffentlichen Klage, deren Durchführung der Staatsanwaltschaft obliegt.

7. Die beiden Rechte, welche der durch die strafbare Handlung verletzte Antragsteller hat, sind von einander unabhängig. Der Antragsteller kann sich an die vorgesetzten Beamten der Staatsanwaltschaft wenden und gerichtliche Entscheidung herbeizuführen suchen. Wegen der bei dem Antrage auf gerichtliche Entscheidung zu beobachtenden Fristen ist die Geltendmachung der beiden Rechte im einzelnen Falle oft unmöglich.[47]

§. 63.

II. Voruntersuchung.

1. Zweck der Voruntersuchung ist die Entscheidung darüber, ob das Hauptverfahren gegen einen bestimmten Angeschuldigten wegen eines bestimmten Verbrechens zu eröffnen oder der Angeschuldigte außer Verfolgung zu setzen sei. Es sollen außerdem in der Voruntersuchung die Beweise erhoben werden, deren Verlust für die Hauptverhandlung zu besorgen steht, oder deren Aufnahme zur Vorbereitung der Vertheidigung des Angeschuldigten nothwendig erscheint.[1] Auch ist der Angeschuldigte zu vernehmen, selbst wenn er

---

[45] StPO. §. 172 Abs. 2.

[46] StPO. §. 173.

[47] Ueber die Kosten, welche von dem Antragsteller zu tragen sind, vgl. Th. III Abschn. 6 dieses Buches.

[1] StPO. §. 188 Abs. 1 und 2.

schon vor Eröffnung der Voruntersuchung vernommen worden ist. Bei der Vernehmung des Angeschuldigten, die in Abwesenheit der Staatsanwaltschaft und des Vertheidigers stattfindet, ist demselben die Verfügung, durch welche die Voruntersuchung eröffnet worden, bekannt zu machen.[2]

Eine Ausdehnung der Voruntersuchung auf eine in dem Antrage der Staatsanwaltschaft nicht bezeichnete Person oder That ist nur mit Zustimmung der Staatsanwaltschaft zulässig. Der Untersuchungsrichter hat zwar in dringenden Fällen, wenn sich ein Anlaß zur Ausdehnung ergibt, die erforderlichen Untersuchungshandlungen von Amtswegen vorzunehmen, allein die weitere Verfügung hierüber gebührt der Staatsanwaltschaft.[3]

II. Nach der Wichtigkeit der Strafsachen ist die Voruntersuchung entweder ein nothwendiger oder zulässiger oder unzulässiger Bestandtheil des Verfahrens.[4]

1. In den zur Zuständigkeit des Reichsgerichts[5] und der Schwurgerichte[6] gehörenden Strafsachen muß Voruntersuchung stattfinden.

2. In den zur Zuständigkeit der Landgerichte[7] gehörenden Strafsachen hängt es lediglich von der Staatsanwaltschaft ab, ob Voruntersuchung eintreten soll oder nicht, jedoch kann der Angeschuldigte in dem Falle die Eröffnung der Voruntersuchung beantragen, wenn

a) die Staatsanwaltschaft den Antrag auf sofortige Eröffnung des Hauptverfahrens gestellt hat,[8] und

---

[2] StPO. §. 190.
[3] StPO. §. 189.
[4] StPO. §. 176.
[5] Vgl. Th. I §. 11.
[6] Vgl. Th. I §. 9.
[7] Vgl. Th. I §. 8.
[8] StPO. §. 197.

b) der Angeschuldigte erhebliche Gründe geltend macht, aus denen eine Voruntersuchung zur Vorbereitung seiner Vertheidigung erforderlich erscheint.

3. In den zur Zuständigkeit der Schöffengerichte[9] gehörenden Strafsachen ist außer dem Falle der Verbindung in Folge eines Zusammenhanges[10] die Voruntersuchung unzulässig.

III. Die Eröffnung der Voruntersuchung setzt einen Antrag der Staatsanwaltschaft voraus, doch kann ausnahmsweise[11] auch das Gericht von Amtswegen oder auf Antrag des Angeschuldigten beschließen, daß die Voruntersuchung zu eröffnen sei.

Der Antrag der Staatsanwaltschaft auf Eröffnung der Voruntersuchung muß, da er als Erhebung der öffentlichen Klage anzusehen ist, den Beschuldigten und die ihm zur Last gelegte That bezeichnen.[12] Der Antrag ist bei dem Untersuchungsrichter des Landgerichts, in Reichsgerichtssachen[13] bei dem ersten Strafsenate des Reichsgerichts zu stellen.

Zur Ablehnung des obigen Antrages ist der Untersuchungsrichter nicht befugt; hierzu bedarf es vielmehr eines gerichtlichen Beschlusses. Vor der Beschlußfassung kann das Gericht den Angeschuldigten hören.[14] Der Antrag kann von dem Gerichte nur abgelehnt werden, wenn

---

[9] Vgl. Th. I §. 7. Hierhin gehören die Strafsachen nicht, welche den Schöffengerichten überwiesen werden können; vgl. GVG. §. 75, Löwe S. 521, Fuchs in HH. Bd. I S. 472.

[10] StPO. §. 5; vgl. Th. I §§. 23, 24 dieses Buches.

[11] StPO. §§. 176 Abs. 2 Nr. 2 und 200.

[12] StPO. §. 177.

[13] Vgl. hierüber Löwe S. 531.

[14] StPO. §. 178. Es wird sich empfehlen, den Angeschuldigten in den Fällen zu hören, in welchen von ihm die Erhe-

a) die Vorschrift über den Inhalt des Antrages[15] nicht beobachtet oder
b) das Gericht (sachlich oder örtlich) unzuständig, oder
c) die Strafverfolgung unzulässig z. B. wegen Verjährung, Begnadigung, Fehlen des Antrages bei den Antragsdelikten, oder
d) die Voruntersuchung unzulässig[16] ist, oder
e) die in dem Antrage bezeichnete That unter kein Strafgesetz fällt.

IV. Die Voruntersuchung wird durch Verfügung des Untersuchungsrichters eröffnet.[17] Dies gilt auch für die Fälle, in welchen die Voruntersuchung auf Beschluß des Gerichts stattzufinden hat. Dem Untersuchungsrichter liegt aber nicht nur die Eröffnung, sondern auch die Führung der Voruntersuchung ob. In welcher Weise eine einzelne Voruntersuchung zu führen, ist dem Ermessen des Untersuchungsrichters überlassen. Die Staatsanwaltschaft kann auf den Gang der Voruntersuchung nur durch Stellung von Anträgen einwirken,[18] dagegen zeigt sich ein Einfluß des Gerichts darin, daß in der Voruntersuchung unter Umständen ein Beschluß des Gerichts nothwendig wird.[19]

Die Führung der Voruntersuchung, nachdem dieselbe durch den Untersuchungsrichter eröffnet ist, kann aus

---

bung des Einwandes (StPO. §. 179) zu erwarten ist. Ob der Angeschuldigte mündlich oder schriftlich zu hören ist, hängt von dem Ermessen der Strafkammer ab; vgl. Löwe S. 524 f.

[15] StPO. §. 177.

[16] StPO. §. 176.

[17] StPO. §. 184. Ueber die Ausschließung des Untersuchungsrichters von gewissen Entscheidungen vgl. Th. I §. 19 II. Doch gilt dies nur für den Untersuchungsrichter bei dem Landgerichte.

[18] StPO. §. 194.

[19] Vgl. StPO. §§. 178—181, 195.

Zweckmäßigkeitsgründen auf Antrag der Staatsanwaltschaft durch Beschluß des Landgerichts einem Amtsrichter übertragen werden. Um die Vornahme einzelner Untersuchungshandlungen kann der Untersuchungsrichter selbst die Amtsrichter ersuchen. Diese beiden Bestimmungen gelten jedoch nicht für die Amtsrichter, welche mit dem Untersuchungsrichter denselben Amtssitz haben.[20] Bei der Führung der Voruntersuchung kann sich der Untersuchungsrichter ebenso wie die Staatsanwaltschaft der Behörden und Beamten des Polizei- und Sicherheitsdienstes bedienen; dieselben sind verpflichtet, dem Ersuchen oder Auftrage des Untersuchungsrichters zu genügen.[21]

V. Ueber jede[22] Untersuchungshandlung ist ein Protokoll aufzunehmen.[23] Ein Gerichtsschreiber ist aber nur bei der Vernehmung des Angeschuldigten, der Zeugen und Sachverständigen und bei der Einnahme des Augenscheins zuzuziehen. Als Gerichtsschreiber kann in dringenden Fällen eine von dem Untersuchungsrichter zu beeidigende Person fungiren.[24] Das Protokoll ist von dem Untersuchungsrichter und, wenn ein Gerichtsschreiber zugezogen ist, auch von diesem zu unterschreiben.[25] Abgesehen hiervon enthält die Strafprozeßordnung keine Bestimmung darüber, wie das Protokoll angefertigt werden soll.

Das Protokoll muß Ort und Tag der Verhandlung und die Namen der mitwirkenden oder betheiligten Personen angeben und zugleich ersehen lassen, ob die wesentlichen Förmlichkeiten des Verfahrens beobachtet sind. Den bei der

---

[20] StPO. §. 183.
[21] StPO. §. 187; vgl. Th. II §. 31 dieses Buches.
[22] Vgl. hierüber Löwe S. 532 f.
[23] StPO. §. 186 Abs. 1.
[24] StPO. §. 185.
[25] StPO. §. 186 Abs. 1.

Verhandlung betheiligten Personen ist das Protokoll, soweit es dieselben betrifft, behufs der Genehmigung vorzulesen oder zur eigenen Durchlesung vorzulegen. Die erfolgte Genehmigung ist zu vermerken und das Protokoll von den Betheiligten zu unterschreiben bzw. in demselben anzugeben, weßhalb die Unterschrift unterblieben ist.[26]

VI. Unter den Rechten, welche die Parteien in der Voruntersuchung ausüben können, ist zunächst das Recht auf Anwesenheit bei den Untersuchungshandlungen zu erwähnen. Nach der Strafprozeßordnung ist für die Voruntersuchung der Grundsatz der Oeffentlichkeit überhaupt nicht und der Grundsatz der Parteienöffentlichkeit[27] nur bei einigen Untersuchungshandlungen anerkannt, deren Wiederholung in der Hauptverhandlung nicht möglich oder nicht zu erwarten ist. Es sind dies die Einnahme des Augenscheins und die Vernehmung eines Zeugen oder Sachverständigen, welcher voraussichtlich am Erscheinen in der Hauptverhandlung verhindert, oder dessen Erscheinen wegen großer Entfernung besonders erschwert sein wird. Diesen Untersuchungshandlungen können die Staatsanwaltschaft,[28] der Angeschuldigte[29] und der Vertheidiger beiwohnen. Sie sind von den Terminen möglichst vorher zu benachrichtigen, haben jedoch keinen Anspruch auf Verlegung eines Termins.[30]

Der nicht auf freiem Fuße befindliche Angeschuldigte hat

---

[26] StPO. §. 186 Abs. 2 und 3.

[27] Vgl. Th. III §. 44.

[28] Auch der Nebenkläger. Es folgt dies jedoch, wie Keller Strafprozeß-Ordnung (1878) S. 476 mit Recht bemerkt, nicht aus StPO. §. 437 Abs. 1, weil in Privatklagesachen Voruntersuchung nicht zulässig ist, sondern aus der rechtlichen Stellung des Nebenklägers.

[29] In Betreff der Beistände vgl. Th. II §. 43.

[30] StPO. §. 191 Abs. 1, 2, 4 und 5.

ein Recht auf Anwesenheit nur bei solchen Terminen, welche an der Gerichtsstelle des Orts abgehalten werden, wo er sich in Haft befindet.[31]

Trotz seiner Berechtigung kann der Angeschuldigte durch den Richter von einer Untersuchungshandlung ausgeschlossen werden, wenn zu befürchten ist, daß ein Zeuge in seiner Gegenwart die Wahrheit nicht sagen werde.[32]

Eine Ergänzung zu dem Rechte auf Anwesenheit ist das Recht der Akteneinsicht. Die Staatsanwaltschaft kann dasselbe während der Voruntersuchung stets, ohne daß jedoch das Verfahren dadurch aufgehalten werden darf, ausüben.[33] Der Angeschuldigte hat dieses Recht nicht, nur dem Vertheidiger kann ausnahmsweise vor dem Schlusse der Voruntersuchung die Einsicht der Akten gestattet werden.[34]

Der Angeschuldigte hat außerdem das Recht, wenn bei der Einnahme eines Augenscheins vom Richter Sachverständige zugezogen werden, auch seinerseits die Ladung der von ihm für die Hauptverhandlung in Vorschlag zu bringenden Sachverständigen zu beantragen. Lehnt der Richter den Antrag ab, so kann der Angeschuldigte die Sachverständigen selbst laden lassen.[35] Den von dem Angeschuldigten benannten Sachverständigen ist die Theilnahme am Augenschein und an den erforderlichen Untersuchungen insoweit zu gestatten, als dadurch die Thätigkeit der vom Richter bestellten Sachverständigen nicht behindert wird.[36] Werden von dem Richter

---

[31] StPO. §. 191 Abs. 3.

[32] StPO. §. 192 vgl. §. 246.

[33] StPO. §. 194.

[34] Vgl. Th. II §. 42.

[35] StPO. §. 193 Abs. 1. Es ist gleichgültig, ob die betreffenden Sachverständigen auch zur Hauptverhandlung geladen werden, oder ob der Angeschuldigte andere oder gar keine Sachverständigen zuzieht.

[36] StPO. §. 193 Abs. 2.

bei der Einnahme eines Augenscheins keine Sachverständigen zugezogen, so ist auch der Angeschuldigte nicht berechtigt, obwol er selbst anwesend sein darf, Sachverständige laden zu lassen.[37]

VII. In Betreff der Rechtmittel[38] ist von der allgemeinen Bestimmung auszugehen, daß gegen alle Verfügungen des Untersuchungsrichters die Beschwerde zulässig ist.[39] Besondere Bestimmungen gelten für die Anfechtung der Verfügungen und Beschlüsse, durch welche die Voruntersuchung eröffnet oder ein Antrag auf Eröffnung derselben abgelehnt wird.

Die Verfügung des Untersuchungsrichters, durch welche auf Antrag der Staatsanwaltschaft die Voruntersuchung eröffnet worden ist, kann von dem Angeschuldigten durch Beschwerde nicht angefochten werden; der Angeschuldigte kann aber aus denselben Gründen, aus denen das Gericht einen Antrag der Staatsanwaltschaft auf Eröffnung der Voruntersuchung ablehenen darf,[40] Einwand erheben.[41] Dieser Einwand ist dem Angeschuldigten auch gegen den Beschluß des Gerichts gestattet, durch welchen die Voruntersuchung auf Antrag der Staatsanwaltschaft, aber gegen die Ansicht des Untersuchungsrichters angeordnet ist, wenn der Angeschuldigte vor der Beschlußfassung nicht gehört worden ist. Ausgeschlossen ist dagegen die Erhebung des Einwandes, wenn in dem letzteren Falle der Angeschuldigte vor der Beschlußfassung gehört worden ist.[42]

---

[37] Vgl. noch StPO. §§. 219, 221.

[38] Vgl. die übersichtliche Darstellung bei Keller S. 180 ff.

[39] StPO. §§. 346, 348, 338.

[40] Vgl. Th. III §. 63 III.

[41] StPO. §. 179 Abs. 1. Der Einwand kann auch in Reichsgerichtssachen erhoben werden.

[42] StPO. §. 179.

Der Einwand, über den das Gericht entscheidet, ist nicht der Beschwerde gleich zu achten; er kann mündlich und schriftlich bis zum Schlusse der Voruntersuchung erhoben werden. Wird der Einwand des Angeschuldigten durch Beschluß des Gerichts für begründet erklärt, so hat hiergegen die Staatsanwaltschaft[43] die sofortige Beschwerde.[44] Der Beschluß, durch welchen der Einwand für unbegründet erklärt wird, kann von dem Angeschuldigten durch sofortige Beschwerde nur angefochten werden, wenn in dieser die örtliche Unzuständigkeit des Gerichts behauptet wird.[45] Und zwar ist dies geschehen, weil durch eine Entscheidung, welche die Zuständigkeit für die Voruntersuchung feststellt, die Zuständigkeit auch für das Hauptverfahren festgestellt wird.[46] Abgesehen hiervon ist der Beschluß des Gerichts, durch welchen die Eröffnung der Voruntersuchung angeordnet ist, nicht anfechtbar.[47]

Der Beschluß des Gerichts, durch welchen der Antrag der Staatsanwaltschaft oder des Angeschuldigten auf Eröffnung der Voruntersuchung abgelehnt worden ist, kann durch sofortige Beschwerde angefochten werden.[48]

VIII. Der Schluß der Voruntersuchung erfolgt, sobald der Untersuchungsrichter den Zweck derselben für erreicht erachtet. Die Akten werden der Staatsanwaltschaft zur Stellung ihrer Anträge übersendet[49] und der Angeschuldigte wird von dem Schlusse der Voruntersuchung in Kenntniß gesetzt.[50] Hiermit endigt die Thätigkeit des Untersuchungs-

[43] StPO. §. 181.
[44] StPO. §. 353.
[45] StPO. §. 180 Abs. 1.
[46] StPO. §. 16.
[47] StPO. §. 180 Abs. 2.
[48] StPO. §. 181.
[49] StPO. §. 195 Abs. 1.
[50] StPO. §. 195 Abs. 3; vgl. §. 147 Abs. 1.

richters; über das Ergebniß der Voruntersuchung hat er nicht zu entscheiden. Beantragt die Staatsanwaltschaft eine Ergänzung der Voruntersuchung, so gehen die Akten an den Untersuchungsrichter zurück. Der Untersuchungsrichter darf den Antrag nicht ablehnen, sondern muß, wenn er demselben nicht stattgeben will, die Entscheidung des Gerichts einholen.[51] Hält auch das Gericht eine Ergänzung der Voruntersuchung nicht für erforderlich, so steht der Staatsanwaltschaft gegen den Beschluß das Recht der Beschwerde zu.

Dritter Abschnitt.

Hauptverfahren.

§. 64.

I. Entscheidung über die Eröffnung des Hauptverfahrens.

I. Die Strafprozeßordnung geht davon aus, daß die Eröffnung des Hauptverfahrens nicht lediglich von dem Ermessen der Staatsanwaltschaft abhängig sein soll, sondern auf Beschluß des Gerichts zu erfolgen hat. Und zwar ist es hierbei gleichgültig, ob eine Voruntersuchung stattgefunden hat oder nicht.

Hat eine Voruntersuchung stattgefunden, so legt die Staatsanwaltschaft, auch wenn sie der Ansicht ist, daß das Verfahren einzustellen sei, die Akten mit ihrem Antrage der Strafkammer des Landgerichts bzw. dem ersten Strafsenate des Reichsgerichts vor. Beantragt die Staatsanwalt-

[51] StPO. §. 195 Abs. 2.

schaft die Eröffnung des Hauptverfahrens, so ist von ihr eine Anklageschrift einzureichen.[1]

Hat eine Voruntersuchung nicht stattgefunden, so ist die Anklageschrift, welche von der Staatsanwaltschaft bis zur Eröffnung der Untersuchung zurückgenommen werden kann, in Schöffengerichtssachen bei dem Amtsrichter, sonst bei der Strafkammer des Landgerichts einzureichen.[2]

Eine Ausnahme ist bei dem Verfahren vor den Schöffengerichten zugelassen.[3] Hierbei kann ohne schriftlich erhobene Anklage und ohne Entscheidung über die Eröffnung des Hauptverfahrens zur Hauptverhandlung geschritten werden:

a) wenn der Beschuldigte ein zur Zuständigkeit der Schöffengerichte[4] gehörendes Vergehen begangen hat und entweder sich freiwillig stellt oder in Folge einer vorläufigen Festnahme dem Gerichte vorgeführt, oder
b) wenn er nur wegen einer Uebertretung verfolgt wird.

Der wesentliche Inhalt der Anklage ist in den Fällen der freiwilligen Stellung oder Vorführung in das Sitzungsprotokoll, anderenfalls in die Ladung des Beschuldigten aufzunehmen.

II. Die Anklageschrift bildet die Grundlage für die Entscheidung des Gerichts, ob das Hauptverfahren zu eröffnen sei oder nicht. Sie muß daher auf die belastenden und entlastenden Momente gleichmäßig Rücksicht nehmen. Außerdem soll der Angeschuldigte durch die Anklageschrift in die Lage versetzt werden, seine Vertheidigung vorzubereiten.

---

[1] StPO. §. 196.
[2] StPO. §. 197.
[3] StPO. §. 211; vgl. ferner §§. 265, 451, 456, 462.
[4] GVG. §. 27 Nr. 2, 4—8. Die Nr. 3 ist ausgeschlossen; vgl. StPO. §. 421.

Die Anklageschrift muß die dem Angeschuldigten zur Last gelegte That unter Hervorhebung ihrer gesetzlichen Merkmale, das anzuwendende Strafgesetz, die Beweismittel und das Gericht angeben, vor welchem die Hauptverhandlung stattfinden soll. In den Strafsachen, welche nicht vor den Schöffengerichten zu verhandeln sind, muß die Anklageschrift auch die wesentlichen Ergebnisse der stattgehabten Ermittelungen enthalten.[5] Obwol die Strafprozeßordnung keine Bestimmung enthält, so ist wol nicht zu bezweifeln, daß der Vorsitzende des Gerichts berechtigt ist, die Anklageschrift einer Prüfung zu unterziehen. Zur Zurückweisung der Anklageschrift, wenn dieselbe den gesetzlichen Erfordernissen nicht entspricht, wird dagegen ein Beschluß des Gerichts zu erfordern sein.

Bei allen Strafsachen, abgesehen von denjenigen, welche vor den Schöffengerichten zu verhandeln sind,[6] wird die Anklageschrift dem Angeschuldigten durch den Vorsitzenden des Gerichts mitgetheilt. Hierbei ist der Angeschuldigte aufzufordern, sich innerhalb einer zu bestimmenden Frist zu erklären, ob er noch die Vornahme einzelner Beweiserhebungen oder, wenn eine Voruntersuchung nicht stattgefunden, eine Voruntersuchung[7] beantragen oder Einwendungen gegen die Eröffnung des Hauptverfahrens vorbringen wolle.[8] Läßt der Angeschuldigte die Frist verstreichen, ohne bestimmte An-

[5] StPO. §. 198; vgl. bes. Fuchs in HH. Bd. II S. 10ff.

[6] StPO. §. 199 Abs. 4.

[7] StPO. §. 177 Abs. 2 Nr. 2. Der Angeschuldigte muß in diesem Falle erhebliche Gründe anführen können. Ob solche vorhanden sind, entscheidet das Gericht. — Ein Antrag auf Ergänzung der Voruntersuchung ist dem Angeschuldigten nicht gestattet.

[8] StPO. §. 199 Abs. 1 und 2.

träge zu stellen,[9] so erfolgt die Entscheidung in der Sache selbst. Hat der Angeschuldigte dagegen schriftlich oder durch Erklärung zu Protokoll Anträge gestellt, so muß[10] vor der Entscheidung des Gerichts der Staatsanwaltschaft Gelegenheit gegeben werden, sich hierüber zu erklären. Der Beschluß des Gerichts kann von dem Angeschuldigten nur angefochten werden:

a) wenn der erhobene Einwand der Unzuständigkeit des Gerichts verworfen[12] oder
b) der Antrag auf Eröffnung der Voruntersuchung abgelehnt worden ist.[13]

Der Beschluß über die von dem Angeschuldigten gemachten Anträge und Einwendungen wird in der Regel mit dem Beschlusse über die Eröffnung des Hauptverfahrens zu verbinden und die Verbindung beider Beschlüsse nur dann zu vermeiden sein, wenn hierdurch das Recht des Angeschuldigten auf Einlegung von Rechtsmitteln verkürzt wird.[14]

III. Der Beschluß des Gerichts, bei dessen Fassung das Gericht an die gestellten Anträge nicht gebunden ist,[15] kann folgenden Inhalt haben:

1. Das Beweismaterial ist zu vervollständigen. Beschließt das Gericht die Eröffnung der Voruntersuchung, so ist hierdurch die Anklageschrift beseitigt. Geht der Beschluß nur auf Ergänzung der Voruntersuchung, so kann die Staatsanwaltschaft, da die Anklage nicht zurückgenommen

---

[9] Es genügt nicht, wenn der Angeschuldigte innerhalb der ihm bestimmten Frist nur erklärt, daß er Anträge stellen wolle.

[10] StPO. §. 33.

[11] StPO. §. 199 Abs. 3.

[12] StPO. §. 180 Abs. 1.

[13] StPO. §. 181.

[14] Keller Strafprozeß-Ordnung (1878) S. 205.

[15] StPO. §§. 200, 204.

werden darf, nur nachträglich Anträge stellen. Abgesehen hiervon kann sich das Gericht auch darauf beschränken, nur einzelne Beweiserhebungen anzuordnen. Diese letztere Befugniß steht auch dem Amtsrichter zu. Der Beschluß des Gerichts auf weitere Ermittelungen ist nicht anfechtbar.[16]

2. Das Verfahren ist vorläufig einzustellen. Dieses Resultat tritt ein, wenn der Angeschuldigte nach der That in Geisteskrankheit verfallen oder wenn er abwesend ist und es sich um eine That handelt, bei welcher eine Hauptverhandlung in Abwesenheit des Angeschuldigten nicht stattfinden darf.[17]

3. Das Hauptverfahren ist nicht zu eröffnen. In dem Beschlusse muß angegeben werden, ob derselbe auf thatsächlichen oder auf Rechtsgründen beruht. Der Beschluß ist dem Angeschuldigten durch Zustellung bekannt zu machen. Auch ist der Angeschuldigte, wenn eine Voruntersuchung stattgefunden hat, außer Verfolgung zu setzen und ein etwa erlassener Haftbefehl aufzuheben.[18] Ist der Beschluß rechtskräftig geworden, so kann die Klage nur auf Grund neuer d. h. zur Zeit der Beschlußfassung unbekannt gewesener Thatsachen oder Beweismittel wieder aufgenommen werden.[19]

4. Das Hauptverfahren ist zu eröffnen. Der Beschluß setzt voraus, daß der Angeschuldigte nach den Ergebnissen des Vorverfahrens einer strafbaren Handlung hinreichend verdächtig ist,[20] und muß die letztere, unter Hervorhebung ihrer gesetzlichen Merkmale, das anzuwendende Strafgesetz und das Gericht bezeichnen, vor welchem die Haupt-

---

16 StPO. §. 200.

17 StPO. §§. 203, 208; vgl. noch §§. 319, 470.

18 StPO. §. 202; vgl. §. 123 Abs. 1.

19 StPO. §. 210.

20 StPO. §. 201.

verhandlung stattfinden soll. Auch muß das Gericht zugleich über die Anordnung oder Fortdauer der Untersuchungshaft beschließen.[21]

Beschließt das Gericht im Widerspruche mit dem Antrage der Staatsanwaltschaft, das Hauptverfahren zu eröffnen, so ist diese verpflichtet, eine dem Beschlusse entsprechende Anklageschrift einzureichen.[22] Die über die Anklageschrift aufgestellten Bestimmungen[23] gelten auch in diesem Falle; der Angeschuldigte hat jedoch nur das Recht, die Vornahme einzelner Beweiserhebungen zu beantragen. Die Aufforderung des Vorsitzenden an den Angeschuldigten ist daher entsprechend zu beschränken.[24]

Der Beschluß des Gerichts kann unter Umständen Eröffnungs- und zugleich Einstellungsbeschluß sein. Betraf das Vorverfahren mehrere derselben Person zur Last gelegte strafbare Handlungen, und erscheint für die Strafzumessung die Feststellung des einen oder des anderen Straffalles unwesentlich, so kann das Verfahren hinsichtlich dieser strafbaren Handlung auf Antrag der Staatsanwaltschaft vorläufig eingestellt werden. Die Aufhebung dieses Beschlusses kann binnen einer Frist von drei Monaten nach Rechtskraft des Urtheils von der Staatsanwaltschaft beantragt werden, wenn nicht Verjährung eingetreten ist.[25]

IV. Der Beschluß über die Eröffnung des Hauptverfahrens erfolgt in Schöffengerichtssachen durch den Amts-

---

[21] StPO. §. 205. Im Gegensatze zu der Anklageschrift sind in dem Beschlusse die Beweismittel und die wesentlichen Ergebnisse der Ermittelungen nicht anzugeben.

[22] StPO. §. 206 Abs. 1; vgl. Th. II §. 31 dieses Buches.

[23] StPO. §. 199.

[24] StPO. §. 206 Abs. 2.

[25] StPO. §. 208.

richter, in Landgerichts- und Schwurgerichtssachen durch die Strafkammer und in Reichsgerichtssachen durch den ersten Strafsenat des Reichsgerichts. Das Gericht höherer Ordnung ist jedoch auch befugt, das Hauptverfahren vor den Gerichten niederer Ordnung seines Bezirkes zu eröffnen.[26] Das Gericht höherer Ordnung hat sich daher nicht blos für unzuständig zu erklären, wenn es sachlich nicht zuständig ist, sondern muß die betreffende Strafsache zugleich an das zuständige Gericht verweisen. Und zwar ist ein derartiger Beschluß für das Gericht niederer Ordnung bindend.[27] Gehört eine bei dem Landgerichte eingereichte Strafsache zur Zuständigkeit des Reichsgerichts, so sind die Akten durch Vermittelung der Staatsanwaltschaft dem Reichsgerichte zur Entscheidung vorzulegen. Und überschreitet eine bei dem Amtsrichter eingereichte Strafsache die Zuständigkeit des Schöffengerichts, so hat der Amtsrichter die Akten durch Vermittelung der Staatsanwaltschaft dem Landgerichte zur Entscheidung vorzulegen.[28]

V. Die Staatsanwaltschaft und der Angeschuldigte stehen sich hinsichtlich der Einlegung von Rechtsmitteln gegen die hier erwähnten Beschlüsse nicht gleich.[29] Der Beschluß, durch welchen das Hauptverfahren eröffnet worden ist, hat die Bedeutung einer prozeßleitenden Verfügung und kann von dem Angeklagten nicht[30] angefochten werden. Im Gegensatze hierzu hat der Beschluß, durch welchen die Eröffnung des Hauptverfahrens abgelehnt oder die Verweisung an ein Gericht niederer Ordnung gegen den Antrag der Staatsan-

---

26 StPO. §. 207 Abs. 1.

27 Vgl. aber hierzu StPO. §. 270.

28 StPO. §. 207.

29 Vgl. Motive zur StPO. S. 116 f.

30 StPO. §. 209 Abs. 1; vgl. jedoch StPO. §. 199 Abs. 3.

waltschaft ausgesprochen ist, die Bedeutung eines Endurtheils und kann von der Staatsanwaltschaft mit der sofortigen Beschwerde[31] angefochten werden.[32]

§. 65.

II. Vorbereitung der Hauptverhandlung.

1. Wenn man auch das ganze Vorverfahren als eine Vorbereitung der Hauptverhandlung ansehen kann, so bezeichnet die Strafprozeßordnung mit diesem Ausdrucke doch nur den Inbegriff aller derjenigen Handlungen des Gerichts, der Staatsanwaltschaft und des Angeklagten, welche in den Zeitraum zwischen dem Beschlusse auf Eröffnung des Hauptverfahrens und dem Beginne der Hauptverhandlung selbst fallen und die ungestörte Durchführung der Hauptverhandlung sichern sollen.[1] Unter diesen Handlungen sind die Ladungen wol die wichtigsten; sie werden ebenso wie die Herbeischaffung der als Beweismittel dienenden Gegenstände durch die Staatsanwaltschaft bewirkt.[2]

2. Mit der Ladung zur Hauptverhandlung, die von dem Vorsitzenden des erkennenden Gerichts anberaumt wird,[3] ist dem Angeklagten spätestens auch der Beschluß über die Eröffnung des Hauptverfahrens zuzustellen.[4] Befindet sich der Angeklagte auf freiem Fuße, so ist er schriftlich unter der Warnung zu laden, daß im Falle seines unentschuldigten Ausbleibens seine Verhaftung oder Vorführung erfolgen

---

[31] StPO. §. 353.

[32] StPO. §. 209 Abs. 2; vgl. §. 411.

[1] Motive zur StPO. S. 118.

[2] StPO. §. 213; vgl. jedoch §. 219.

[3] StPO. §. 212.

[4] StPO. §. 214; vgl. über die Zustellung Löwe S. 278.

werde.[5] In den Fällen, in welchen eine Hauptverhandlung gegen einen ausgebliebenen Angeklagten zulässig ist,[6] ist der Angeklagte in der Ladung hierauf aufmerksam zu machen.[7] Befindet sich der Angeklagte dagegen nicht auf freiem Fuße, gleichviel aus welchem Grunde, so ist ihm der Termin zur Hauptverhandlung durch Zustellung der Ladung bekannt zu machen; auf Verlangen sind ihm die zugestellten Schriftstücke vorzulesen,[8] auch ist derselbe hierbei zu befragen, ob und welche Anträge er für die Hauptverhandlung zu stellen habe.[9]

Im Interesse des Angeklagten ist bestimmt, daß zwischen der Zustellung der Ladung und dem Tage der Hauptverhandlung eine Frist von mindestens einer Woche liegen muß. Die Nichtbeobachtung dieser Frist gibt dem Angeklagten die Befugniß, Aussetzung der Verhandlung zu verlangen, so lange mit der Verlesung des Beschlusses über die Eröffnung des Hauptverfahrens[10] noch nicht begonnen ist.[11] Ist die Frist nicht beobachtet, so muß der Angeklagte in der Hauptverhandlung auf die ihm zustehende Befugniß von dem Vorsitzenden aufmerksam gemacht werden.[12]

Neben dem Angeklagten ist auch der Vertheidiger[13]

---

5 StPO. §. 215 Abs. 1 Satz 1.

6 StPO. §. 231; vgl. auch Th. III §. 66 II dieses Buches.

7 StPO. §. 215 Abs. 1 Satz 2. Da aber das Gericht nach §. 235 das persönliche Erscheinen des Angeklagten stets anordnen und durch einen Vorführungs- oder Haftbefehl erzwingen kann, so wird es sich empfehlen, in der Ladung auch hierauf Rücksicht zu nehmen.

8 StPO. §. 35. Es ist nicht bestimmt, durch wen die Vorlesung erfolgen soll; vgl. Löwe S. 273 f.

9 StPO. §. 215 Abs. 2.

10 StPO. §. 242 Abs. 2.

11 StPO. §. 216.

12 StPO. §. 227 Abs. 3.

13 Vgl. über die Folgen des Ausbleibens StPO. §§. 145, 227 Abs. 2.

zu laden und zwar der bestellte stets, der gewählte dann, wenn die Wahl dem Gerichte angezeigt worden ist.[14]

3. Verlangt der Angeklagte die Ladung von Zeugen und Sachverständigen oder die Herbeischaffung anderer Beweismittel, so hat er seine Anträge bei dem Vorsitzenden des Gerichts zu stellen.[15] Lehnt dieser den Antrag auf Ladung einer Person ab, so kann der Angeklagte die letztere unmittelbar laden[16] lassen, wozu er auch ohne vorgängigen Antrag befugt ist.[17] Der Vorsitzende des Gerichts kann auch von Amtswegen das Beweismaterial für die Hauptverhandlung vervollständigen.[18]

4. Die Parteien müssen bereits vor dem Beginne der Hauptverhandlung, um sich auf diese genügend vorbereiten zu können, rechtzeitig[19] Kenntniß von dem Beweismaterial erhalten, welches in der Hauptverhandlung zur Verwendung kommen soll. Der Angeklagte ist daher verpflichtet, die von ihm unmittelbar geladenen oder zur Hauptverhandlung zu stellenden Zeugen und Sachverständigen der Staatsanwaltschaft namhaft zu machen. Und dieselbe Verpflichtung hat die Staatsanwaltschaft gegenüber dem Angeklagten hinsichtlich der nicht in der Anklageschrift benannten oder auf Antrag des Angeklagten geladenen Personen.[20] Auch der Vorsitzende

[14] StPO. §. 217. Ueber die Ladung des Privatklägers und des Nebenklägers vgl. StPO. §§. 425 Abs. 3, 438 Abs. 2.

[15] StPO. §. 218 Abs. 1.

[16] StPO. §. 38.

[17] StPO. §. 219 Abs. 1. Ueber die Pflicht unmittelbar geladener Personen zu erscheinen vgl. Th. III §. 56 VII dieses Buches.

[18] StPO. §. 220; vgl. §. 243 Abs. 3.

[19] Hierüber entscheidet das Gericht nach freiem Ermessen, vgl. StPO. §. 245.

[20] StPO. §. 221. Obwol hier nur von Zeugen und Sachverständigen gesprochen wird, so

des Gerichts muß der Staatsanwaltschaft die Beweisanträge des Angeklagten, soweit ihnen stattgegeben ist, mittheilen.[21]

5. Obgleich mit dem Grundsatze der Mündlichkeit[22] nicht übereinstimmend, aber doch nicht zu vermeiden, ist die kommissarische Vernehmung eines Zeugen oder Sachverständigen, wenn dem Erscheinen der zu vernehmenden Person in der Hauptverhandlung erhebliche Hindernisse, z. B. Krankheit, Gebrechlichkeit, große Entfernung, entgegenstehen. Die Parteien sind hiervon möglichst vorher zu benachrichtigen. Der nicht auf freiem Fuße befindliche Angeklagte hat einen Anspruch auf Anwesenheit jedoch nur bei den Terminen, welche an der Gerichtsstelle des Orts abgehalten werden, wo er sich in Haft befindet.[23] Die gleichen Grundsätze gelten auch für den Fall, wenn zur Vorbereitung der Hauptverhandlung noch ein richterlicher Augenschein einzunehmen ist.[24]

III. Hauptverhandlung.

§. 66.

1. Allgemeine Grundsätze.

I. Die Hauptverhandlung, einschließlich der Verkündung des Urtheils, erfolgt in ununterbrochener Gegenwart der zur Urtheilsfindung berufenen Personen,[1] der Staatsanwaltschaft und eines Gerichtsschreibers.[2] Die Staatsan-

---

ist die Bestimmung nach Analogie auch auf die anderen Beweismittel anzuwenden; vgl. Löwe S. 616.

[21] StPO. §. 218 Abs. 2.

[22] Vgl. Th. III §. 44 dieses Buches.

[23] StPO. §§. 222, 223.

[24] StPO. §. 224.

[1] Vgl. Th. III §. 44.

[2] StPO. §. 225. Ueber den Privatkläger vgl. §§. 427, 431.

waltschaft kann durch mehrere Personen und zwar nicht nur neben,[3] sondern auch nach einander vertreten sein. Auch die Funktionen des Gerichtsschreibers während der Hauptverhandlung können durch verschiedene Personen wahrgenommen werden.

II. Die Strafprozeßordnung geht in Betreff der Anwesenheit des Angeklagten in der Hauptverhandlung davon aus, daß der Angeklagte nicht ungehört verurtheilt werde, und daß der erkennende Richter seiner Pflicht, die materielle Wahrheit zu erforschen, nicht vollkommen genügen könne, wenn er nicht den Angeklagten vor sich gesehen und mit seiner Vertheidigung bzw. seinem Geständniß gehört habe.[4] Sie verlangt deßhalb die Gegenwart des Angeklagten in der Hauptverhandlung und gestattet dem Vorsitzenden des Gerichts, die geeigneten Maßregeln zu treffen, um die Entfernung eines erschienenen Angeklagten zu verhindern.[5] Die ununterbrochene Anwesenheit des Angeklagten ist jedoch nicht vorgeschrieben, es ist vielmehr die Entfernung desselben aus dem Sitzungszimmer gestattet, wenn zu befürchten ist, daß ein Mitangeklagter oder ein Zeuge bei seiner Vernehmung in Gegenwart des Angeklagten die Wahrheit nicht sagen werde, oder wenn der Angeklagte sich ordnungswidrig benimmt. In beiden Fällen muß dem Angeklagten, sobald er wieder vorgelassen ist, der wesentliche Inhalt der während seiner Abwesenheit erfolgten Aussagen und sonstigen Verhandlungen durch den Vorsitzenden mitgetheilt werden.[6]

Von der Regel, daß die Anwesenheit des Angeklagten in der Hauptverhandlung nothwendig sei, sind jedoch einige Aus-

[3] StPO. §. 226.

[4] Vgl. Motive zur StPO. S. 131 ff.

[5] StPO. §. 230 Abs. 1.

[6] StPO. §. 246.

nahmen gemacht, die hinsichtlich ihres Umfanges und ihres juristischen Charakters wesentlich von einander abweichen.[7] Es ist dabei nach der Strafprozeßordnung zu unterscheiden, ob es sich um einen abwesenden oder um einen ausgebliebenen Angeklagten handelt.

1. Als abwesend gilt[8] der Angeklagte, wenn sein Aufenthalt unbekannt ist, oder wenn er sich im Ausland aufhält und seine Gestellung vor das zuständige Gericht nicht ausführbar oder nicht angemessen erscheint. Gegen einen abwesenden Angeklagten ist eine Hauptverhandlung bei strafbaren Handlungen zulässig, welche nur mit Geldstrafe oder Einziehung, allein oder in Verbindung mit einander, bedroht sind.[9]

2. Gegen einen ohne Entschuldigung ausgebliebenen Angeklagten ist ein Vorführungsbefehl oder Haftbefehl zu erlassen.[10] Es kann aber auch eine Hauptverhandlung stattfinden

a) bei den strafbaren Handlungen, welche nur mit Geldstrafe, Haft[11] oder Einziehung, allein oder in Verbindung mit einander bedroht sind. Der Angeklagte muß in der Ladung auf die Zulässigkeit dieses Verfahrens ausdrücklich hingewiesen werden.[12]

b) Wenn ein Angeklagter in der Hauptverhandlung zwar

---

[7] Mit Ausnahme des Falles 2c ist in den übrigen Fällen das Verfahren gegen einen abwesenden und ausgebliebenen Angeklagten als Ungehorsamsverfahren anzusehen.

[8] StPO. §. 318.

[9] StPO. §. 319. Das Nähere in Th. III §§. 74 ff. dieses Buches.

[10] StPO. §. 229.

[11] Im Gegensatz zu der Hauptverhandlung gegen einen abwesenden Angeklagten sind hier auch die mit Haft bedrohten strafbaren Handlungen erwähnt.

[12] StPO. §. 231.

erschienen ist, sich aus derselben aber entfernt oder bei der Fortsetzung einer unterbrochenen Hauptverhandlung nicht anwesend ist, so kann diese trotzdem zu Ende geführt werden, wenn der Angeklagte über die Anklage bereits vernommen war und das Gericht seine fernere Anwesenheit nicht für erforderlich erachtet.[13]

c) Der Angeklagte kann auch auf seinen Antrag wegen großer Entfernung seines Aufenthaltsorts von der Verpflichtung zum Erscheinen in der Hauptverhandlung entbunden werden. Es ist dies gestattet, wenn nach dem Ermessen des Gerichts voraussichtlich keine andere Strafe als Freiheitsstrafe bis zu sechs Wochen oder Geldstrafe oder Einziehung, allein oder in Verbindung mit einander, zu erwarten steht. Der Angeklagte muß, wenn seine richterliche Vernehmung nicht schon im Vorverfahren erfolgt ist, durch einen beauftragten oder ersuchten Richter über die Anklage vernommen werden. Die Staatsanwaltschaft und der Vertheidiger können dieser Vernehmung beiwohnen und sind hierzu zu laden. Ergibt sich in der Hauptverhandlung, daß eine andere als die obige Strafe zu erkennen ist, so muß eine neue Hauptverhandlung anberaumt und der Angeklagte geladen werden.[14]

In allen Fällen, in welchen eine Hauptverhandlung gegen einen ausgebliebenen Angeklagten stattfinden kann, darf sich letzterer durch einen mit schriftlicher Vollmacht versehenen Vertheidiger vertreten lassen;[15] auch kann der Angeklagte gegen das Urtheil Wiedereinsetzung in den vorigen Stand[16]

---

[13] StPO. §. 230 Abs. 2.

[14] StPO. §. 232.

[15] StPO. §. 233; vgl. §§. 230 Abs. 2, 231 Abs. 1, 232 Abs. 1.

[16] Vgl. Th. III §. 47.

unter gleichen Voraussetzungen wie gegen die Versäumung einer Frist nachsuchen. Diese Befugniß ist ihm nur dann versagt, wenn er sich in der Hauptverhandlung hatte vertreten lassen oder von dem Erscheinen in derselben auf seinen Antrag entbunden war.[17] In den hier erwähnten Fällen ist das Gericht stets befugt, das persönliche Erscheinen des ausgebliebenen Angeklagten anzuordnen und durch einen Vorführungsbefehl oder Haftbefehl zu erzwingen.[18]

III. Was endlich die Anwesenheit des Vertheidigers[19] in der Hauptverhandlung betrifft, so kann von einer Nothwendigkeit derselben nur in den Fällen die Rede sein, in welchen die Vertheidigung vorgeschrieben oder der Vertheidiger in Gemäßheit des §. 141 der Strafprozeßordnung bestellt ist. Die ununterbrochene Anwesenheit des Vertheidigers wird nicht gefordert. Es bleibt dem Ermessen des Gerichts überlassen, was als eine unzeitige Entfernung des Vertheidigers im einzelnen Falle anzusehen ist.[20]

IV. Die Hauptverhandlung soll möglichst ohne Unterbrechungen zu Ende geführt werden. Es ist aber nicht ausgeschlossen, daß eine Unterbrechung auf Antrag oder von Amtswegen eintritt. Kürzere Unterbrechungen[21] ordnet der Vorsitzende des Gerichts an, über die Aussetzung[22] der Hauptverhandlung entscheidet das Gericht.[23] Eine unterbrochene Hauptverhandlung muß spätestens am vierten Tage

---

17 StPO. §. 234.

18 StPO. §. 235.

19 Es können auch mehrere Vertheidiger eines Angeklagten anwesend sein, StPO. §. 226.

20 StPO. §. 145.

21 Ein wesentlicher Unterschied zwischen der Unterbrechung und der Aussetzung ist nach der StPO. nicht vorhanden.

22 Ueber die Gründe der Aussetzung vgl. StPO. §§. 145 Abs. 2 227 Abs. 3, 245, 261, 264.

23 StPO. §. 227 Abs. 1.

nach der Unterbrechung fortgesetzt werden, widrigenfalls mit dem Verfahren von neuem zu beginnen ist.[24]

V. Während die gleichzeitige Verhandlung zusammenhängender Strafsachen in der Regel nur gestattet ist, wenn die betreffenden Strafsachen einzeln zur (sachlichen oder örtlichen) Zuständigkeit verschiedener Gerichte gehören und im Sinne des §. 3 der Strafprozeßordnung als zusammenhängende anzusehen sind,[25] kann ausnahmsweise durch das Gericht eine Verbindung solcher Strafsachen angeordnet werden, die zur Zuständigkeit desselben Gerichts gehören und bei ihm anhängig sind, auch wenn der Zusammenhang ein anderer als der obige ist.[26] Dies ist der Fall z. B. bei wechselseitig verübten strafbaren Handlungen; bei strafbaren Handlungen, die gleichzeitig und in ähnlicher Weise von mehreren Personen begangen sind, ohne daß Theilnahme im Sinne der §§. 47 ff. des Strafgesetzbuchs vorliegt.[27] Das Gericht entscheidet lediglich nach Zweckmäßigkeitsgründen, ob die gleichzeitige Verhandlung anzuordnen bzw. die angeordnete wieder aufzuheben sei.

§. 67.

2. Stellung des Vorsitzenden.

1. Die Leitung der Verhandlung, die Vernehmung des Angeklagten, die Aufnahme der Beweise[1] und die Aufrechthaltung der Ordnung in der Sitzung[2] erfolgt durch den Vorsitzenden des Gerichts. Die hierin liegende Macht des

---

[24] StPO. §. 228; vgl. §. 287.

[25] Vgl. Th. I §§. 23, 24 II.

[26] StPO. §. 236.

[27] Vgl. StPO. §§. 428, 471 Abs. 2.

[1] StPO. §. 237 Abs. 1.

[2] GVG. §. 177.

Vorsitzenden ist aber nach verschiedenen Richtungen eingeschränkt. Zunächst dadurch, daß das Gericht entscheidet, wenn eine auf die Sachleitung bezügliche Anordnung des Vorsitzenden von einer bei der Verhandlung betheiligten Person als unzulässig beanstandet wird.[3] Außerdem ist in verschiedenen Fällen der Beschluß des Gerichts von vornherein für erforderlich gehalten.[4] Eine Einschränkung liegt endlich in den den Parteien zugestandenen Rechten[5] und noch in einigen anderen gesetzlichen Bestimmungen.[6]

2. Der Vorsitzende eröffnet und schließt die Verhandlung; ordnet kürzere Unterbrechungen derselben an;[7] sorgt dafür, daß der erschienene Angeklagte sich nicht entfernt;[8] ertheilt das Wort und kann es entziehen; bestimmt im wesentlichen den Gang der Verhandlung und verkündet die gerichtlichen Entscheidungen.

3. Die Vernehmung des Angeklagten erfolgt ausschließlich durch den Vorsitzenden. Die bei dem Verfahren betheiligten Personen[9] sind nicht berechtigt, Fragen unmittelbar an den Angeklagten zu richten. Wird von ihnen beantragt, daß an den Angeklagten bestimmte Fragen gerichtet werden, so entscheidet das Gericht, wenn der Vorsitzende dem Antrage nicht stattgeben will.[10]

---

[3] StPO. §. 237 Abs. 2.

[4] Vgl. StPO. §§. 227 Abs. 1, 230 Abs. 2, 235, 236, 241, 243 Abs. 2 und 3, 245 Abs. 4, 246, 250 Abs. 3, 255 Abs. 2; GVG. §§. 178—180.

[5] StPO. §§. 238, 239.

[6] Vgl. StPO. §§. 244, 245 Abs. 1—3, 256.

[7] StPO. §. 227 Abs. 2.

[8] StPO. §. 230 Abs. 1.

[9] Hierhin gehören die beisitzenden Richter, Geschworenen, Schöffen und die Staatsanwaltschaft.

[10] Es folgt dies aus StPO. §§. 237 Abs. 1, 241. Vgl. Löwe S. 606; Voitus Kontroversen S. 33—39; a. M. Keller Strafprozeß-Ordnung (1878) S. 244, der in dieser Hinsicht nur den Vorsitzenden entscheiden lassen will.

4. Am meisten treten die Beschränkungen des Vorsitzenden bei der Aufnahme des Beweises hervor. Der Vorsitzende bestimmt zwar die Reihenfolge, in vielen Fällen aber nicht den Umfang[11] und muß die Mitwirkung der an dem Verfahren betheiligten Personen gestatten.

Bei den von der Staatsanwaltschaft und dem Angeklagten benannten Zeugen und Sachverständigen hat der Vorsitzende der Staatsanwaltschaft und dem Vertheidiger auf deren übereinstimmenden Antrag das sog. Kreuzverhör zu gestatten. Bei dem Kreuzverhör hat jede Partei das Recht, die bereits von der anderen Partei vernommenen Zeugen und Sachverständigen noch ihrerseits zu vernehmen. Hinsichtlich der von der Staatsanwaltschaft benannten Zeugen und Sachverständigen hat diese, hinsichtlich der von dem Angeklagten benannten der Vertheidiger in erster Reihe das Recht zur Vernehmung.[12] In den Fällen, wo ein Vertheidiger nicht auftritt, ist das Kreuzverhör ausgeschlossen. Dem Mißbrauche des Kreuzverhörs kann der Vorsitzende dadurch vorbeugen, daß er ungeeignete oder nicht zur Sache gehörige Fragen zurückweist.[13] Wird die Zurückweisung der Frage von dem Fragesteller beanstandet, so entscheidet das Gericht.[14] Demjenigen, welcher die Befugniß mißbraucht, kann dieselbe von dem Vorsitzenden entzogen werden.[15] Nach stattgefundenem Kreuzverhör, das sich nicht immer auf alle von den Parteien benannten Zeugen und Sachverständigen zu erstrecken braucht, hat der Vorsitzende ebenfalls noch das Recht, die Zeugen und Sachverständigen zu befragen.[16]

---

[11] Vgl. hierüber StPO. §§. 244, 245 und Th. III §. 68 II.
[12] StPO. §. 238 Abs. 1.
[13] StPO. §. 240 Abs. 2.
[14] StPO. §. 241.
[15] StPO. §. 240 Abs. 1.
[16] StPO. §. 238 Abs. 2.

Der Vorsitzende muß den beisitzenden Richtern auf Verlangen gestatten, Fragen unmittelbar an alle Zeugen und Sachverständigen zu richten.[17] Dieses Recht können die beisitzenden Richter aber erst ausüben, wenn der Vorsitzende das Verhör des betreffenden Zeugen oder Sachverständigen geschlossen hat. Es steht dem Vorsitzenden nicht zu, Fragen der beisitzenden Richter zurückzuweisen. Wird jedoch eine Frage von dem befragten Zeugen oder Sachverständigen beanstandet, so entscheidet das Gericht.[18]

Auch der Staatsanwaltschaft, dem Angeklagten, dem Vertheidiger, den Geschworenen und den Schöffen ist auf ihr Verlangen von dem Vorsitzenden die Befragung der Zeugen und Sachverständigen zu erlauben.[19] Der Vorsitzende hat aber das Recht, ungeeignete und nicht zur Sache gehörige Fragen zurückzuweisen.[20] Wird eine Frage von dem Befragten oder dem Vorsitzenden beanstandet, so hat auch hier das Gericht zu entscheiden.[21]

§. 68.

3. Gang der Hauptverhandlung.

I. Einleitung.

Die Hauptverhandlung beginnt mit dem Aufrufe der Sache. Ist der Angeklagte verhaftet, so ist er vorzuführen; er soll während der Hauptverhandlung ungefesselt sein.[1]

Hieran schließt sich der Aufruf der Zeugen und Sachverständigen, um die Gewißheit zu erhalten, ob nicht etwa durch

---

[17] StPO. §. 239 Abs. 1.
[18] StPO. §. 241.
[19] StPO. §. 239 Abs. 2.
[20] StPO. §. 240 Abs. 2.
[21] StPO. §. 241.

[1] StPO. §. 116 Abs. 4; vgl. Th. III §. 52 II, 4 dieses Buches.

das Ausbleiben einer geladenen Person die Vertagung der Sache erforderlich wird.[2] Die Zeugen und Sachverständigen können schon jetzt auf die Bedeutung des Eides hingewiesen werden.[3] Die Zeugen haben sich darauf aus dem Sitzungszimmer zu entfernen.[4] Ob die Sachverständigen der ganzen Hauptverhandlung beiwohnen dürfen, hängt von dem Ermessen des Vorsitzenden ab.

Es folgt nun die Vernehmung des Angeklagten über seine persönlichen Verhältnisse und die Verlesung des Beschlusses über die Eröffnung des Hauptverfahrens.[5] Die Anklageschrift wird nicht verlesen. In den Fällen, wo die Verlesung des Beschlusses zur Informirung nicht ausreicht, ist wol eine mündliche Erläuterung des Beschlusses durch den Vorsitzenden als zulässig zu erachten.[6] Ist der Beschluß verlesen, so tritt die weitere Vernehmung des Angeklagten ein, wenn dieser nicht, wozu er berechtigt ist, die Aussage verweigert.[7] Die Vernehmung soll dem Angeklagten Gelegenheit geben zur Beseitigung der gegen ihn vorliegenden Verdachtsgründe und zur Geltendmachung der zu seinen Gunsten sprechenden Thatsachen.[8] Vor Beantwortung einer jeden Frage kann der Angeklagte sich mit seinem Vertheidiger unterreden.[9] Nach der Vernehmung des Angeklagten folgt die Beweisaufnahme.[10]

II. Beweisaufnahme.

1. Ueber den Umfang der Beweisaufnahme entscheidet das Gericht nach freiem Ermessen nur in den Ver-

---

[2] StPO. §. 242 Abs. 1.
[3] StPO. §§. 59, 72.
[4] StPO. §. 242 Abs. 4.
[5] StPO. §. 242 Abs. 2.
[6] Vgl. Löwe S. 608 f.
[7] StPO. §§. 242 Abs. 3, 136.
[8] Vgl. Th. II §. 38.
[9] Vgl. Löwe S. 609.
[10] StPO. §. 243 Abs. 1.

handlungen vor den Schöffengerichten[11] und vor den Landgerichten in der Berufungsinstanz, wenn die Verhandlung vor letzteren eine Uebertretung betrifft oder auf erhobene Privatklage[12] erfolgt.[13] In allen übrigen Verhandlungen hat sich die Beweisaufnahme auf die sämmtlichen vorgeladenen Zeugen und Sachverständigen sowie auf die anderen herbeigeschafften Beweismittel zu erstrecken.[14] Das Gericht ist daher nicht verpflichtet, die nicht geladenen d. h. gestellten Zeugen und Sachverständigen zu vernehmen.[15] Freies Ermessen hat das Gericht auch dann, wenn die Staatsanwaltschaft und der Angeklagte auf die Erhebung einzelner Beweise verzichten.[16] Diese Bestimmungen über den Umfang der Beweisaufnahme enthalten für die meisten deutschen Staaten eine wesentliche Neuerung, denn in ihnen war Regel, was die Strafprozeßordnung zur Ausnahme gemacht, und Ausnahme, was in der Strafprozeßordnung als Regel aufgestellt ist.[17]

2. Zur Ablehnung eines Beweisantrages bedarf es eines Beschlusses des Gerichts und dasselbe gilt, wenn die Vornahme einer Beweishandlung eine Aussetzung der Hauptverhandlung erforderlich macht.[18]

3. Im Interesse der materiellen Wahrheit, welche im Strafverfahren zu erforschen ist, steht nach Beginn der Haupt-

---

[11] GVG. §§. 27, 75.

[12] GVG. §.76; StPO. §.414.

[13] StPO. §. 244 Abs. 2.

[14] StPO. §.244 Abs. 1 Satz 1.

[15] Löwe S. 613, Voitus Kontroversen S. 15—19, Fuchs in HH. Bd. II S. 75 ff. — A. M. Keller Strafprozeß-Ordnung (1878) S. 250. Selbst wenn die Reichs-Justiz-Kommission die Verpflichtung des Gerichts auch auf die nicht geladenen Zeugen und Sachverständigen ausgedehnt wissen wollte, so läßt sich doch diese Ansicht gegenüber dem klaren Ausdrucke der gesetzlichen Bestimmung nicht aufrecht erhalten.

[16] StPO. §.244 Abs. 1 Satz 2.

[17] Vgl. noch Löwe S. 613 f.

[18] StPO. §. 243 Abs. 2; vgl. §§. 33, 34.

verhandlung auch dem Gerichte[19] noch die Befugniß zu, die Herbeischaffung neuer Beweismittel anzuordnen.[20] Auch darf das Gericht eine Beweiserhebung deßhalb nicht ablehnen, weil das Beweismittel oder die zu beweisende Thatsache zu spät vorgebracht worden ist.[21] In einem solchen Falle kann der Gegner des Antragstellers, wenn er keine genügende Zeit gehabt hat, um Erkundigungen über den betreffenden Zeugen u. s. w. einzuziehen, bis zum Schlusse der Beweisaufnahme die Aussetzung der Hauptverhandlung zum Zwecke der Erkundigung beantragen. Dieselbe Befugniß steht auch der Staatsanwaltschaft und dem Angeklagten in Betreff der auf Anordnung des Vorsitzenden oder des Gerichts geladenen Zeugen und Sachverständigen[22] zu. Ueber derartige Anträge auf Aussetzung entscheidet das Gericht nach freiem Ermessen.[23] Es kann den Antrag auf Aussetzung auch deßhalb zurückweisen, weil das Beweismittel oder die zu beweisende Thatsache für die Verhandlung unerheblich ist.[24]

4. Nach dem Grundsatze der Mündlichkeit oder Unmittelbarkeit[25] erfolgt die Beeidigung der Zeugen und Sachverständigen in der Hauptverhandlung und ist die Verlesung von Schriftstücken möglichst zu vermeiden. Nach beiden Richtungen müssen jedoch Ausnahmen gemacht und die Beeidigung schon in früheren Stadien des Verfahrens[26] und die Verlesung von Schriftstücken gestattet werden. Ausführliche Be-

---

[19] Vor der Hauptverhandlung steht diese Befugniß dem Vorsitzenden zu, StPO. §. 220.

[20] StPO. §. 243 Abs. 3.

[21] StPO. §. 245 Abs. 1.

[22] Dies gilt auch für die übrigen Beweismittel.

[23] StPO. §. 245 Abs. 2—4.

[24] Löwe S. 616 f., Voitus Kontroversen S. 1—15; a. M. von Schwarze S. 406 f., der die Entscheidung des Gerichts nur auf die obige Zeitfrage beschränken will.

[25] Vgl. Th. III §. 44.

[26] Vgl. Th. III §. 56 IV.

stimmungen finden sich in der Strafprozeßordnung über die Verlesung von Schriftstücken. Zu unterscheiden ist hierbei zwischen Schriftstücken, die als Beweismittel dienen sollen, z. B. gefälschte Urkunden, beleidigende Briefe, und Protokollen über frühere Vernehmungen von Personen.

a) Die Verlesung der als Beweismittel dienenden Schriftstücke ist gestattet.[27] Die Strafprozeßordnung erwähnt als Beispiele: Früher ergangene Strafurtheile, Straflisten, Auszüge aus Kirchenbüchern und Personenstandsregistern. Hierhin gehören ferner die Protokolle über die Einnahme eines Augenscheins und die ein Zeugniß oder Gutachten enthaltenden Erklärungen öffentlicher Behörden mit Ausschluß der Leumundszeugnisse. Bei Gutachten, die von einer kollegialen[28] Fachbehörde abgegeben sind, kann das Gericht die Behörde ersuchen, das Gutachten durch eines ihrer Mitglieder in der Hauptverhandlung vertreten zu lassen.[29] Auch ärztliche Atteste[29] über Körperverletzungen, die nicht zu den schweren[30] gehören, können verlesen werden.

b) Die Verlesung der Protokolle über Vernehmungen von Personen ist nicht gestattet.[31] Die Strafprozeßordnung hat jedoch, um nicht auf wichtige Beweismittel verzichten zu müssen, aus verschiedenen Gründen die Verlesung richterlicher Protokolle gestattet:

a) Die Protokolle über frühere richterliche Vernehmungen eines Zeugen, Sachverständigen oder (verurtheilten

[27] StPO. §. 248.

[28] Bei den aus einem Beamten bestehenden Behörden ist es dem Ermessen des Richters überlassen, ob er den Beamten vorladen oder sich mit einem Gutachten desselben begnügen will.

[29] StPO. §. 255.

[30] d. h. alle nicht nach dem StGB. §. 224 strafbaren Körperverletzungen.

[31] StPO. §. 249.

oder noch nicht verurtheilten) Mitbeschuldigten können verlesen werden, wenn die betreffende Person verstorben oder in Geisteskrankheit verfallen oder ihr Aufenthalt nicht zu ermitteln gewesen ist.[32]

b) Wenn dem Erscheinen eines Zeugen oder Sachverständigen in der Hauptverhandlung Hinderungsgründe (Krankheit, Gebrechlichkeit, große Entfernung u. s. w.) entgegenstanden und derselbe deßhalb durch einen Richter kommissarisch vernommen ist,[33] ist die Verlesung des Protokolls zulässig, wenn die Vernehmung nach Eröffnung des Hauptverfahrens[34] oder zwar im Vorverfahren erfolgt ist, der Staatsanwaltschaft, dem Angeschuldigten[35] und dem Vertheidiger aber die Möglichkeit gegeben war,[36] der Vernehmung beizuwohnen.[37]

In den beiden unter a und b erwähnten Fällen kann die Verlesung nur auf Beschluß des Gerichts erfolgen. Dabei ist der Grund der Verlesung zu verkünden und zu bemerken, ob die Beeidigung der vernommenen Person stattgefunden hat.[38]

c) Zur Unterstützung des Gedächtnisses eines Zeugen oder Sachverständigen kann, wenn derselbe erklärt, sich einer Thatsache nicht mehr zu erinnern, ein Theil des Protokolls über seine frühere Vernehmung[39] verlesen werden. In derselben Weise können Widersprüche zwischen den in der Hauptverhandlung erfol-

[32] StPO. §. 250 Abs. 1.
[33] StPO. §. 222.
[34] StPO. §. 223.
[35] StPO. §. 155.
[36] StPO. §. 191.
[37] StPO. §. 250 Abs. 2.
[38] StPO. §. 250 Abs. 3.

[39] Die Beschränkung auf richterliche Vernehmungen läßt sich nicht begründen; vgl. Löwe S. 625, Voitus Kontroversen S. 40—45; a. M. Keller Strafprozeß-Ordnung (1878) S. 263.

genden und den früheren Aussagen eines Zeugen oder Sachverständigen festgestellt oder gehoben werden, jedoch nur wenn dies auf andere Weise ohne Unterbrechung der Hauptverhandlung nicht möglich ist.[40]

d) Die Verlesung der in einem richterlichen Protokolle enthaltenen Erklärungen des Angeklagten ist zum Zwecke der Beweisaufnahme über ein Geständniß gestattet. Unter derselben Bedingung wie bei den Zeugen und Sachverständigen können auch Widersprüche zwischen den verschiedenen Aussagen des Angeklagten festgestellt oder gehoben werden.[41] Verlesen werden kann endlich auch die Aussage des Angeklagten, der auf seinen Antrag (wegen großer Entfernung) von der Verpflichtung zum Erscheinen in der Hauptverhandlung entbunden war.[42]

In den unter c und d erwähnten Fällen ist die Verlesung und der Grund derselben auf Antrag der Staatsanwaltschaft oder des Angeklagten im Protokolle zu erwähnen.[43]

5. Bei der Beweisaufnahme hat der Vorsitzende den Angeklagten nach der Vernehmung eines jeden Zeugen, Sachverständigen oder Mitangeklagten zu befragen, ob er etwas zu erklären habe.[44]

III. Schlußvorträge und Urtheil.

Nachdem die Beweisaufnahme für geschlossen erklärt ist, erhalten die Staatsanwaltschaft und der Angeklagte zu ihren

---

[40] StPO. §. 252. Vgl. hinsichtlich der Zeugen noch StPO. §. 251 und Th. III §. 56 VI dieses Buches.

[41] StPO. §. 253.

[42] StPO. §. 232.

[43] StPO. §. 254.

[44] StPO. §. 256. Die Nichtbeobachtung dieser Vorschrift hat Nichtigkeit des Verfahrens nicht zur Folge.

Ausführungen und Anträgen[45] das Wort.[46] Der Staatsanwaltschaft steht das Recht der Erwiderung[47] zu, dem Angeklagten bzw. seinem Vertheidiger gebührt das letzte Wort.[48] Treten für den Angeklagten mehrere Vertheidiger in der Hauptverhandlung auf, so brauchen dieselben ihre Verrichtungen nicht unter sich zu theilen, sondern jeder Vertheidiger ist berechtigt, einen Schlußvortrag zu halten und auf die Entgegnungen der Staatsanwaltschaft zu erwidern.[49] Auch wenn der Vertheidiger für den Angeklagten gesprochen, ist der Angeklagte durch den Vorsitzenden zu befragen, ob er selbst noch etwas zu seiner Vertheidigung auszuführen habe.[50]

Wenn sich nach dem Ergebnisse der Verhandlung die dem Angeklagten zur Last gelegte That als die Zuständigkeit des Gerichts überschreitend[51] darstellt, so erklärt sich das Gericht durch Beschluß für unzuständig und verweist die Sache an das zuständige Gericht. Dieser Beschluß hat die Wirkung eines das Hauptverfahren eröffnenden Beschlusses und muß den Erfordernissen eines solchen entsprechen.[52] Abgesehen hiervon schließt die Hauptverhandlung stets mit der

---

[45] Der Antrag der Staatsanwaltschaft braucht nicht auf eine bestimmte Strafe zu gehen.

[46] StPO. §. 257 Abs. 1; vgl. auch §. 149.

[47] Aus StPO. §. 257 Abs. 2 läßt sich nicht folgern, daß nur zwei Vorträge auf jeder Seite gestattet sind.

[48] StPO. §. 257 Abs. 2. Ueber die Verdolmetschung der gestellten Anträge vgl. StPO. §. 258 und Th. III §. 45.

[49] Löwe S. 591, von Holtzendorff in HH. Bd. II S. 408, Voitus Kontroversen S. 79—82; a. M. von Schwarze S. 285, der sich zur Rechtfertigung der entgegengesetzten Ansicht, obwol die StPO. keine Bestimmung hierüber enthält, auf andere Strafprozeßgesetze beruft.

[50] StPO. §. 257 Abs. 3.

[51] Gehört die Sache vor ein Gericht niederer Ordnung, so ist dies nicht gestattet; StPO. §. 269.

[52] StPO. §. 270 Abs. 1 und 2; vgl. auch Abs. 3 und 4.

Erlassung des Urtheils, welches durch Verlesung der Urtheilsformel und Eröffnung der Urtheilsgründe zu verkünden ist, doch kann die Verkündung des Urtheils eine Woche ausgesetzt[53] werden.[54]

IV. Sitzungsprotokoll.

Ueber die Hauptverhandlung ist ein Protokoll aufzunehmen, welches von dem Vorsitzenden und dem Gerichtsschreiber zu unterschreiben ist. Bei Verhinderung des Vorsitzenden unterschreibt für ihn der älteste beisitzende Richter; bei Verhinderung des Amtsrichters genügt die Unterschrift des Gerichtsschreibers.[55]

Das Protokoll muß[56] enthalten Ort und Tag der Verhandlung, die Namen aller betheiligten Personen, die Bezeichnung der strafbaren Handlung und die Angabe darüber, ob öffentlich verhandelt oder weßhalb die Oeffentlichkeit ausgeschlossen[57] ist. Außerdem muß[58] das Protokoll den Gang und die Ergebnisse der Hauptverhandlung im wesentlichen wiedergeben und ersehen lassen, ob die vorgeschriebenen Förmlichkeiten beobachtet sind; es muß die verlesenen Schriftstücke, in gewissen Fällen[59] auch den Grund der Verlesung, die gestellten Anträge, die ergangenen Entscheidungen und die Urtheilsformel enthalten, in Schöffengerichtssachen auch die wesentlichen Ergebnisse der Vernehmungen bezeichnen. Auf Antrag oder auch von Amtswegen kann der Vorsitzende die vollständige Niederschreibung und Verlesung anordnen, wenn[60]

[53] StPO. §. 267.

[54] Vgl. das Nähere über das Urtheil in Th. III §. 69.

[55] StPO. §. 271.

[56] StPO. §. 272.

[57] Vgl. Th. III §. 44.

[58] StPO. §. 273 Abs. 1 und 2.

[59] Vgl. StPO. §. 254.

[60] Ob dies der Fall ist, hat das Gericht zu entscheiden, wenn der Antrag abgelehnt werden soll. Der Beschluß des Gerichts ist mit Gründen zu versehen.

es auf die Feststellung eines Vorganges in der Hauptverhandlung oder des Wortlauts einer Aussage oder einer Aeußerung ankommt. In dem Protokolle ist dann anzugeben, daß das Niedergeschriebene verlesen und genehmigt ist bzw. welche Einwendungen erhoben sind.[61]

Das Protokoll liefert in Betreff der Beobachtung der vorgeschriebenen Förmlichkeiten vollen Beweis, der nur durch den Nachweis der Fälschung entkräftet werden kann.[62]

§. 69.

4. Urtheil.

I. Gegenstand der Urtheilsfindung.

1. Bei der Urtheilsfindung ist von der in der Anklage bezeichneten That auszugehen. Ergibt sich im Laufe der Hauptverhandlung, daß der Angeklagte die in der Anklage bezeichnete That nicht, wol aber eine andere That begangen hat, so darf sich die Entscheidung nicht auf die letztere erstrecken. Stellt sich dagegen heraus, daß der Angeklagte außer der in der Anklage bezeichneten noch eine andere That begangen hat, so kann[1] diese nach dem Ermessen des Gerichts zum Gegenstande derselben Aburtheilung gemacht werden,

a) wenn die Staatsanwaltschaft es beantragt und der Angeklagte zustimmt, und

b) wenn die That sich nicht als ein Verbrechen[2] darstellt oder die sachliche Zuständigkeit des Gerichts überschreitet.

---

[61] StPO. §. 273 Abs. 3. Eine Unterschrift der betheiligten Person ist in dem Protokolle nicht nothwendig.

[62] StPO. §. 274.

[1] StPO. §. 265.

[2] StGB. §. 1 Abs. 1.

2. Nach der Strafprozeßordnung ist das Gericht an die in der Anklage bzw. in dem Beschlusse über die Eröffnung des Hauptverfahrens aufgestellte rechtliche Qualifikation und die hierfür behaupteten Thatsachen und Umstände nicht gebunden; es hat vielmehr die in der Anklage bezeichnete That, wie sich dieselbe nach dem Ergebnisse der Verhandlung darstellt, zum Gegenstand der Urtheilsfindung zu machen.[3] Unter der Voraussetzung, daß die Identität der That nicht in Frage gestellt wird, sind dem Gerichte daher Abweichungen von der Anklage in rechtlicher wie thatsächlicher Hinsicht gestattet.[4] Das Gericht kann lediglich im Anschluß an die thatsächlichen Angaben der Anklage oder auch auf Grund der neuen Ermittelungen annehmen, daß die That anders begangen bzw. zu bezeichnen ist als behauptet wurde. Es kann z. B. annehmen, daß der Dieb nicht durch das Kellerloch, sondern durch das Fenster gestiegen, daß die That nicht als Diebstahl, sondern als Unterschlagung, nicht als einfacher, sondern als schwerer Diebstahl zu bezeichnen sei u. s. w. Derartige Abweichungen sind stets von Amtswegen[5] zu berücksichtigen.

3. Das Recht des Angeklagten gegenüber diesen Abweichungen von der Anklage ist dadurch gewahrt, daß er auf die Veränderung des rechtlichen Gesichtspunktes besonders hingewiesen und ihm Gelegenheit zur Vertheidigung gegeben werden muß, wenn ein anderes als das in dem Beschlusse über die Eröffnung des Hauptverfahrens angeführte Strafgesetz anzuwenden ist. Es ist hierbei gleichgültig,

---

[3] StPO. §. 263.

[4] Vgl. hierüber Motive zur StPO. S. 152 f. und Löwe S. 639 f.

[5] Ein Vorbehalt zu anderweitiger Verfolgung ist nach der StPO. unzulässig.

ob dies im Anschluß an die früheren oder auf Grund der erst in der Hauptverhandlung stattgefundenen Ermittelungen erfolgt, und ob das anzuwendende Strafgesetz zu einer milderen oder härteren Bestrafung des Angeklagten führt.[6] Der Angeklagte ist außerdem, wenn in der Hauptverhandlung solche vom Strafgesetze besonders vorgesehene Umstände behauptet werden, welche die Strafbarkeit erhöhen, hierauf hinzuweisen, z. B. wenn bei einer Körperverletzung behauptet wird, daß dieselbe mittels einer Waffe begangen ist oder daß der Thäter die Aufmerksamkeit aus den Augen gesetzt, zu welcher er vermöge seines Amtes besonders verpflichtet war.[7]

Auf Antrag des Angeklagten muß[8] unter folgenden Bedingungen Aussetzung der Hauptverhandlung eintreten:

a) wenn er die neu hervorgetretenen Umstände bestreitet[9] und

b) wenn er behauptet, auf die Vertheidigung nicht genügend vorbereitet zu sein, und

c) wenn die neu hervorgetretenen Umstände die Anwendung eines schwereren Strafgesetzes zulassen oder zu den im Strafgesetze besonders vorgesehenen Umständen gehören,[10] welche die Strafbarkeit erhöhen.

Diese Bestimmung ist jedoch dadurch eingeschränkt, daß der Angeklagte die Aussetzung in den Verhandlungen vor

---

[6] StPO. §. 264 Abs. 1.

[7] Vgl. StGB. §§. 215, 222 Abs. 2, 223 Abs. 2, 230 Abs. 2, 235, 239 Abs. 2 und 3, 243, 250, 251, 254, 258, 268, 293 u. a.

[8] StPO. §. 264 Abs. 3.

[9] Gesteht er die neuen Umstände ein, so fehlt eine Bedingung und die Hauptverhandlung braucht nicht ausgesetzt zu werden; vgl. jedoch StPO. §. 264 Abs. 4.

[10] Vgl. Anm. 7.

den Schöffengerichten und vor den Landgerichten in der Berufungsinstanz, sofern die Verhandlung vor letzteren eine Uebertretung betrifft oder auf erhobene Privatklage erfolgt, zu verlangen nicht berechtigt ist.[11]

Abgesehen von dem Rechte des Angeklagten auf Aussetzung der Hauptverhandlung und von den beschränkenden Bestimmungen kann auch das Gericht auf Antrag oder von Amtswegen die Hauptverhandlung aussetzen, falls dies in Folge der veränderten Sachlage zur genügenden Vorbereitung der Anklage oder der Vertheidigung angemessen erscheint.[12]

II. Berathung und Abstimmung.

1. Berathung und Abstimmung des Gerichts, welche nicht öffentlich[13] erfolgen, werden von dem Vorsitzenden geleitet; dieser stellt die Fragen und sammelt die Stimmen.[14] Bei Meinungsverschiedenheiten über den Gegenstand, die Fassung und die Reihenfolge der Fragen oder über das Ergebniß der Abstimmung entscheidet das Gericht.[15]

2. Die Reihenfolge bei der Abstimmung richtet sich bei den Richtern nach dem Dienstalter, bei den Schöffen[16] nach dem Lebensalter, der Jüngste stimmt zuerst, der Vorsitzende zuletzt. Ist jedoch ein Berichterstatter ernannt, so gibt dieser seine Stimme zuerst ab.[17]

Da alle Fragen von dem ganzen Kollegium zu beantworten sind, so kann kein Mitglied desselben die Abstimmung über eine Frage deßhalb verweigern, weil es bei der Abstimmung über eine vorhergegangene Frage in der Minder-

---

11 StPO. §. 264 Abs. 5; vgl. §. 244 Abs. 2.

12 StPO. §. 264 Abs. 4.

13 Vgl. Th. III §. 44.

14 GVG. §§. 195, 196 Abs. 1.

15 GVG. §. 196 Abs. 2.

16 Hinsichtlich der Geschworenen vgl. GVG. §. 199 Abs. 2 und Th. III §. 72 dieses Buches.

17 GVG. §. 199 Abs. 1.

heit geblieben ist.[18] Im Falle dies doch geschehen sollte, so ist, da das Kollegium nicht mehr als vollständig angesehen werden kann, die Berathung abzubrechen und die Strafsache nochmals zu verhandeln.[19] Man wird in der Regel von dem überstimmten Mitgliede verlangen müssen, daß dasselbe bei der weiteren Abstimmung von der Ansicht der Mehrheit ausgeht und nicht mit der von der Mehrheit bereits verworfenen Ansicht möglichst in Einklang zu bleiben sucht. Da diese Frage für alle vorkommenden Fälle nicht gleichmäßig beantwortet werden kann, so hat es die Strafprozeßordnung unterlassen, Bestimmungen hierüber zu treffen. Dasselbe gilt im wesentlichen auch von der Frage, ob in dem Kollegium abzustimmen ist nach Gründen oder nach dem Endresultat, für welches jedes einzelne Mitglied sich entscheiden würde. Da die richterliche Entscheidung, wenn der Grundsatz der freien Beweiswürdigung gilt, nicht lediglich ein logischer Schluß, sondern der Willensakt eines Organs der Staatsgewalt ist, auch nicht alle Gründe, welche die einzelnen Mitglieder des Kollegiums für ihre Ansicht haben, bekannt werden, so ist eine Abstimmung nach Gründen nicht möglich. Aber auch die Abstimmung nach dem Endresultat wird sich nicht immer durchführen lassen, wenn man nicht Entscheidungen hervorrufen will, für welche sich keine von der Mehrheit des Kollegiums gebilligten Gründe angeben lassen. Es wird daher zu fordern sein, daß auch die den Entscheidungen beigefügten Gründe von der Mehrheit gebilligt sind.[20]

3. Die gerichtlichen Entscheidungen erfolgen nach der ab-

---

[18] GVG. §. 197.

[19] A. M. von Schwarze S. 107, der die betreffenden Stimmen zu Gunsten des Angeklagten zählen will.

[20] Vgl. Motive zum GVG. S. 205 f. und Löwe S. 184 f.

soluten Mehrheit der Stimmen.[21] Diese Regel ist jedoch nicht ohne Ausnahmen.[22] Die hier in Betracht kommende Ausnahme besteht darin, daß zu einer jeden dem Angeklagten nachtheiligen Beantwortung der Schuldfrage eine Mehrheit von zwei Drittheilen der Stimmen erforderlich ist.[23]

Die Schuldfrage umfaßt nicht nur die Beweisfrage, sondern auch die Frage, ob das Beweisergebniß die gesetzlichen Merkmale einer strafbaren Handlung enthält. Eine Verurtheilung des Angeklagten kann daher nur erfolgen, wenn sich auch zwei Drittheile der Stimmen für das Vorhandensein einer bestimmten strafbaren Handlung ausgesprochen haben. Ist dies nicht der Fall, so muß der Angeklagte, da ein Auskunftsmittel wie z. B. bei der Straffrage[24] nicht besteht, unter allen Umständen freigesprochen werden.

Zu der Schuldfrage gehören auch die von dem Strafgesetze besonders vorgesehenen Umstände, welche die Strafbarkeit ausschließen,[25] vermindern[26] oder erhöhen.[27] Die Strafprozeßordnung hat noch ausdrücklich als nicht zu der Schuldfrage gehörig die Voraussetzungen des Rückfalles und der Verjährung bezeichnet.[28] Da die Verjährung mit der Schuld-

---

[21] GVG. §. 198 Abs. 1.

[22] StPO. §§. 262, 307, 317.

[23] StPO. §. 262 Abs. 1.

[24] GVG. §. 198 Abs. 3.

[25] Es handelt sich hier um Schuldausschließungsgründe; vgl. StGB. §§. 46, 51—55, 58, 163 Abs. 2, 204, 310.

[26] StGB. §§. 57, 157, 158, 213, 216. Die mildernden Umstände im allgemeinen (vgl. StGB. §§. 243, 249 u. a.) gehören zur Straffrage, weil sie begrifflich nur Strafzumessungsgründe sind. In Schwurgerichtssachen ist die Beantwortung der Frage nach dem Vorhandensein mildernder Umstände inconsequenterweise den Geschworenen vorbehalten.

[27] StGB. §§. 215, 222 Abs. 2, 223 Abs. 2, 230 Abs. 2, 235, 239 Abs. 2 und 3, 243, 249, 250 u. a.

[28] StPO. §. 262 Abs. 3.

frage nichts gemein hat, so war die Erwähnung derselben überflüssig. Dagegen würden die Voraussetzungen des Rückfalles, wenn nicht die Ausnahme gemacht wäre, nur mit zwei Drittheilen der Stimmen angenommen werden können, da der Rückfall an sich zu den von dem Strafgesetze besonders vorgesehenen Umständen gehört, welche die Strafbarkeit erhöhen.

Die Straffrage, welche mit absoluter Mehrheit der Stimmen zu entscheiden ist, bezieht sich zunächst auf die Art und das Maß der Strafe für den einzelnen Fall. Sie begreift aber auch die Fragen nach dem Vorhandensein eines minder schweren Falles[29] oder mildernder Umstände im allgemeinen und im Gegensatze zu den von dem Strafgesetze besonders vorgesehenen Umständen, welche die Strafbarkeit vermindern. Und endlich gehört hierhin die Beantwortung der Fragen nach dem Rückfalle und nach dem Erlöschen der Strafklage.[30]

Bilden sich in einer Strafsache, abgesehen von der Schuldfrage, mehr als zwei Meinungen, von denen keine die absolute Mehrheit der Stimmen für sich hat, so werden die dem Beschuldigten nachtheiligsten den zunächst minder nachtheiligen so lange zugerechnet, bis sich eine absolute Mehrheit ergibt.[31]

III. Inhalt des Urtheils.

Das Urtheil kann nur auf Freisprechuug, Verurtheilung oder Einstellung des Verfahrens lauten.[32] Auf Einstellung des Verfahrens lautet das Urtheil, wenn bei einer nur auf

---

[29] StGB. §§. 94, 96.

[30] z. B. durch Verjährung, Ablauf der Antragsfrist, rechtskräftiges Urtheil.

[31] GVG. §. 198 Abs. 3.

[32] StPO. §. 259.

Antrag zu verfolgenden strafbaren Handlung sich ergibt, daß der erforderliche Antrag nicht vorliegt, oder wenn der Antrag rechtzeitig[33] zurückgenommen[34] ist.[35]

In der Strafprozeßordnung finden sich keine Vorschriften über die Form des Urtheils. Hinsichtlich des Inhalts ergibt sich,[36] daß das Urtheil eine Urtheilsformel[37] und Urtheilsgründe enthalten muß.

Bei einer Freisprechung des Angeklagten muß aus den Urtheilsgründen ersichtlich sein, ob derselbe für nicht überführt, oder ob und aus welchen Gründen die für erwiesen angenommene That für nicht strafbar erachtet worden ist.[38] Bei einer Verurtheilung des Angeklagten müssen die Urtheilsgründe die für erwiesen erachteten Thatsachen angeben, in welchen die gesetzlichen Merkmale der strafbaren Handlung gefunden werden. Insoweit der Beweis aus anderen Thatsachen gefolgert wird, sollen[39] auch diese Thatsachen angegeben werden. Die Urtheilsgründe müssen sich ferner über die vom Strafgesetze besonders vorgesehenen Umstände, welche die Strafbarkeit ausschließen, vermindern oder erhöhen,[40] aussprechen, wenn derartige Umstände in der Verhandlung behauptet worden sind. Und endlich müssen die Urtheilsgründe das zur Anwendung gebrachte Strafgesetz und die Umstände

[33] StGB. §. 64 Abs. 1.

[34] Besondere Vorschriften für die Form der Zurücknahme sind nicht aufgestellt; vgl. StPO. §. 156 Abs. 2.

[35] Hierdurch sind jedoch die Fälle nicht erschöpft, in denen das Urtheil auf Einstellung des Verfahrens zu lauten hat; vgl. Löwe S. 631.

[36] StPO. §§. 266, 267.

[37] Auch entscheidender oder verfügender Theil genannt.

[38] StPO. §. 266 Abs. 4.

[39] Nichtbeobachtung dieser Vorschrift ist juristisch einflußlos.

[40] Vgl. Anm. 25—27.

anführen, welche für die Zumessung der Strafe bestimmend gewesen sind.[41]

IV. Verkündung und Beurkundung des Urtheils.

1. Am Schlusse der Verhandlung wird das Urtheil und zwar stets in öffentlicher Sitzung verkündet.[42] Die Verkündung des Urtheils kann, abgesehen von Schwurgerichtssachen, ausgesetzt werden; sie muß aber spätestens am siebenten Tage nach der Aussetzung der Hauptverhandlung erfolgen.[43] Da die Verkündung des Urtheils ein Theil der Hauptverhandlung ist, so müssen hierbei die Personen zugegen sein, deren ununterbrochene Gegenwart für die Hauptverhandlung vorgeschrieben ist.[44]

Die Verkündung des Urtheils erfolgt durch Verlesung[45] der Urtheilsformel und Eröffnung der Urtheilsgründe. Die Eröffnung der Urtheilsgründe geschieht entweder auch durch Verlesung oder durch mündliche Mittheilung ihres wesentlichen Inhalts. Es ist nicht erforderlich, daß die Urtheilsgründe vor der Verkündung bereits niedergeschrieben sind. Nur wenn die Verkündung des Urtheils ausgesetzt war, müssen die Urtheilsgründe vor derselben schriftlich festgestellt werden.[46] Die Eröffnung der Urtheilsgründe kann aber auch in diesem Falle durch mündliche Mittheilung ihres wesentlichen Inhalts erfolgen.

2. Das Urtheil mit den Gründen ist binnen drei Tagen[47]

---

[41] Vgl. StPO. §. 266 Abs. 1 bis 3.

[42] GVG. §. 174.

[43] StPO. §. 267 Abs. 1.

[44] StPO. §. 225; vgl. S. 215 ff.

[45] Die Verlesung setzt nicht voraus, daß der Gerichtsschreiber der Abstimmung vollständig beigewohnt hat. Derselbe ist vielmehr erst nach geschlossener Abstimmung beizuziehen.

[46] StPO. §. 267 Abs. 2.

[47] Nichtbeobachtung der Frist ist juristisch einflußlos.

nach der Verkündung zu den Akten zu bringen, wenn es nicht bereits vollständig in das Protokoll aufgenommen ist. Es muß von den Richtern, welche bei der Entscheidung mitgewirkt haben, unterschrieben werden.[48] Die Schöffen und der Gerichtsschreiber unterschreiben das Urtheil nicht. In das Urtheil sind die Bezeichnung des Tages der Sitzung und die Namen der Richter, der Schöffen, des Beamten der Staatsanwaltschaft und des Gerichtsschreibers, welche an der Sitzung Theil genommen haben, aufzunehmen.[49]

Ausfertigungen und Auszüge aus den Urtheilen sind von dem Gerichtsschreiber zu unterschreiben und mit dem Gerichtssiegel zu versehen.[50]

IV. Hauptverhandlung vor den Schwurgerichten.

§. 70.

1. Bildung der Geschworenenbank.

1. Die Bestimmungen, welche in der Strafprozeßordnung über die Vorbereitung der Hauptverhandlung und über die Hauptverhandlung selbst aufgestellt sind, finden auch auf das Verfahren vor den Schwurgerichten insoweit Anwendung, als nicht hierfür besondere Bestimmungen getroffen sind.[1]

2. Die Hauptverhandlung vor den Schwurgerichten beginnt wie jede andere Hauptverhandlung.[2] Dem Angeklagten ist die Spruchliste[3] der Geschworenen spätestens an dem Tage vor der Hauptverhandlung zugänglich zu machen; ist derselbe nicht auf freiem Fuße, so muß ihm die Spruchliste

[48] Ueber die Verhinderung eines Richters, zu unterschreiben, vgl. StPO. §. 275 Abs. 2 Satz 2.
[49] StPO. §. 275 Abs. 1—3.
[50] StPO. §. 275 Abs. 4.
[1] StPO. §. 276.
[2] Vgl. Th. III §. 68 I.
[3] Vgl. Th. I §. 18 IV.

zugestellt werden, sonst genügt die Niederlegung derselben auf der Gerichtsschreiberei. Die Namen später auf die Spruchliste gebrachter Geschworener sind dem Angeklagten bis zum Beginne der Hauptverhandlung mitzutheilen.[4]

Die Bildung der Geschworenenbank, einschließlich der Beeidigung der ausgeloosten Geschworenen, erfolgt in öffentlicher Sitzung[5] und ist als ein Theil der Hauptverhandlung anzusehen. Es muß daher, wenn eine unterbrochene Hauptverhandlung nicht am vierten Tage nach der Unterbrechung fortgesetzt wird, auch die Geschworenenbank von neuem gebildet werden.[6]

Vor der Ausloosung sind die Geschworenen auszuscheiden, welche zum Geschworenenamte unfähig[7] oder in der zu verhandelnden Strafsache kraft Gesetzes ausgeschlossen[8] sind. Hierüber entscheidet endgültig das Gericht nach Anhörung des betreffenden Geschworenen. Nur der für unfähig Erklärte ist in der Spruchliste zu streichen.[9]

Zur Bildung der Geschworenenbank kann geschritten werden, wenn die Zahl der anwesenden und nicht ausgeschiedenen Geschworenen mindestens vierundzwanzig beträgt. Ist dies nicht der Fall, so ist die Zahl aus der Liste der Hülfsgeschworenen auf dreißig zu ergänzen. Diese Ergänzung geschieht mittels Loosziehung durch den Vorsitzenden in öffentlicher Sitzung und gilt für die ganze Sitzungsperiode. Die ausgeloosten Hülfsgeschworenen werden unter Hinweis auf die gesetzlichen Folgen des Ausbleibens[10] vorgeladen und

---

[4] StPO. §. 277.
[5] StPO. §§. 281, 288 Abs. 2.
[6] StPO. §§. 287, 228.
[7] GVG. §§. 32, 84; vgl. Th. I §. 16.
[8] StPO. §§. 22, 32; vgl. Th. I §. 21.
[9] StPO. §. 279.
[10] GVG. §§. 56, 96.

ihre Namen in die Spruchliste aufgenommen. Sobald in Folge des Erscheinens von Hülfsgeschworenen die Zahl von vierundzwanzig Geschworenen erreicht ist, kann die Geschworenenbank gebildet werden. Erscheinen zu einer späteren Hauptverhandlung mehr als dreißig Geschworene, so treten die überzähligen Hülfsgeschworenen in der umgekehrten Reihenfolge ihrer Ausloosung zurück.[11]

3. Die Bildung der Geschworenenbank erfolgt durch Ausloosung, wobei das Loos durch den Vorsitzenden gezogen wird.[12] Hierbei können die Staatsanwaltschaft[13] und der Angeklagte ihr Ablehnungsrecht geltend machen. Für den Angeklagten thut dies gewöhnlich der Vertheidiger. Die beiden Parteien sind befugt, von den ausgeloosten Geschworenen so viele abzulehnen, als Namen über zwölf in der Urne sich befinden.[14] Diese Zahl verringert sich jedoch um die Zahl der etwa auszuloosenden Ergänzungsgeschworenen.[15] Ist die Gesammtzahl der Ablehnungen eine gerade, so steht den beiden Parteien je die Hälfte zu, ist sie eine ungerade, so hat der Angeklagte eine Ablehnung mehr.[16] Dies gilt auch, wenn mehrere Angeklagte bei einer Hauptverhandlung betheiligt sind. In diesem Falle können sie das Ablehnungsrecht gemeinschaftlich ausüben. Einigen sich die Angeklagten jedoch nicht, so muß eine Vertheilung vorgenommen werden; hierbei entscheidet das Loos über die Ausübung derjenigen Ablehnungen, welche sich nicht gleichmäßig vertheilen lassen,

---

[11] StPO. §. 280.

[12] StPO. §§. 278, 281.

[13] Privat- und Nebenkläger sind hierbei nicht betheiligt; vgl. StPO. §§. 424 Abs. 2, 437 Abs. 2.

[14] StPO. §. 282 Abs. 1.

[15] StPO. §. 285 Abs. 1. Die Ergänzungsgeschworenen treten in der Reihenfolge der Ausloosung ein; vgl. Abs. 2.

[16] StPO. §. 282 Abs. 2.

und über die Reihenfolge, in welcher die verschiedenen Angeklagten ihr Ablehnungsrecht geltend zu machen haben.[17]

Die Ablehnung erfolgt ohne Angabe von Gründen durch das Wort „abgelehnt". Die Annahme wird durch das Wort „angenommen" erklärt. Wird eine Erklärung über einen aus der Urne gezogenen und aufgerufenen Namen überhaupt nicht abgegeben, so gilt dies als Annahme. Die Lage des Angeklagten ist hierbei insofern eine günstigere, als sich die Staatsanwaltschaft zuerst und dann der Angeklagte über die Annahme oder Ablehnung zu erklären hat. Eine Zurücknahme der abgegebenen Erklärung ist nur so lange zulässig, als ein fernerer Name noch nicht gezogen oder die gesammte Ziehung noch nicht für beendet erklärt ist.[18] Beendet ist die Ziehung und damit die Geschworenenbank gebildet, sobald zwölf[19] nicht abgelehnte Namen aus der Urne gezogen sind.[20]

4. Die Bildung der Geschworenenbank erfolgt für eine Strafsache, jedoch kann die für eine Strafsache gebildete auch bei anderen an demselben Tage[21] stattfindenden Verhandlungen thätig sein, wenn die betheiligten Angeklagten und die Staatsanwaltschaft sich damit vor der Beeidigung der Geschworenen[22] einverstanden erklärt haben.[23]

Nach Bildung der Geschworenenbank werden die Geschworenen[24] in öffentlicher Sitzung und in Gegenwart der

---

[17] StPO. §. 284.

[18] StPO. §. 283.

[19] Die Zahl vermehrt sich durch etwa zuzuziehende Ergänzungsgeschworene.

[20] Aenderungen sind nicht mehr zulässig.

[21] Daß diese Strafsachen an einem Tage auch erledigt werden, ist nicht erforderlich.

[22] Die Beeidigung muß sich in diesem Falle auf alle Strafsachen erstrecken; vgl. StPO. §. 288.

[23] StPO. §. 286.

[24] Auch die Ergänzungsgeschworenen.

Angeklagten, über welche sie richten sollen, beeidigt.[25] Der Vorsitzende richtet an die zu Beeidigenden die Worte: „Sie schwören bei Gott, dem Allmächtigen und Allwissenden, in der Anklagesache (den Anklagesachen) wider N. N. die Pflichten eines Geschworenen getreulich zu erfüllen und Ihre Stimme nach bestem Wissen und Gewissen abzugeben." Die Geschworenen leisten den Eid, indem jeder einzeln, unter Erhebung der rechten Hand, die Worte spricht: „ich schwöre es, so wahr mir Gott helfe". Die Ersetzung des Eides durch eine Betheuerungsformel ist den Mitgliedern gewisser Religionsgesellschaften[26] gestattet. Auf die Beeidigung folgt die Verhandlung in der Sache selbst.[27]

§. 71.

2. Fragestellung.

Die Mitwirkung der Geschworenen bei der weiteren Verhandlung wird durch das Geständniß des Angeklagten nicht ausgeschlossen.[1] Es kann überhaupt im Schwurgerichtsverfahren ein Urtheil ohne Mitwirkung der Geschworenen nur[2] erlassen werden, wenn die Anklage wegen eines Antragsde-

---

[25] StPO. §. 288 Abs. 1—5.

[26] Vgl. StPO. §. 288 Abs. 6 und Th. III §. 56 IV dieses Buches.

[27] StPO. §. 289.

[1] Vgl. zur Ergänzung Th. III §. 59 dieses Buches.

[2] H. Meyer in HH. Bd. II S. 116 ff., a. M. Löwe S. 676, von Schwarze S. 453. Da eine besondere Bestimmung in der StPO. nicht vorhanden, so wirken also die Geschworenen auch mit, selbst wenn bei Beginn der Verhandlung Verjährung, Begnadigung oder rechtskräftige Aburtheilung der That behauptet werden sollte. Und es hat dies auch einen guten Sinn, denn wie kann von Verjährung u. s. w. gesprochen werden, wenn noch nicht die Schuld des Angeklagten feststeht?

liktes erhoben ist und bei der Verhandlung sich herausstellt, daß der erforderliche Antrag nicht vorliegt, oder wenn der Antrag rechtzeitig zurückgenommen ist. In diesem Falle wird über die Schuld des Angeklagten nicht entschieden, sondern das Urtheil lautet auf Einstellung des Verfahrens.[3]

An die Beweisaufnahme schließt sich unmittelbar die Verlesung der den Geschworenen vorzulegenden Fragen.[4] Während nach den meisten deutschen Strafprozeßgesetzen auf die Beweisaufnahme die Vorträge der Parteien über die Schuldfrage und der Schlußvortrag des Vorsitzenden folgten, hat die Strafprozeßordnung eine wesentliche Verbesserung eingeführt und bestimmt, daß vor diesen Vorträgen erst die Fragen festzustellen sind. Die Feststellung der Fragen ist Sache des Gerichts. Der Vorsitzende entwirft zwar die Fragen,[5] allein er thut dies als Vertreter des Gerichts; sobald einer der Richter es verlangt, stellt das Gericht die Fragen fest.[6] Der Vorsitzende kann die von ihm entworfenen Fragen den Geschworenen, der Staatsanwaltschaft und dem Angeklagten in Abschrift mittheilen; wird ein Antrag hierauf gerichtet, so muß die Mittheilung der Fragen erfolgen. Auch muß behufs Prüfung der Fragen die Verhandlung auf kurze Zeit unterbrochen werden, wenn die Staatsanwaltschaft, der Angeklagte oder einer der Geschworenen es verlangen.[7]

Bei der Wichtigkeit der Fragen für das Urtheil ist auch der Staatsanwaltschaft und dem Angeklagten, sowie jedem Geschworenen das Recht eingeräumt, auf Mängel in der Fragestellung aufmerksam zu machen und Anträge auf Ab-

---

[3] StPO. §. 259.
[4] StPO. §. 290 Abs. 2.
[5] StPO. §. 290 Abs. 1.
[6] StPO. §. 291 Abs. 2.
[7] StPO. §. 290 Abs. 2 und 3.

änderung oder Ergänzung der Fragen zu stellen. Die Vorlegung von Hülfs- oder Nebenfragen kann nur aus Rechtsgründen abgelehnt werden.[8] Werden Einwendungen erhoben oder Anträge angebracht, so erfolgt die Feststellung der Fragen durch das Gericht.[9] Die auf diese Weise festgestellten Fragen sind dann zu verlesen. Es ist hierbei nicht ausgeschlossen, daß dieselben im Laufe der Verhandlung, unter Umständen sogar nach Kundgebung des Spruchs der Geschworenen, nochmals abgeändert oder ergänzt werden.[10]

2. Die Fragen[11] sind hinsichtlich ihrer Fassung so zu stellen, daß sie sich mit Ja oder mit Nein beantworten lassen.[12] Den Geschworenen ist bemerklich zu machen, wenn eine nachfolgende Frage nur für den Fall zu beantworten ist, daß eine vorausgehende in einem gewissen Sinne erledigt werde.[13]

Während die Stellung alternativer Fragen[14] nach der Strafprozeßordnung an sich nicht ausgeschlossen ist, sind Kollektivfragen unzulässig. Bei einer Mehrzahl von Angeklagten oder von strafbaren Handlungen müssen daher die

---

[8] StPO. §. 296.
[9] StPO. §. 291.
[10] StPO. §§. 306, 311.
[11] Vgl. über die Fragestellung überhaupt Löwe S. 681 f. und bes. H. Meyer in HH. Bd. II S. 137 ff.
[12] Vgl. StPO. §§. 292 Abs. 1, 305.
[13] StPO. §. 292 Abs. 2.
[14] Soweit alternative Feststellungen für die Verurtheilung ausreichen, kann dies auch in der Fragestellung vorkommen. Es ist daher zulässig zu fragen, ob der Thäter durch Geschenke oder Versprechen bestimmt sei (StGB. §. 48), ob er aussetzt oder verläßt (§. 221), mittels Einbruchs, Einsteigens oder Erbrechens von Behältnissen gestohlen (§. 243 Z. 2), die Urkundenfälschung begangen hat, um sich oder einem Anderen einen Vermögensvortheil zu verschaffen oder einem Anderen Schaden zuzufügen u. a. Vgl. H. Meyer S. 179 ff.

Fragen für jeden Angeklagten und für jede strafbare Handlung besonders gestellt werden.[15]

3. Der Inhalt der Fragen ergibt sich aus der von den Geschworenen zu lösenden Aufgabe und aus dem Beschlusse über die Eröffnung des Hauptverfahrens bzw. aus der Hauptverhandlung selbst.

Die Geschworenen sind nach der Strafprozeßordnung berufen zur Entscheidung der Schuldfrage und der Frage nach dem Vorhandensein mildernder Umstände.[16] Die Schuldfrage ist bei den Schwurgerichssachen nicht anders als bei den übrigen Strafsachen;[17] die Geschworenen haben daher ebenso wie die Richter die Frage zu beantworten, ob der Angeklagte vor dem Gesetze schuldig sei. Die hierbei vorkommenden Rechtsbegriffe sind nicht durch solche gleichbedeutende Ausdrücke zu ersetzen, zu deren Verständniß Rechtskenntnisse nicht erforderlich sind, sondern die Geschworenen sind von dem Vorsitzenden über die von ihnen anzuwendenden Rechtsbegriffe zu belehren.[18]

Bei den Fragen ist auszugehen von der That, welche dem Angeklagten in dem Beschlusse auf Eröffnung des Hauptverfahrens zur Last gelegt ist.[19] Diese That muß in den Fragen vollständig erledigt werden. Es sind jedoch auch hier unter der Voraussetzung der Identität der That dieselben Abweichungen wie in den nicht zur Zuständigkeit der Schwurgerichte gehörigen Strafsachen gestattet.[20] Die Fragen haben

---

[15] StPO. §. 292 Abs. 3.

[16] GVG. §. 81; StPO. §. 297.

[17] Vgl. Th. III §. 69 II 3.

[18] Die Unterscheidung zwischen der Thatfrage und der Rechtsfrage ist von der StPO. vollständig aufgehoben.

[19] StPO. §. 205; vgl. Th. III §. 64 III.

[20] Vgl. Th. III §. 69 I.

sich in solchen Fällen auch auf die Abweichungen von dem Eröffnungsbeschlusse zu beziehen.

4. Nach der Strafprozeßordnung sind Hauptfragen, Hülfsfragen und Nebenfragen zu unterscheiden,[21] und zwar stehen die Haupt- und Hülfsfragen den Nebenfragen gegenüber.

a) Die Hauptfrage beginnt mit den Worten: „Ist der Angeklagte schuldig?" und muß die dem Angeklagten zur Last gelegte That nach ihren gesetzlichen Merkmalen und unter Hervorhebung der zu ihrer Unterscheidung erforderlichen Umstände bezeichnen.[22] Die Spezialisirung der That in der Hauptfrage und in dem Eröffnungsbeschlusse wird im wesentlichen übereinstimmen.

b) Eine Hülfsfrage ist zu stellen, wenn die Verhandlung Umstände ergeben hat, nach welchen eine von dem Eröffnungsbeschlusse abweichende Beurtheilung der That in Betracht kommt. Die Hülfsfrage ist begrifflich als Hauptfrage anzusehen, da sie den vollen Thatbestand einer strafbaren Handlung enthält; sie muß daher nach den für die Hauptfrage aufgestellten Bestimmungen abgefaßt sein. Die Hülfsfrage ist der dem Eröffnungsbeschlusse entsprechenden Frage voranzustellen, wenn die abweichende Beurtheilung eine erhöhte Strafbarkeit begründet.[23]

c) Nebenfragen enthalten nicht den Thatbestand einer strafbaren Handlung, sondern einzelne vom Strafgesetze besonders vorgesehene Umstände, welche die Strafbarkeit vermindern, erhöhen oder auch wieder aufheben.[24]

Bei einem taubstummen Angeklagten oder einem Ange-

---

[21] Vgl. StPO. §§. 293—298.
[22] StPO. §. 293.
[23] StPO. §. 294.
[24] StPO. §. 295; vgl. Th. III §. 69 II 3.

klagten, der zur Zeit der That noch nicht das achtzehnte Lebensjahr vollendet hatte, ist stets die Nebenfrage zu stellen, ob die Betreffenden bei Begehung der That die zur Erkenntniß ihrer Strafbarkeit erforderliche Einsicht besessen haben.[25]

Die Nebenfrage nach dem Vorhandensein mildernder Umstände kann in den Fällen gestellt werden, in welchen das Gesetz eine geringere Strafe hiervon abhängig macht. Und zwar ist es nicht nur der Staatsanwaltschaft und dem Angeklagten gestattet, die Stellung dieser Nebenfrage zu beantragen, sondern das Gericht kann dieselbe auch von Amtswegen stellen.[26]

5. An die Fragestellung schließen sich die Ausführungen und Anträge der Staatsanwaltschaft und des Angeklagten zur Schuldfrage[27] und hierauf folgt der Schlußvortrag des Vorsitzenden. In demselben soll der Vorsitzende, ohne in eine Würdigung der Beweise einzugehen, die Geschworenen über die rechtlichen Gesichtspunkte[28] belehren, welche sie bei Lösung der ihnen gestellten Aufgabe in Betracht zu ziehen haben.

Die Belehrung des Vorsitzenden, an welche die Geschworenen nicht gebunden sind, darf von keiner Seite einer Erörterung unterzogen werden.[29]

---

[25] StPO. §. 298; vgl. StGB. §§. 56—58. Bei dem jugendlichen Thäter muß man den Grund einer Freisprechung kennen, um StGB. §. 56 Abs. 2 anwenden zu können. Daher ist die obige Nebenfrage zu stellen.

[26] StPO. §. 297 Abs. 1; zur Verneinung der obigen Nebenfrage gehören mindestens sieben Stimmen; vgl. Abs. 2.

[27] StPO. §. 299; vgl. §. 257.

[28] Hierhin gehören auch strafprozessualische Bestimmungen.

[29] StPO. §. 300.

§. 72.

3. Spruch der Geschworenen.

1. Nachdem die von dem Vorsitzenden unterzeichneten Fragen den Geschworenen übergeben sind, ziehen sich dieselben in das Berathungszimmer zurück.[1] Hierhin können den Geschworenen solche Gegenstände mitgegeben werden, welche ihnen in der Verhandlung zur Besichtigung vorgelegt wurden.[2] Der Vorsitzende läßt darauf den Angeklagten aus dem Sitzungszimmer entfernen und sorgt dafür, daß keinerlei Verkehr zwischen den Geschworenen und anderen Personen stattfinde.[3]

In dem Berathungszimmer wählen die Geschworenen mittels schriftlicher Abstimmung nach Mehrheit der Stimmen[4] einen Obmann, welcher die Berathung und Abstimmung zu leiten hat.[5] Die Reihenfolge, in der die Geschworenen abzustimmen haben, richtet sich nach der Auslosung, doch stimmt der Obmann stets zuletzt.[6] Ueber den Hergang der Berathung und Abstimmung haben die Geschworenen Stillschweigen zu beobachten.[7]

2. Die Fragen sind von den Geschworenen mit Ja oder Nein zu beantworten,[8] doch sind die letzteren berechtigt, eine Frage theilweise zu bejahen und theilweise zu verneinen.[9] Eine Form für derartige Antworten ist durch die Straf-

---

[1] StPO. §. 301. Die Ergänzungsgeschworenen nehmen nicht Theil.

[2] StPO. §. 302.

[3] StPO. §§. 301, 303.

[4] Bei Stimmengleichheit entscheidet das höhere Lebensalter.

[5] StPO. §. 304.

[6] GVG. §. 199 Abs. 2; vgl. auch §§. 197, 198 Abs. 1 und 3.

[7] GVG. §. 200.

[8] StPO. §. 292 Abs. 1.

[9] StPO. §. 305.

prozeßordnung nicht vorgeschrieben. Es ist den Geschworenen an sich nicht verboten, ihren Antworten noch Zusätze zur näheren Erläuterung hinzuzufügen. Der Gerichtshof hat in einem solchen Falle darüber zu entscheiden, welche Bedeutung den Zusätzen beizumessen ist, ob dieselben z. B., weil die Geschworenen ihre Zuständigkeit überschritten haben, als nicht geschrieben anzusehen sind, oder ob eine Berichtigung des Spruchs nothwendig wird, weil die Antworten durch die Zusätze undeutlich geworden sind oder sich widersprechen.[10]

3. Den Geschworenen, welche vor Abgabe ihres Spruchs noch einer weiteren Belehrung bedürfen, kann dieselbe auf ihren Antrag[11] durch den Vorsitzenden ertheilt werden. Die Belehrung erfolgt in dem Sitzungszimmer; es müssen hierbei, mit Ausnahme des Angeklagten, alle Personen anwesend sein, deren Gegenwart durch die Strafprozeßordnung für die Hauptverhandlung vorgeschrieben ist.[12] Ergibt sich Anlaß zur Aenderung oder Ergänzung der gestellten Fragen, so muß der Angeklagte zur Verhandlung zugezogen werden.[13] Neue Beweiserhebungen sind in einem solchen Falle nicht ausgeschlossen.

4. Der Spruch der Geschworenen ist von dem Obmann neben den Fragen niederzuschreiben und von ihm zu unterschreiben. Das Stimmenverhältniß soll in der Regel nicht angegeben werden. Nur bei einer dem Angeklagten nachtheiligen Entscheidung muß ersichtlich sein, ob

---

[10] Vgl. hierüber H. Meyer in H.H. Bd. II S. 199 f.

[11] Es ist gleichgültig, ob der Antrag von der Majorität oder Minorität der Geschworenen ausging.

[12] Vgl. Th. III §. 66. Auch die Ergänzungsgeschworenen.

[13] StPO. §. 306.

dieselbe mit mehr als sieben Stimmen, und bei Verneinung der mildernden Umstände, ob dieselbe mit mehr als sechs Stimmen gefaßt worden ist.[14] Hiermit endigt die Thätigkeit der Geschworenen in dem Berathungszimmer; sie begeben sich in das Sitzungszimmer zurück, und die Verhandlung wird, zunächst in Abwesenheit des Angeklagten,[15] wieder eröffnet. Der Spruch der Geschworenen ist von dem Obmann kund zu geben;[16] er spricht die Worte: „Auf Ehre und Gewissen bezeuge ich als den Spruch der Geschworenen" und verliest die gestellten Fragen mit den darauf gegebenen Antworten. Der verlesene Spruch ist von dem Vorsitzenden und dem Gerichtsschreiber zu unterzeichnen.[17]

5. Vor der Urtheilsfällung kann unter Umständen noch eine Berichtigung des Spruchs nothwendig werden. Dieser Fall tritt ein, wenn der Spruch in der Form nicht vorschriftsmäßig z. B. von dem Obmanne nicht unterschrieben ist, oder an sachlichen Mängeln leidet, d. h. entweder undeutlich oder unvollständig oder sich widersprechend ist. „Undeutlich ist der Spruch, sobald er den Sinn, den die Geschworenen ihm beilegen wollen, nicht klar erkennen läßt, oder wenn seine Fassung einen Zweifel darüber zuläßt, ob die Geschworenen nicht die Frage mißverstanden und deßhalb die wirklich gestellte Frage unbeantwortet gelassen haben. Als unvollständig stellt sich jeder Spruch dar, welcher die wirklich gestellte Frage nicht erschöpft, und ein Mangel aus dem Gesichtspunkte des inneren Widerspruchs liegt sowol da

---

14 StPO. §. 307.

15 StPO. §§. 301, 313.

16 Die StPO. unterscheidet zwischen Kundgebung und Verkündung des Spruchs; erstere erfolgt durch den Obmann, letztere durch den Gerichtsschreiber; StPO. §§. 308, 313.

17 StPO. §. 308.

vor, wo der Widerspruch aus dem Vergleiche der Bestandtheile einer einzelnen Antwort, als auch da, wo er aus dem Vergleiche verschiedener Antworten hervortritt, sei es, daß diese Antworten denselben Angeklagten oder verschiedene Mitangeklagte betreffen."[18]

Die Geschworenen werden in einem solchen Falle von dem Vorsitzenden aufgefordert, sich zur Berichtigung des Spruchs in das Berathungszimmer zurückzubegeben.[19] Handelt es sich nur um einen formellen Mangel, so darf eine sachliche Aenderung des Spruchs nicht vorgenommen werden.[20] Bei der Berichtigung sachlicher Mängel sind dagegen die Geschworenen an den früheren Spruch in keiner Weise gebunden. Ergibt sich hierbei noch Anlaß zur Aenderung oder Ergänzung der Fragen, so muß der Angeklagte zur Verhandlung zugezogen werden.[21]

Der berichtigte Spruch der Geschworenen ist in der üblichen Weise[22] niederzuschreiben, jedoch so, daß der frühere erkennbar bleibt.[23]

§. 73.

4. Urtheil.

Der Spruch der Geschworenen wird dem Angeklagten, nachdem dieser in das Sitzungszimmer zurückgeführt ist, durch

---

18 Aus den Motiven zur StPO. S. 184, vgl. Löwe S. 706 f.; H. Meyer in HH. Bd. II S. 206 ff.

19 StPO. §. 309. Verweigern die Geschworenen, ihren Spruch zu berichtigen, so muß trotzdem das Urtheil gefällt werden. Eine Verweisung der Sache vor ein neues Schwurgericht ist in diesem Falle nicht zulässig.

20 StPO. §. 310.

21 StPO. §. 311.

22 StPO. §. 307.

23 StPO. §. 312.

Verlesung verkündet. Die Verlesung erstreckt sich nur auf die Antworten der Geschworenen.[1]

Der weitere Verlauf der Verhandlung kann folgender sein:

a) Lautet der Spruch auf „nicht schuldig", so erfolgt Freisprechung des Angeklagten durch das Gericht, ohne daß weitere Vorträge der Staatsanwaltschaft oder des Angeklagten stattfinden.[2]

b) Lautet der Spruch auf „schuldig", so müssen vor der Urtheilsfällung die Staatsanwaltschaft und der Angeklagte mit ihren Ausführungen und Anträgen gehört werden.[3] Diese werden sich in der Regel nur noch auf die Straffrage beziehen, sei es daß die Strafe zuzumessen oder zu erörtern ist, ob nicht trotz festgestellter Schuld des Angeklagten eine Bestrafung unzulässig sei.[4]

In diesen beiden Fällen endigt die Verhandlung mit einem Urtheil, das am Schlusse zn verkünden ist; eine Aussetzung der Verkündung ist nicht gestattet.[5] In dem Urtheile ist auf den Spruch der Geschworenen Bezug zu nehmen und die Urschrift des Spruchs dem niedergeschriebenen Urtheile anzufügen.[6]

c) Ist der Schwurgerichtshof einstimmig[7] der Ansicht, daß die Geschworenen sich in der Hauptsache[8] zum Nach-

---

[1] StPO. §. 313.

[2] StPO. §. 314 Abs. 1.

[3] StPO. §. 314 Abs. 2. Vgl. H. Meyer in HH. Bd. II S. 212 ff.

[4] Vgl. StPO. §. 262 Abs. 3.

[5] StPO. §. 315.

[6] StPO. §. 316.

[7] Die Einstimmigkeit braucht sich nicht auch auf die Gründe zu erstrecken.

[8] Der Begriff ist sehr unbestimmt. Es ist m. E. Löwe (S. 713) Recht zu geben, wenn er unter der Hauptsache die Schuldfrage in ihrem ganzen Umfange verstehen und nur die Frage der mildernden Umstände ausschließen will.

theile des Angeklagten geirrt haben, so verweist er die Sache durch Beschluß ohne Begründung seiner Ansicht vor das Schwurgericht der nächsten Sitzungsperiode. Diese Verweisung ist nur von Amtswegen und bis zur Verkündung des Urtheils zulässig.

In der neuen Verhandlung, an welcher kein Geschworener Theil nehmen darf, der bei dem früheren Spruche mitgewirkt hat, muß die Sache unter allen Umständen erledigt werden.[9]

V. Verfahren gegen Abwesende.

§. 74.

Uebersicht.

Als abwesend gilt[1] nach der Strafprozeßordnung

1. derjenige, dessen Aufenthaltsort (im Inlande oder Auslande[2]) unbekannt ist, und
2. derjenige, welcher sich im Auslande aufhält, dessen Gestellung vor das zuständige Gericht aber nicht ausführbar oder nicht angemessen erscheint.[3]

Die Strafprozeßordnung hat im Anschluß an die den heutigen Strafprozeß beherrschenden Grundsätze, welche die Gegenwart des Beschuldigten fordern, als Regel aufgestellt, daß gegen Abwesende in dem obigen Sinne eine Hauptverhandlung nicht stattfinden darf. Aus Zweckmäßigkeitsgründen ist jedoch in zwei Fällen eine Ausnahme zugelassen. Eine Hauptverhandlung kann[4] hiernach bei

---

[9] StPO. §. 317.

[1] StPO. §. 318; vgl. Th. III §. 66 II.

[2] StGB. §. 8.

[3] z. B. weil sie zu kostspielig oder zu umständlich ist.

[4] StPO. §§. 319, 327. Ob eine Strafverfolgung einzutreten

den strafbaren Handlungen stattfinden, welche nur mit Geldstrafe oder Einziehung, allein oder in Verbindung mit einander bedroht sind. Dieselben Gründe, welche das Verfahren gegen einen ausgebliebenen Angeklagten rechtfertigen, lassen sich auch hier anwenden. Außerdem ist eine Hauptverhandlung gegen die Personen gestattet, welche sich der Wehrpflicht entzogen haben.[5] Da die betreffenden Verletzungen der Wehrpflicht durch das Verlassen des Inlandes oder das Verbleiben im Auslande begangen werden, so war, wenn man nicht in fast allen Fällen auf eine Bestrafung verzichten wollte, eine Ausnahme von der Regel geboten. Abgesehen von diesen beiden Ausnahmen findet eine Hauptverhandlung gegen einen Abwesenden nicht statt; es kann nur ein Verfahren eingeleitet werden, um für den Fall der künftigen Gestellung des abwesenden Beschuldigten die Beweise zu sichern.[6]

§. 75.

1. Hauptverhandlung gegen Abwesende.

Für das Hauptverfahren bei den mit Geldstrafe oder Einziehung, allein oder in Verbindung mit einander, bedrohten strafbaren Handlungen[1] gelten die allgemeinen Bestimmungen, jedoch mit folgenden Abweichungen:

1. Die Ladung des abwesenden Angeklagten zur Haupt-

---

hat oder nicht, wird nach den allgemeinen Bestimmungen entschieden. Es handelt sich hier keineswegs um eine Ausnahme von dem Legalitätsprincip; vgl. Löwe S. 717.

[5] StPO. §§. 470 f.; StGB. §§. 140, 360 Nr. 3; vgl. Th. III §. 83 dieses Buches.

[6] StPO. §. 327.

[1] Aus dem StGB. gehören hierhin §§. 145, 276, 285, 364, 365 Abs. 1.

verhandlung ist, wenn sein Aufenthalt unbekannt ist oder die Befolgung der für Zustellungen im Auslande bestehenden Vorschriften[2] unausführbar oder voraussichtlich erfolglos erscheint, in einer beglaubigten Abschrift an die Gerichtstafel bis zum Tage der Hauptverhandlung anzuheften. Außerdem ist ein Auszug der Ladung in das für amtliche Bekanntmachungen des betreffenden Bezirks bestimmte Blatt und nach Ermessen des Gerichts auch in ein anderes Blatt dreimal einzurücken. Zwischen dem Tage der letzten Bekanntmachung und der Hauptverhandlung muß eine Frist von mindestens einem Monate liegen.[3] Die Ladung muß enthalten die Angabe des Namens und, soweit dies bekannt, des Vornamens, Alters, Standes, Gewerbes oder Wohnorts oder Aufenthaltsorts des Angeklagten, die Bezeichnung der dem Angeklagten zur Last gelegten strafbaren Handlung, sowie die Angabe des Tages und der Stunde der Hauptverhandlung. Außerdem muß die Ladung die Warnung enthalten, daß bei unentschuldigtem Ausbleiben des Angeklagten die Hauptverhandlung stattfinden werde.[4]

2. Für den Angeklagten kann in der Hauptverhandlung ein Vertheidiger auftreten. Hierzu bedarf der Vertheidiger keiner besonderen Vollmacht, was jedoch nothwendig wird, sobald es sich um eine Vertretung des Angeklagten handelt. Als Vertreter des letzteren sind auch Angehörige[5] zuzulassen, ohne daß sie einer Vollmacht bedürfen.[6] Da bei den Ange-

---

[2] CPO. §§. 182 f.

[3] StPO. §. 320.

[4] StPO. §. 321.

[5] Der Begriff des Angehörigen ist hier nicht im Sinne des StGB. §. 52 Abs. 2, sondern weiter, möglichst zu Gunsten des Angeklagten zu fassen; Löwe S. 719, a. M. H. Meyer in HH. Bd. II S. 228 f.

[6] StPO. §. 322.

hörigen nur eine Vollmacht vermuthet wird, so geht ihnen der mit Vollmacht versehene Vertheidiger des Angeklagten vor;[7] abgesehen hiervon bleiben die Rechte der Angehörigen unberührt.

3. Das Urtheil ist dem Angeklagten zuzustellen.[8] Kann die Zustellung im deutschen Reiche nicht bewirkt werden, so wird das Urtheil und zwar nur der entscheidende Theil desselben zwei Wochen an der Gerichtstafel des Gerichts erster Instanz angeheftet.[9] Gegen das Urtheil kann der Angeklagte Wiedereinsetzung in den vorigen Stand beanspruchen,[10] nur darf er sich zu ihrer Begründung nicht darauf berufen, daß ihm die Ladung unbekannt geblieben sei. Die Frist für das Gesuch um Wiedereinsetzung — und dasselbe gilt für die Einlegung der Rechtsmittel — beginnt mit dem auf die erwähnten zwei Wochen folgenden Tage.[11]

4. Der Vertheidiger[12] und die Angehörigen, auch wenn die letzteren in der Hauptverhandlung als Vertreter nicht aufgetreten sind, können[13] die dem Beschuldigten zustehenden Rechtsmittel[14] einlegen. Es darf dies jedoch nicht gegen den ausgesprochenen Willen des Beschuldigten erfolgen.

5. a) Da das gegen Abwesende in dem obigen Sinne ergangene Urtheil an sich auch ausführbar ist, so können[15] zu diesem Zwecke nach Erhebung der öffentlichen Klage einzelne zum Vermögen des Angeschuldigten gehörige Gegenstände mit Beschlag belegt werden. Es ist hierbei auf die

---

[7] Vgl. Löwe S. 719.
[8] StPO. §. 323.
[9] StPO. §. 40 Abs. 2.
[10] Löwe S. 720, a. M. von Schwarze S. 482, H. Meyer in HH. Bd. II S. 229.
[11] Vgl. StPO. §. 43.
[12] StPO. §. 339.
[13] StPO. §. 324.
[14] Hinsichtlich der Frist gilt das im Texte unter 3. Gesagte.
[15] StPO. §. 325.

den Angeschuldigten möglicherweise treffende höchste Geldstrafe und die Kosten des Verfahrens Rücksicht zu nehmen.

Die Beschlagnahme, auf welche die Bestimmungen der Civilprozeßordnung über die Vollziehung und die Wirkungen des dinglichen Arrestes entsprechend anzuwenden sind,[16] ist aufzuheben, wenn der Grund derselben weggefallen ist.

b) Erscheint eine Beschlagnahme einzelner Vermögensstücke nicht ausführbar, so kann durch Beschluß des Gerichts das im deutschen Reiche befindliche Vermögen des Angeschuldigten mit Beschlag belegt werden. Der Beschluß ist durch den deutschen Reichsanzeiger oder auch noch durch andere Blätter öffentlich bekannt zu machen. Verfügungen, welche der Angeschuldigte über sein mit Beschlag belegtes Vermögen nach der ersten durch den deutschen Reichsanzeiger bewirkten Veröffentlichung des Beschlusses trifft, sind der Staatskasse gegenüber nichtig.[17]

Die Beschlagnahme des Vermögens ist aufzuheben, wenn der Grund derselben weggefallen ist oder der durch sie zu erreichende Zweck durch Beschlagnahme einzelner Vermögensstücke erreicht werden kann. Die Aufhebung ist in derselben Weise wie die Beschlagnahme zu veröffentlichen.[18]

§. 76.

2. Verfahren zur Sicherung der Beweise.

I. In den nicht erwähnten Fällen kann gegen einen Abwesenden ein Verfahren nur eingeleitet werden, um für den Fall seiner künftigen Gestellung die Beweise zu sichern.

---

[16] CPO. §§. 796 ff.
[17] StPO. §. 325 Abs. 1 und 2.
[18] StPO. §. 325 Abs. 3 und 4.

Es hängt lediglich von der Staatsanwaltschaft ab, ob ein Verfahren einzuleiten ist. Diese wird sich dabei einerseits von der Wichtigkeit der betreffenden Strafsache, andererseits von der größeren oder geringeren Wahrscheinlichkeit der künftigen Gestellung des Angeschuldigten leiten lassen. Die Staatsanwaltschaft hat auch darüber zunächst zu bestimmen, welche Beweise und in welcher Art dieselben sicher zu stellen sind. In der Strafprozeßordnung ist nur vorgeschrieben, daß Zeugen und Sachverständige eidlich zu vernehmen sind.[1]

Die Sicherung der Beweise kann im Vorbereitungsverfahren erfolgen; in diesem Falle hat die Staatsanwaltschaft auch über die Beendigung des Verfahrens zu entscheiden. Oder es kann in den Fällen, wo dies gesetzlich zulässig ist,[2] die Eröffnung der Voruntersuchung beantragt werden. Es ist dies jedoch an sich nicht nothwendig, da die Beweise auch in diesen letzteren Fällen im Vorbereitungsverfahren gesichert werden können. Voruntersuchung muß dagegen eröffnet werden, wenn eine Beschlagnahme des Vermögens des Abwesenden eintreten soll.[3] Ist eine Voruntersuchung eröffnet oder stellt sich im Laufe derselben erst die Abwesenheit des Angeschuldigten heraus, so ist, nachdem die Beweise gesichert sind, das Verfahren vorläufig einzustellen, falls nicht ein anderes Resultat der Voruntersuchung sich ergeben sollte. Es finden hier die Vorschriften über die Voruntersuchung entsprechende Anwendung.[4] Wenn die Abwesenheit des Angeklagten erst nach Eröffnung des Hauptverfahrens bekannt wird, ist das Verfahren in gleicher Weise einzustellen; die noch erforderlichen Beweisaufnahmen sind nach Anhörung der Staats-

[1] StPO. §. 328 Abs. 2.

[2] StPO. §. 176; vgl. Th. III §. 63 dieses Buches.

[3] StPO. §. 332. Vgl. Löwe S. 723.

[4] StPO. §. 336 Abs. 1.

anwaltschaft nicht durch das Gericht, sondern stets durch einen beauftragten oder ersuchten Richter vorzunehmen.[5]

II. Für das Verfahren zur Sicherung der Beweise hat die Strafprozeßordnung noch folgende Bestimmungen getroffen.

1. Das Gericht kann den Abwesenden, dessen Aufenthalt zwar unbekannt, von dem aber anzunehmen ist, daß er der Ladung folgen leisten werde, in öffentlichen Blättern zum Erscheinen vor Gericht oder zur Anzeige seines Aufenthaltsortes auffordern.[6] Es ist auch befugt, einem Abwesenden Benachrichtigungen[7] über den Fortgang des Verfahrens zukommen zu lassen, der Angeschuldigte selbst hat jedoch keinen Anspruch auf Benachrichtigung.[8]

2. Ein Vertheidiger ist in dem Verfahren zuzulassen. Auch Angehörige des Beschuldigten können einen Vertheidiger für denselben wählen.[9]

3. Um die Gestellung des Abwesenden zu bewirken, kann auf Beschluß des Gerichts die Beschlagnahme seines im deutschen Reiche belegenen Vermögens eintreten.[10] Diese Beschlagnahme ist, abgesehen von den zur Zuständigkeit der Schöffengerichte[11] gehörigen Strafsachen, allgemein zulässig, wenn

a) die öffentliche Klage erhoben ist und

b) Verdachtsgründe vorliegen, welche die Erlassung eines Haftbefehls[12] rechtfertigen würden.

---

5 StPO. §. 331.

6 StPO. §. 330.

7 Vgl. z. B. StPO. §§. 191, 193.

8 StPO. §. 329.

9 StPO. §. 328.

10 StPO. §. 332.

11 GVG. §. 27.

12 Vgl. StPO. §. 112. Der Haftbefehl ist neben der Beschlagnahme, diese auch ohne Erlassung eines Haftbefehls zulässig.

Der Beschluß des Gerichts, durch welchen die Beschlagnahme des Vermögens verhängt wird, ist durch den deutschen Reichsanzeiger oder auch sonst noch zu veröffentlichen.[13] In Folge dessen verliert der Angeschuldigte mit dem Zeitpunkte der ersten Bekanntmachung in dem deutschen Reichsanzeiger das Recht, über das in Beschlag genommene Vermögen unter Lebenden zu verfügen. Die Ausführung der Beschlagnahme erfolgt durch diejenige Behörde, welche für die Einleitung einer Vormundschaft über Abwesende zuständig ist. Diese Behörde, welcher der Beschluß mitzutheilen ist,. hat eine Güterpflege einzuleiten.[14]

Die Aufhebung der Beschlagnahme erfolgt, wenn die Gründe derselben weggefallen sind, z. B. wenn der Abwesende sich stellt oder verhaftet wird oder Sicherheit leistet. In dem Beschlusse über die Voruntersuchung muß zugleich über die Fortdauer oder Aufhebung der Beschlagnahme[15] entschieden werden.[16]

§. 77.

3. Sicheres Geleit.

1. Das sichere Geleit ist ein in allen Strafsachen zulässiges Mittel, die Selbstgestellung des abwesenden Beschuldigten zu befördern. Es besteht darin, daß dem letzteren Befreiung von der Untersuchungshaft gewährt wird.[1]

2. Die Ertheilung des sicheren Geleits erfolgt auf Antrag durch Beschluß des Gerichts; es ist jedoch vor

---

13 StPO. §. 333.

14 StPO. §. 334.

15 Vgl. die analoge Bestimmung hinsichtlich der Untersuchungshaft in StPO. §. 205 Abs. 2.

16 StPO. §. 336 Abs. 2.

1 StPO. §. 337.

Ertheilung die Staatsanwaltschaft zu hören.[2] Das sichere Geleit bezieht sich nur auf die strafbare Handlung, für welche es ertheilt ist, schützt daher nicht vor Verhaftung wegen anderer strafbarer Handlungen, mögen sie vor oder nach Ertheilung des sicheren Geleits begangen sein. Die Ertheilung desselben kann von Bedingungen abhängig gemacht werden z. B. davon, daß der Beschuldigte sich bis zu einem gewissen Tage gestellt oder sein Verbleiben an einem bestimmten Orte zugesichert oder Sicherheit geleistet hat.

3. Das sichere Geleit erlischt:

a) wenn ein auf Freiheitsstrafe lautendes Urtheil[3] ergeht, oder

b) wenn der Beschuldigte Anstalten zur Flucht trifft, oder

c) wenn er die Bedingungen nicht erfüllt, unter welchen ihm das sichere Geleit ertheilt worden ist.

Die Aufhebung des sicheren Geleits erfordert in gleicher Weise wie die Ertheilung desselben einen Beschluß des Gerichts. Der Aufhebung braucht die Verhaftung des Beschuldigten nicht zu folgen.

VI. Verfahren auf erhobene Privatklage.

§. 78.

1. Die Privatklage[1] ist bei dem zuständigen Amtsgerichte zu erheben. Das Amtsgericht bleibt auch zuständig, wenn die Staatsanwaltschaft im Laufe des Verfahrens die Ver-

---

[2] StPO. §. 33.

[3] Auf die Rechtskraft des Urtheils kommt es nicht an.

[1] Ueber die allgemeinen Vorschriften in Betreff der Privatklage und des Privatklägers vgl. Th. II §§. 33—35.

folgung übernimmt.[2] Im Falle eines Zusammenhanges kann eine Privatklagesache gleichzeitig mit einer auf öffentliche Klage anhängig gemachten Sache bei einem anderen Gerichte verhandelt werden; nur vor dem Schwurgerichte ist dies nicht gestattet.[3]

Die Erhebung der Privatklage[4] geschieht durch Einreichung einer Anklageschrift oder zu Protokoll des Gerichtsschreibers. Die Privatklage muß den Erfordernissen entsprechen, welche für die von der Staatsanwaltschaft erhobene Klage vorgeschrieben sind.[5] Mit der Privatklage sind zwei Abschriften derselben einzureichen; ist die Privatklage zu Protokoll des Gerichtsschreibers erhoben, so sind die Abschriften auf der Gerichtsschreiberei anzufertigen.[6]

Handelt es sich um eine solche Beleidigung, bei welcher ein Sühneversuch[7] vorgeschrieben ist,[8] so muß der Privatkläger zugleich mit der Privatklage noch eine Bescheinigung darüber einreichen, daß die Sühne erfolglos versucht worden ist.[9]

2. Die Prüfung der Privatklage durch den Amtsrichter erstreckt sich zunächst nur darauf, ob dieselbe rechtzeitig[10] und

---

[2] Löwe S. 48, von Schwarze S. 567 f.

[3] StPO. §. 424 Abs. 2.

[4] Das Verfahren auf erhobene Privatklage ist an einem speziellen Falle durchgeführt bei Meves S. 178—193.

[5] StPO. §. 198 Abs. 1.

[6] StPO. §. 421.

[7] Vgl. hierüber bes. von Schwarze Erörterungen S. 42—46.

[8] Th. II §. 33.

[9] StPO. §. 420 Abs. 1. Nach der preuß. Schiedsmannsordnung §. 37 Abs. 2 ist der Beschuldigte nicht verpflichtet, in dem Sühnetermin zu erscheinen; anders nach §. 13 der k. sächsischen Verordnung vom 16. Mai 1879, die Bestellung von Friedensrichtern betreffend, welche den Beschuldigten unter Androhung einer Zwangsstrafe ladet.

[10] Th. II §. 33.

vorschriftsmäßig erhoben sei. Ist dies nicht der Fall, so wird die Privatklage durch Verfügung zurückgewiesen, im entgegengesetzten Falle theilt der Amtsrichter die eine Abschrift dem Beschuldigten unter Bestimmung einer Frist zur Erklärung, die andere Abschrift aber der Staatsanwaltschaft[11] zur Kenntnißnahme mit, damit dieselbe in der Lage ist, nöthigenfalls das öffentliche Interesse wahrnehmen zu können. Der Amtsrichter kann noch vor der Mittheilung der beiden Abschriften von dem Privatkläger unter gewissen Bedingungen[12] die Leistung einer Sicherheit für die Kosten fordern. Außerdem ist der Privatkläger verpflichtet, einen Gebührenvorschuß von zehn Mark für die Instanz,[13] auch bei jedem Antrage auf Vornahme einer Handlung, mit welcher baare Auslagen verbunden sind, einen zur Deckung derselben hinreichenden Vorschuß zu zahlen. Das Letztere gilt auch für den Angeschuldigten.[14]

3. Nach Ablauf der dem Beschuldigten bewilligten Frist, gleichviel ob derselbe eine Erklärung eingereicht hat oder nicht,[15] tritt der Amtsrichter in die materielle Prüfung der Privatklage ein und entscheidet auf Grund der Bestimmungen,

---

[11] Gemeint ist die Amtsanwaltschaft, von Schwarze Erörterungen S. 54; a. M. Löwe S. 847, Meves S. 180. Aus den §§. 416, 417 Abs. 2 kann die Ansicht, daß die Abschrift der Staatsanwaltschaft bei dem Landgerichte zu überreichen sei, nicht abgeleitet werden; denn §. 416 spricht von der Erhebung der öffentlichen Klage in Privatklagesachen, bevor eine Privatklage erhoben ist, §. 417 Abs. 2 von dem Eintritt der Staatsanwaltschaft nach erhobener Privatklage. Im ersteren Fall ist die Strafkammer des Landgerichts zuständig, im letzteren wird die Zuständigkeit des Schöffengerichts nicht beseitigt.

[12] Vgl. Th. II §. 34 und von Schwarze Erörterungen S. 47—50.

[13] GKG. §. 83.

[14] GKG. §. 84.

[15] Auf eine Erklärung der Staatsanwaltschaft braucht der Amtsrichter nicht zu warten.

welche bei einer von der Staatsanwaltschaft unmittelbar erhobenen Anklage Anwendung finden, ob das Hauptverfahren zu eröffnen oder die Privatklage zurückzuweisen sei.[16] Weist der Amtsrichter die Privatklage zurück, so muß aus dem Beschlusse ersichtlich sein, ob derselbe auf thatsächlichen oder auf Rechtsgründen beruht. Gegen diesen Beschluß kann der Privatkläger die sofortige Beschwerde einlegen.[17] Im entgegengesetzten Falle beschließt der Amtsrichter die Eröffnung des Hauptverfahrens. Diesen Beschluß kann der Angeklagte nur (durch sofortige Beschwerde) anfechten, wenn der von ihm erhobene Einwand der örtlichen Unzuständigkeit verworfen ist.[18]

4. Der Amtsrichter beraumt darauf den Termin zur Hauptverhandlung vor dem Schöffengericht an und ladet hierzu den Privatkläger und den Angeklagten. In beiden Ladungen kann auf die Folgen des Ausbleibens hingewiesen werden. Zwischen der Zustellung der Ladung des Privatklägers zur Hauptverhandlung und dem Tage der letzteren muß eine Frist von mindestens einer Woche liegen.[19] Der Amtsrichter bestimmt auch die Personen, welche als Zeugen oder Sachverständige zur Hauptverhandlung geladen werden sollen, doch können der Privatkläger und der Angeklagte noch andere Zeugen und Sachverständige unmittelbar laden.[20] Mit der Zustellung der Ladungen haben sie den Gerichtsvollzieher zu beauftragen.[21] Der Termin zur Hauptverhand-

---

16 StPO. §. 423.

17 StPO. §§. 209 Abs. 2, 430.

18 Löwe S. 849, von Schwarze Erörterungen S. 56; a. M. Meves S. 182.

19 StPO. §. 425 Abs. 3.

20 StPO. §. 426.

21 StPO. §. 38. Die auf richterliche Anordnung erfolgenden Ladungen geschehen ebenfalls durch den Gerichtsvollzieher; StPO. §. 425 Abs. 2.

lung ist außerdem noch der Staatsanwaltschaft bekannt zu machen.[22]

5. Für den Verlauf des Verfahrens kommt es darauf an, ob die Parteien oder nur der Privatkläger oder nur der Angeklagte in der Hauptverhandlung erschienen sind oder nicht.

a) Ist der Privatkläger nicht erschienen und auch nicht durch einen mit schriftlicher Vollmacht versehenen Rechtsanwalt[23] vertreten,[24] so ist die Privatklage als zurückgenommen[25] zu betrachten und das Verfahren einzustellen.[26] Dasselbe geschieht, wenn der Privatkläger in der Hauptverhandlung oder einem anderen Termine ausbleibt, obgleich das Gericht, wozu es befugt ist,[27] sein persönliches Erscheinen angeordnet hatte, oder eine Frist z. B. für die Leistung der Sicherheit oder des Gebührenvorschusses nicht einhält, welche ihm unter der Androhung der Einstellung des Verfahrens gesetzt war.[26] Gegen die Versäumung kann der Privatkläger Wiedereinsetzung in den vorigen Stand beanspruchen.[28]

b) Ist der Angeklagte nicht erschienen und auch nicht durch einen mit schriftlicher Vollmacht versehenen Rechtsanwalt vertreten,[29] so kann zur Hauptverhandlung nur dann geschritten werden, wenn der Angeklagte auf seinen Antrag wegen großer Entfernung von der Verpflichtung zum Erscheinen entbunden war und voraussichtlich keine andere Strafe

---

[22] StPO. §. 417 Abs. 1.

[23] An diesen können für den Privatkläger bestimmte Zustellungen mit rechtlicher Wirkung gemacht werden; StPO. §. 418 Satz 2.

[24] StPO. §. 418 Satz 1.

[25] Ueber das Recht der Zurücknahme der Privatklage vgl. StPO. §§. 431, 432 und Th. II §. 34 dieses Buches.

[26] StPO. §. 431 Abs. 2 und 3.

[27] StPO. §. 427 Abs. 3.

[28] StPO. §. 431 Abs. 4.

[29] StPO. §. 427 Abs. 1 und 2.

als Freiheitsstrafe bis zu sechs Wochen oder Geldstrafe oder Einziehung allein oder in Verbindung mit einander zu erwarten steht.[30] Abgesehen von diesem Falle kann bei den durch Privatklage zu verfolgenden strafbaren Handlungen gegen einen ausgebliebenen[31] oder einen abwesenden[32] Angeklagten eine Hauptverhandlung nicht stattfinden. Ist der Angeklagte daher nicht erschienen, so kann das Gericht nur denselben vorführen lassen.[33]

6. Das weitere Verfahren richtet sich nach den Bestimmungen, welche für das Verfahren auf erhobene öffentliche Klage gegeben sind.[34] Den Umfang der Beweisaufnahme bestimmt jedoch das Gericht, ohne hierbei durch Anträge, Verzichte oder frühere Beschlüsse gebunden zu sein.[35]

Bei wechselseitigen d. h. in ursachlichem Zusammenhange stehenden Beleidigungen und Körperverletzungen[36] kann der Beschuldigte bis zur Beendigung der Schlußvorträge[37] in erster Instanz mittels einer Widerklage die Bestrafung des Privatklägers beantragen.[38] Es ist dabei vorauszusetzen, daß die Widerklage wegen einer Beleidigung oder Körperverletzung stattfindet, welche ebenfalls durch Privatklage zu verfolgen ist. Auch muß der Beschuldigte als Widerkläger die für die Erhebung der Privatklage erforderliche Prozeßfähigkeit besitzen. Ist dies nicht der Fall, so muß er sich in

---

[30] StPO. §. 232.
[31] StPO. §. 231.
[32] StPO. §. 319.
[33] StPO. §. 427 Abs. 3.
[34] StPO. §§. 424 Abs. 1, 425.
[35] StPO. §. 244 Abs. 2.
[36] Vgl. StGB. §§. 198, 232 Abs. 3.
[37] StPO. §. 257; vgl. Th. III §. 68 III dieses Buches. Die Frist des §. 198 des StGB. hat für Privatklagesachen, so lange die öffentliche Klage wegen derselben nicht erhoben ist, keine Bedeutung. Vgl. hierüber bes. Dochow in HH. Bd. II S. 367ff.
[38] StPO. §. 428 Abs. 1.

seiner Eigenschaft als Widerkläger vertreten lassen. Zu einer Sicherheitsleistung ist der Widerkläger nicht verpflichtet; auch braucht, wenn es sich bei der Widerklage um eine Beleidigung handelt, ein Sühnetermin nicht vorauszugehen.

Die Widerklage kann bereits vor der Hauptverhandlung erhoben werden; es finden dann die Vorschriften über die Erhebung der Privatklage Anwendung. In der Hauptverhandlung wird die Widerklage in der Regel mündlich erhoben werden. Die Ueberreichung einer Anklageschrift ist jedoch auch hier nicht ausgeschlossen.[39] An die Staatsanwaltschaft braucht die vor oder in der Hauptverhandlung überreichte Anklageschrift nicht mitgetheilt zu werden.[40]

Ueber die Privatklage und die Widerklage wird gleichzeitig erkannt. Dabei ist die Zurücknahme der Privatklage ohne Einfluß auf das Verfahren über die Widerklage.[41]

7. Ergibt sich nach verhandelter Sache, daß die festgestellte strafbare Handlung nicht durch Privatklage verfolgt werden kann, so hat das Gericht durch Urtheil das Verfahren einzustellen und die Verhandlungen der Staatsanwaltschaft mitzutheilen. Eine Verweisung an das zuständige Gericht findet in einem solchen Falle nicht statt.[42]

8. Der Privatkläger kann die Rechtsmittel einlegen, welche der Staatsanwaltschaft in dem auf öffentliche Klage erhobenen Verfahren zustehen.[43] Jedes von dem Privatkläger

---

[39] Löwe S. 855.

[40] von Schwarze Erörterungen S. 35 will die vor der Hauptverhandlung erhobene Privatklage an die Staatsanwaltschaft mitgetheilt wissen. — Erhebt die Staatsanwaltschaft nach erhobener Widerklage die öffentliche Klage, so fällt die Widerklage fort.

[41] StPO. §. 428 Abs. 2 und 3.

[42] StPO. §. 429.

[43] StPO. §. 430.

eingelegte Rechtsmittel hat die Wirkung, daß die angefochtene Entscheidung auch zu Gunsten des Angeklagten abgeändert oder aufgehoben werden kann.

Gegen das von dem Schöffengerichte erlassene Urtheil in Privatklagesachen, gleichviel ob Privatklage oder öffentliche Klage erhoben ist, kann das Rechtsmittel der Berufung und gegen das in der Berufungsinstanz erlassene Urtheil des Landgerichts das Rechtsmittel der Revision eingelegt werden. Die Revision kann in diesem Falle wegen Verletzung einer Rechtsnorm über das Verfahren nur auf Verletzung der Vorschrift des §. 398 der Strafprozeßordnung gestützt werden.[44] Gegen das von dem Landgerichte in erster Instanz auf erhobene öffentliche Klage erlassene Urtheil in Privatklagesachen ist das Rechtsmittel der Revision ohne die erwähnte Beschränkung zulässig. Der Privatkläger kann auch Wiederaufnahme des Verfahrens zu Ungunsten des Angeklagten beantragen.[45]

Revisionsanträge und Anträge auf Wiederaufnahme des Verfahrens kann der Privatkläger nur mittels einer von einem Rechtsanwalt unterzeichneten Schrift anbringen.[46]

9. Die Zurücknahme der Privatklage[47] und der Tod des Privatklägers, der die Einstellung des Verfahrens zur Folge hat,[48] sowie die Fortsetzung[49] der Privatklage sind dem Beschuldigten bekannt[50] zu machen.[51]

---

[44] StPO. §. 380.
[45] StPO. §§. 402, 430 Abs. 1.
[46] StPO. §. 430 Abs. 2.
[47] StPO. §. 432.
[48] StPO. §. 433 Abs. 1.
[49] StPO. §. 433 Abs. 2 und 3.
[50] StPO. §. 434.
[51] Ueber den Fall, wenn die Staatsanwaltschaft die Verfolgung übernimmt, vgl. Th. II §§. 34, 35.

VII. Besondere Arten des Verfahrens.

§. 79.

Uebersicht.

Als besondere Arten des Verfahrens kennt die Strafprozeßordnung: 1. das Verfahren bei amtsrichterlichen Strafbefehlen,[1] 2. nach vorangegangener polizeilicher Strafverfügung,[2] 3. bei Strafbescheiden der Verwaltungsbehörden (administratives Strafverfahren),[3] 4. gegen Abwesende, welche sich der Wehrpflicht entzogen haben,[4] und 5. bei Einziehungen und Vermögensbeschlagnahmen (objectives Strafverfahren).[5]

Die drei ersten Arten stimmen darin überein, daß bei ihnen im Interesse des Staates und des Beschuldigten eine Hauptverhandlung in der Regel nicht stattfinden soll. Es ist jedoch hierbei dem Beschuldigten die Möglichkeit gegeben, die betreffenden Strafsachen zur Hauptverhandlung zu bringen. Nur das Verfahren bei amtsrichterlichen Strafbefehlen ist in der Strafprozeßordnung vollständig geregelt. Für das Verfahren nach vorangegangener polizeilicher Strafverfügung und bei Strafbescheiden sind nur einige Normativbestimmungen aufgestellt, die einer Ergänzung durch die Reichs- oder Landesgesetzgebung bedürfen.

Das Verfahren gegen abwesende Wehrpflichtige bildet eine Ausnahme von der Regel, daß gegen Abwesende eine Hauptverhandlung nicht stattfinden soll, und das Verfahren bei Einziehungen u. s. w. zeichnet sich dadurch aus, daß die

---

[1] StPO. §§. 447—452.
[2] StPO. §§. 453—458.
[3] StPO. §§. 459—469.
[4] StPO. §§. 470—476.
[5] StPO. §§. 477—480.

Hauptverhandlung bei demselben in der Regel stattfindet, auch wenn die Strafverfolgung oder die Verurtheilung einer bestimmten Person nicht ausführbar ist.

§. 80.

1. Verfahren bei amtsrichterlichen Strafbefehlen.

I. Die nach dem Gerichtsverfassungsgesetze §. 27 Nr. 1 und 2 zur Zuständigkeit der Schöffengerichte gehörigen Uebertretungen und Vergehen können ohne vorgängige Hauptverhandlung durch schriftlichen Strafbefehl des Amtsrichters erledigt werden. Es sind daher die an die Schöffengerichte überwiesenen Vergehen ausgeschlossen, da die Ueberweisung die Eröffnung des Hauptverfahrens voraussetzt.[1]

Ein Strafbefehl ist nur zulässig, wenn die Staatsanwaltschaft ihn schriftlich beantragt und im einzelnen Falle keine andere Strafe als Geldstrafe von höchstens einhundertfünfzig Mark oder[2] Freiheitsstrafe von höchstens sechs Wochen, sowie eine etwa verwirkte Einziehung festgesetzt wird. Die Ueberweisung des Beschuldigten an die Landespolizeibehörde[3] darf in einem Strafbefehle nicht ausgesprochen werden.[4]

II. Ein Strafbefehl kann auch gegen einen verhafteten[5] Beschuldigten erlassen werden. Gegen einen abwesenden Beschuldigten ist in den Fällen ein Strafbefehl zulässig, in welchen eine Hauptverhandlung gegen ihn stattfinden könnte,[6]

---

[1] Vgl. Th. I §. 7 II 2.

[2] Es gilt dies auch für die Fälle, in welchen Geldstrafe und Freiheitsstrafe in Verbindung mit einander angedroht sind, Löwe S. 873 f., von Schwarze Erörterungen S. 3.

[3] StGB. §. 362.

[4] StPO. §. 447.

[5] Das in §. 211 der StPO. vorgeschriebene Verfahren dürfte in vielen Fällen, besonders wenn es sich um Uebertretungen handelt, den Vorzug verdienen.

[6] StPO. §. 319.

jedoch muß die Zustellung in der regelmäßigen für Zustellungen im Auslande vorgeschriebenen Weise[7] ausführbar sein. Ausgeschlossen ist die Erlassung eines Strafbefehls gegen einen Beschuldigten, der das achtzehnte Lebensjahr noch nicht vollendet hat, da vor jeder Verurtheilung desselben festgestellt werden muß, ob er die zur Erkenntniß der Strafbarkeit einer Handlung erforderliche Einsicht besessen hat oder nicht.[8]

III. Der Antrag der Staatsanwaltschaft auf Erlassung eines Strafbefehls ist auf eine bestimmte Strafe zu richten.[9] Bei einer Geldstrafe empfiehlt es sich die Freiheitsstrafe anzugeben, welche in dem Falle eintreten soll, wenn die Geldstrafe nicht beigetrieben werden kann.[10] Der Antrag muß derartig substantiirt sein, daß er die Anklageschrift eventuell zu ersetzen geeignet ist. Beweiserhebungen haben der Entscheidung des Amtsrichters nicht vorauszugehen.

Hält der Amtsrichter die Strafverfolgung der betreffenden Sache überhaupt für unzulässig, z. B. weil er sie für nicht strafbar erachtet oder wegen Verjährung oder Fehlen des Antrages, so wird der Antrag auf Erlassung eines Strafbefehls durch Verfügung zurückgewiesen. Hiergegen kann die Staatsanwaltschaft das Rechtsmittel der sofortigen Beschwerde einlegen.[11] Hält der Amtsrichter die Strafverfolgung zwar für zulässig, findet jedoch Bedenken, die Strafe ohne

---

[7] CPO. §§. 182 ff. Oeffentliche Zustellung ist unzulässig.

[8] StGB. §§. 56, 57. von Schwarze Erörterungen S. 57 will hier den Strafbefehl zulassen, wenn die Erkenntniß der Strafbarkeit vorher festgestellt werden kann; allein das soll nur durch den Richter und für jeden Fall besonders geschehen, so daß selbst Vorbestrafungen des jugendlichen Thäters die Feststellung der Erkenntniß in einem neuen Falle nicht ersetzen können.

[9] StPO. §. 448 Abs. 1.

[10] StPO. §. 491.

[11] StPO. §. 209 Abs. 2.

Hauptverhandlung festzusetzen, so muß er die Strafsache zur Hauptverhandlung bringen.[12] Da ein Strafbefehl nur erlassen werden kann, wenn Staatsanwaltschaft und Amtsrichter vollständig einverstanden sind, so muß eine Strafsache auch dann zur Hauptverhandlung gebracht werden, wenn der Amtsrichter eine andere als die beantragte Strafe festsetzen will und eine Verständigung zwischen der Staatsanwaltschaft und dem Amtsrichter hierüber nicht erfolgt ist. Wird die Strafsache zur Hauptverhandlung gebracht, so steht der Staatsanwaltschaft ein Rechtsmittel nicht zur Verfügung. Der Amtsrichter braucht übrigens nicht in allen Fällen die Eröffnung des Hauptverfahrens zu beschließen, bei Uebertretungen[13] kann vielmehr unter gewissen Bedingungen ohne eine Entscheidung über die Eröffnung des Hauptverfahrens zur Hauptverhandlung geschritten werden.[14]

IV. Der Strafbefehl muß[15] enthalten:

1. die strafbare Handlung,
2. die hierfür festgesetzte Strafe,
3. das angewendete Strafgesetz,
4. die Beweismittel und

---

[12] StPO. §. 448 Abs. 2.

[13] StPO. §. 211.

[14] Löwe S. 876. Meves in HH. Bd. II S. 392 verlangt nur Anberaumung des Termins zur Hauptverhandlung; er scheint jedoch nicht beachtet zu haben, daß nicht lediglich Uebertretungen durch Strafbefehl erledigt werden können. Keller Strafprozeß-Ordnung (1878) S. 485 überläßt es der Staatsanwaltschaft, ob und in welcher Weise vorgegangen werden soll. Das widerspricht m. E. dem klaren Ausdrucke der gesetzlichen Bestimmung in StPO. §. 448 Abs. 2.

[15] StPO. §. 449 Abs. 1. Der mögliche Inhalt des Strafbefehls ist hier jedoch nicht erschöpfend angegeben; er wird vielmehr noch eine Bestimmung über die Kosten und darüber enthalten, an welche Kasse die Geldstrafe und Kosten zu zahlen sind.

5. die Eröffnung, daß der Strafbefehl vollstreckbar werde, wenn der Beschuldigte nicht binnen einer Woche nach der Zustellung bei dem Amtsgerichte schriftlich oder zu Protokoll des Gerichtsschreibers Einspruch[16] erhebe.

Der Strafbefehl erlangt die Wirkung eines rechtskräftigen Urtheils, wenn die Einspruchsfrist abgelaufen, ohne daß Einspruch erhoben ist, oder wenn der erhobene Einspruch vor dem Beginne der Hauptverhandlung zurückgenommen[17] oder wenn auf den Einspruch vor Ablauf der Frist verzichtet worden ist.[18] Im entgegengesetzten Falle wird zur Hauptverhandlung vor dem Schöffengerichte geschritten, wenn nicht bis zum Beginne desselben die Staatsanwaltschaft die Klage fallen läßt.[19]

V. In der Hauptverhandlung, für welche die allgemeinen Regeln gelten, kann sich der Angeklagte durch einen mit schriftlicher Vollmacht versehenen Vertheidiger vertreten lassen.[20] Dies gilt auch für den verhafteten Angeklagten.[21] Bleibt der Angeklagte in der Hauptverhandlung ohne genügende Entschuldigung aus, und wird er auch nicht durch einen Vertheidiger vertreten, so wird der Einspruch ohne Beweisaufnahme durch Urtheil verworfen.[22] Das Gericht ist aber auch befugt,[23] das persönliche Erscheinen des Angeklagten anzuordnen und zu erzwingen.[24] Gegen die Ver-

[16] Eine Motivirung des Einspruchs ist nicht erforderlich.
[17] StPO. §. 451 Abs. 1.
[18] StPO. §. 449 Abs. 2.
[19] StPO. §. 451 Abs. 1.
[20] StPO. §. 451 Abs. 2.
[21] Voitus Kontroversen S. 136—138, von Schwarze Erörterungen S. 16; a. M. Löwe S. 879.
[22] StPO. §. 452 Abs. 1.
[23] StPO. §. 235.
[24] Löwe S. 879, Voitus Kontroversen S. 133 — 136;

säumung der Hauptverhandlung kann der Angeklagte Wiedereinsetzung in den vorigen Stand beanspruchen, wenn ihm die letztere nicht bereits gegen den Ablauf der Einspruchsfrist gewährt war.[25]

Ist der Angeklagte in der Hauptverhandlung erschienen oder durch einen Vertheidiger vertreten,[26] so findet das regelmäßige Verfahren statt. Da der Strafbefehl durch den Einspruch als beseitigt gilt, so ist das Schöffengericht bei der Urtheilsfällung an den in dem Strafbefehle enthaltenen Ausspruch in keiner Weise gebunden, es kann daher auch eine höhere Strafe verhängen.[27] Das von dem Schöffengerichte gefällte Urtheil kann durch Berufung angefochten werden.

§. 81.

2. Verfahren nach vorangegangener polizeilicher Strafverfügung.

I. Durch polizeiliche Strafverfügung kann[1] eine in den Strafgesetzen angedrohte (kriminelle) Strafe nur festgesetzt werden, wenn es sich um eine Uebertretung[2] handelt. Auch darf keine andere Strafe als Haft bis zu vierzehn Tagen oder Geldstrafe und diejenige Haft, welche für den Fall, daß die Geldstrafe nicht beigetrieben werden kann, an die Stelle der letzteren tritt,[3] sowie eine etwa verwirkte Einziehung verhängt werden. Die Ueberweisung des Beschul-

a. M. Keller Strafprozeß-Ordnung (1878) S. 487, von Schwarze Erörterungen S. 15.

25 StPO. §. 452 Abs. 2.

26 Dasselbe gilt auch, wenn ihm Wiedereinsetzung in den vorigen Stand gewährt ist.

27 StPO. §. 451 Abs. 3. Ueber das Verfahren vgl. noch Meves in HH. Bd. II S. 403 ff.

1 StPO. §. 453 Abs. 1 und 2.

2 StGB. §. 1 Abs. 3.

3 Diese Haft kann mehr als vierzehn Tage betragen.

digten an die Landespolizeibehörde[4] darf auch in einer polizeilichen Strafverfügung nicht vorkommen.

II. Die Strafverfügung[5] muß enthalten:[6]

1. die strafbare Handlung,
2. die hierfür festgesetzte Strafe,
3. das angewendete Strafgesetz,
4. die Beweismittel und
5. die Eröffnung, daß der Beschuldigte, sofern er nicht eine nach den Gesetzen zugelassene Beschwerde an die höhere Polizeibehörde ergreife, gegen die Strafverfügung binnen einer Woche nach der Bekanntmachung bei der Polizeibehörde, welche diese Verfügung erlassen hat, oder bei dem zuständigen Amtsgericht auf gerichtliche Entscheidung antragen könne.

Der Beschuldigte hat also in den Fällen, in welchen eine Beschwerde an die höhere Polizeibehörde zulässig ist, die Wahl, ob er sich bei dieser beschweren oder gerichtliche Entscheidung beantragen will. Sobald er den einen Weg beschritten, ist ihm der andere versperrt. Selbst innerhalb der Antragsfrist ist eine Aenderung der getroffenen Wahl nicht mehr gestattet.

Eine nicht angefochtene polizeiliche Strafverfügung wird vollstreckbar. Die Vollstreckung derselben erfolgt nach landesrechtlichen Bestimmungen, jedoch wird die Haft nach §. 18 Abs. 2 des Strafgesetzbuchs zu vollstrecken und die Geldstrafe, wenn nicht besondere Bestimmungen vorhanden sind, nach den §§. 28 und 29 des Strafgesetzbuchs umzuwandeln sein.[7]

---

4 StGB. §. 362.

5 Die Strafverfügung unterbricht die Verjährung wie eine richterliche Handlung; StPO. §. 453 Abs. 4; StGB. §. 68.

6 StPO. §. 453 Abs. 3.

7 Vgl. über den Fall, wenn

III. Der Antrag auf gerichtliche Entscheidung ist bei der Polizeibehörde schriftlich oder mündlich, bei dem Amtsgerichte schriftlich oder zu Protokoll des Gerichtsschreibers anzubringen.[8] Gegen die Versäumung der Antragsfrist ist Wiedereinsetzung in den vorigen Stand zulässig.[9] Ist der Antrag auf gerichtliche Entscheidung bei der Polizeibehörde gestellt, so übersendet diese, wenn sie die Strafverfolgung nicht zurücknimmt, die Akten an die zuständige Staatsanwaltschaft, welche sie dem Amtsrichter vorlegt.[10] Ist der Antrag bei dem Amtsgerichte gestellt, so sind die Akten auf Ersuchen der Staatsanwaltschaft von der Polizeibehörde einzusenden. Auch in diesem Falle kann die Polizeibehörde die Strafverfügung zurücknehmen. Sobald die Akten bei der Staatsanwaltschaft sich befinden oder die Sache bei Gericht anhängig geworden ist, ist diese Befugniß der Polizeibehörde erloschen. Die Staatsanwaltschaft ist nicht berechtigt, die Strafverfolgung zu unterlassen, aber auch nicht verpflichtet, die durch die Polizeibehörde erfolgte Zurücknahme der Strafverfügung für sich gelten zu lassen, sondern kann die Sache im gewöhnlichen Wege verfolgen.

Ist der Antrag rechtzeitig oder zwar verspätet gestellt, aber dem Beschuldigten Wiedereinsetzung in den vorigen Stand gewährt, so findet Hauptverhandlung vor dem Schöffengerichte wie im Falle einer von der Staatsanwaltschaft erhobenen Anklage statt.[11] Eine Anklageschrift braucht nicht mehr eingereicht zu werden, und eine Entscheidung über

---

die Polizeibehörde unterlassen hat, die an Stelle der Geldstrafe tretende Freiheitsstrafe in der Strafverfügung anzugeben, Meves in HH. Bd. II S. 415 f.

[8] StPO. §. 454 Abs. 1.

[9] StPO. §. 455.

[10] StPO. §. 454 Abs. 2.

[11] StPO. §. 457 Abs. 1.

die Eröffnung des Hauptverfahrens ist ebenfalls nicht nothwendig.[12]

Der Angeklagte kann sich in der Hauptverhandlung durch einen mit schriftlicher Vollmacht versehenen Vertheidiger vertreten lassen.[13] Bis zum Beginne der Hauptverhandlung kann der Antrag auf gerichtliche Entscheidung zurückgenommen werden.[14] Da besondere Bestimmungen für den Fall nicht getroffen sind, wenn der Beschuldigte in der Hauptverhandlung ausbleibt oder sich nicht vertreten läßt, so gelten die allgemeinen Vorschriften der Strafprozeßordnung.[15]

Bei der Urtheilsfällung ist das Gericht an den Ausspruch der Polizeibehörde nicht gebunden.[16] Stellt sich nach dem Ergebnisse der Hauptverhandlung die That des Angeklagten als eine solche dar, bei welcher die Polizeibehörde zum Erlaß einer Strafverfügung nicht befugt war, so hat das Gericht die letztere durch Urtheil aufzuheben, ohne in der Sache selbst zu entscheiden.[17] Die weitere Verfolgung der Sache hängt dann von dem Ermessen der Staatsanwaltschaft ab.

§. 82.

3. Verfahren bei Zuwiderhandlungen gegen die Vorschriften über die Erhebung öffentlicher Abgaben und Gefälle.

I. Durch Strafbescheid der Verwaltungsbehörden (administratives Strafverfahren) können bei Zuwiderhandlungen gegen die Vorschriften über die Erhebung öffentlicher Ab=

[12] StPO. §. 456 Abs. 1.
[13] StPO. §. 457 Abs. 2.
[14] StPO. §. 456 Abs. 2.
[15] StPO. §§. 231 ff.
[16] StPO. §. 457 Abs. 3.
[17] StPO. §. 458.

gaben und Gefälle[1] nur Geldstrafen[2] sowie eine etwa verwirkte Einziehung festgesetzt werden.[3]

Der Strafbescheid[4] muß enthalten:

1. die strafbare Handlung,
2. die hierfür festgesetzte Strafe,
3. das angewendete Strafgesetz,
4. die Beweismittel und
5. die Eröffnung, daß der Beschuldigte, sofern er nicht eine nach den Gesetzen zugelassene Beschwerde an die höhere Verwaltungsbehörde ergreife, gegen den Strafbescheid binnen einer Woche nach der Bekanntmachung bei der Verwaltungsbehörde, welche denselben erlassen, oder bei derjenigen, welche ihn bekannt gemacht hat, (schriftlich oder mündlich) auf gerichtliche Entscheidung antragen könne.

Der Beschuldigte hat hier im einzelnen Falle ebenso wie bei der polizeilichen Strafverfügung nur die Wahl zwischen zwei Mitteln gegen den Strafbescheid.[5]

II. Ist auf gerichtliche Entscheidung angetragen, so übersendet die Verwaltungsbehörde, wenn sie den Strafbescheid nicht zurücknimmt, die Akten an die zuständige

---

[1] Der Begriff der öffentlichen Abgaben und Gefälle ist im weitesten Sinne zu nehmen und beschränkt sich nicht auf die an die Reichs- bzw. Staatskassen zu entrichtenden.

[2] Ein Maximum ist nicht angegeben.

[3] Das RGes. über das Postwesen des deutschen Reichs vom 28. Oktober 1871 §§. 34 ff. hat, ohne auf das Landesrecht zu verweisen, die Materie reichsrechtlich geregelt.

[4] Der Strafbescheid unterbricht die Verjährung wie eine richterliche Handlung; StPO. §. 459 Abs. 3, StGB. §. 68.

[5] Vgl. Th. III §. 81 II.

Staatsanwaltschaft,[6] welche sie dem Gerichte vorlegt.[7] Gegen die Versäumung der Antragsfrist ist Wiedereinsetzung in den vorigen Stand zulässig.[8]

Ist der Antrag rechtzeitig oder zwar verspätet gestellt, aber dem Beschuldigten Wiedereinsetzung in den vorigen Stand gewährt, so findet Hauptverhandlung vor dem zuständigen Gerichte statt. Eine Anklageschrift braucht nicht mehr eingereicht zu werden und eine Entscheidung über die Eröffnung des Hauptverfahrens ist ebenfalls nicht nothwendig.[9] Bis zum Beginne der Hauptverhandlung kann der Antrag zurückgenommen werden.[10]

III. Die Verwaltungsbehörde kann bei der Staatsanwaltschaft die Strafverfolgung der betreffenden Zuwiderhandlungen beantragen.[11]

a) Lehnt die Staatsanwaltschaft den Antrag auf Strafverfolgung ab, so ist die Verwaltungsbehörde befugt, selbst die Anklage[12] zu erheben.[13] Mit der Vertretung der Anklage hat sie einen Beamten ihres Verwaltungszweiges oder einen Rechtsanwalt zu beauftragen und in der Anklage namhaft zu machen.[14] Das Verfahren regelt sich in einem solchen Falle nach den für die Privatklage gegebenen Bestimmungen.[15]

---

6 Die Verwaltungsbehörde ist nicht mehr zur Zurücknahme des Strafbescheides befugt, wenn die Akten bei der Staatsanwaltschaft sich befinden.

7 StPO. §. 460.

8 StPO. §. 461.

9 StPO. §. 462 Abs. 1.

10 StPO. §. 462 Abs. 2.

11 Vgl. über die Stellung der Staatsanwaltschaft zu den Verwaltungsbehörden Th. II §. 32.

12 Der Antrag auf Eröffnung der Voruntersuchung steht ihr nicht zu.

13 StPO. §. 464 Abs. 1.

14 StPO. §. 464 Abs. 2. Eine besondere Vollmacht ist nicht erforderlich.

15 StPO. §. 466. Zu einer Sicherheitsleistung (StPO. §. 417 Abs. 1) ist jedoch die Verwaltungsbehörde nicht verpflichtet. Vgl. noch Löwe S. 894 f.

Die Staatsanwaltschaft ist berechtigt, in jeder Lage des Verfahrens mitzuwirken; sie hat die zur Hauptverhandlung erforderlichen Ladungen zu bewirken und muß in der Hauptverhandlung vertreten sein. Auch sind ihr alle im Laufe des Verfahrens ergehenden Entscheidungen bekannt zu machen.[16] Sie kann die Verfolgung jederzeit selbst übernehmen.[17]

b) Uebernimmt die Staatsanwaltschaft die Verfolgung von Anfang an oder im Laufe des Verfahrens, so kann sich die Verwaltungsbehörde der Verfolgung anschließen. Auch in diesem Falle hat sie einen Vertreter zu bestellen. Das Verfahren regelt sich dann nach den für den Anschluß des Verletzten als Nebenkläger gegebenen Bestimmungen. Und dasselbe gilt für den Fall, wenn der Beschuldigte gegen den Strafbescheid auf gerichtliche Entscheidung angetragen und die Verwaltungsbehörde, wozu sie befugt ist, sich angeschlossen hat.[18]

IV. Der Verwaltungsbehörde sind, wenn sie die Anklage erhoben oder sich der Verfolgung angeschlossen hat, alle Entscheidungen zuzustellen, auch wenn sie bei deren Verkündung vertreten gewesen ist.[19] Mit der Zustellung beginnen für die Verwaltungsbehörde auch erst die Fristen zur Einlegung von Rechtsmitteln.[20]

V. Die Umwandlung der in einem vollstreckbaren Strafbescheide festgesetzten, aber nicht beizutreibenden Geldstrafe erfolgt durch Verfügung des Amtsrichters bzw. durch Beschluß der Strafkammer. Hierbei sind die Staatsanwalt-

---

16 StPO. §. 465.
17 StPO. §§. 417 Abs. 2, 466.
18 StPO. §. 467.
19 StPO. §. 468. Ausnahme von StPO. §. 35 Abs. 1.
20 StPO. §. 469 Abs. 1. Vgl. hinsichtlich der Revisionsanträge noch Abs. 2.

schaft und[21] der Beschuldigte zu hören. Da der Strafbescheid bereits rechtskräftig ist, so erstreckt sich die Thätigkeit des Gerichts nur auf die Umwandlung. Diese erfolgt zunächst nach den Bestimmungen der betreffenden Reichs- oder Landesgesetze, fehlt es jedoch an solchen, nach den Bestimmungen des Strafgesetzbuchs.[22] Gegen die Entscheidung, durch welche die Umwandlung erfolgt ist, findet sofortige Beschwerde[23] statt.[24]

§. 83.

4. Verfahren gegen Abwesende, welche sich der Wehrpflicht entzogen haben.

1. Nicht bei allen,[1] sondern nur bei den nach den §§. 140 und 360 Nr. 3 des Strafgesetzbuchs strafbaren Verletzungen der Wehrpflicht kann eine Hauptverhandlung in Abwesenheit des Angeklagten stattfinden.[2] Hierfür gelten die folgenden besonderen Bestimmungen:

2. Das Verfahren ist bei demjenigen Gerichte einzuleiten, in dessen Bezirke der Angeklagte seinen letzten Wohnsitz oder gewöhnlichen Aufenthalt im deutschen Reiche gehabt hat. Die Verhandlung und Entscheidung kann sich gleichzeitig gegen mehrere Personen richten, obgleich es sich hier nicht um zusammenhängende Strafsachen im Sinne der Strafprozeßordnung[3] handelt.[4]

3. Die Erhebung der Anklage und die Eröffnung

---

[21] Ausnahme v. StPO. §. 33.
[22] StGB. §§. 28, 29.
[23] StPO. §. 353.
[24] StPO. §. 463.
[1] Vgl. RMilitärGes. v. 2. Mai 1874 §. 33.
[2] StPO. §. 470.
[3] Vgl. Th. I §. 24 II.
[4] StPO. §. 471; vgl. jedoch auch §. 475 Abs. 2, welcher sich auf eine etwa nöthig werdende Trennung bezieht.

der Untersuchung erfolgt auf Grund einer Erklärung der Kontrolbehörde.[5] Diese Erklärung ist bei den einzelnen strafbaren Handlungen verschieden; sie lautet z. B. dahin, daß der Wehrpflichtige sich zu den angeordneten Revisionen nicht gestellt, daß der Aufenthalt desselben im deutschen Reiche nicht ermittelt worden, und daß der angestellten Erkundigungen ungeachtet sich keine Umstände ergeben haben, welche die Annahme ausschließen, daß der Wehrpflichtige, um sich dem Eintritt in den Dienst des stehenden Heeres u. s. w. zu entziehen, ohne Erlaubniß das Landesgebiet verlassen habe.

4. Hinsichtlich der Ladung gelten die im Verfahren gegen Abwesende angegebenen Grundsätze;[6] doch muß dieselbe im Falle der öffentlichen Zustellung auch die Angabe des letzten deutschen Wohnorts oder Aufenthaltsorts des Angeklagten und in jedem Falle die Warnung enthalten, daß bei unentschuldigtem Ausbleiben auf Grund der von der Kontrolbehörde abgegebenen Erklärung die Verurtheilung erfolgen werde.[7]

5. In der Hauptverhandlung kann für den Angeklagten ein Vertheidiger auftreten. Auch Angehörige sind als Vertreter des Angeklagten zuzulassen, ohne daß sie einer Vollmacht bedürfen.[8]

6. Da der Beweis der betreffenden strafbaren Handlungen selten in direkter Weise erbracht werden kann, so hat die Strafprozeßordnung hier eine Ausnahme von dem Grundsatze der freien Beweiswürdigung[9] gemacht. Die Verurtheilung des Wehrpflichtigen erfolgt, wenn die vorgeschriebenen Förmlichkeiten beobachtet sind, auf Grund der von der

[5] StPO. §. 472.
[6] Vgl. Th. III §. 75.
[7] StPO. §. 473.
[8] StPO. §§. 474, 322.
[9] Vgl. Th. III §. 44.

Kontrolbehörde abgegebenen Erklärung, wenn sich nicht Umstände ergeben, welche dieser Erklärung entgegenstehen. Das Gericht entscheidet aber darüber nach freiem Ermessen, ob sich solche Umstände im einzelnen Falle ergeben haben.[10] Die Aufhebung des Urtheils wird in der Regel durch Wiederaufnahme des Verfahrens[11] zu bewirken sein, ausnahmsweise aber auch durch Wiedereinsetzung in den vorigen Stand.[12]

7. Die Zustellung des Urtheils erfolgt in derselben Weise wie sonst gegen Abwesende.[13]

§. 84.

5. Verfahren bei Einziehungen und Vermögensbeschlagnahmen.

I. Nach §. 42 des Strafgesetzbuchs[1] und anderweiten reichs-[2] bzw. landesrechtlichen[3] Bestimmungen kann auf Einziehung, Vernichtung oder Unbrauchbarmachung von Gegenständen selbständig, d. h. auch wenn die Verfolgung oder die Verurtheilung einer bestimmten Person nicht ausführbar ist, erkannt werden. Das in diesen Fällen zu beobachtende Verfahren (sog. objectives Strafverfahren) hat die Strafprozeßordnung folgendermaßen geregelt:

1. Der Antrag auf Einziehung u. s. w. ist, sofern die Entscheidung nicht in Verbindung mit einem Urtheile in

---

[10] StPO. §. 475 Abs. 1.

[11] StPO. §. 399 Nr. 5.

[12] Löwe S. 900 f.

[13] StPO. §. 476; vgl. Th. III §. 75 dieses Buches.

[1] StGB. §§. 40, 41, 152, 295, 360, 367, 369.

[2] Vgl. RGes. betr. das Urheberrecht an Schriftwerken vom 11. Juni 1870 §§. 21, 22, 25, 43, 45; die RGes. vom 9., 10. und 11. Januar 1876 und das RGes. betr. den Verkehr mit Nahrungsmitteln u. s. w. v. 14. Mai 1879 §. 15 Abs. 2.

[3] EG. zum StGB. §. 5.

der Hauptsache erfolgt, bei demjenigen Gerichte zu stellen, welches für den Fall der Verfolgung einer bestimmten Person zuständig sein würde. Da die Bestimmungen über das Verfahren vor den Schwurgerichten hier nicht passen, so wird das Schwurgericht durch die an dessen Sitzungsorte bestehende Strafkammer ersetzt.[4] Der Antrag ist, wenn bei der Einziehung das öffentliche Interesse in Frage ist, von der Staatsanwaltschaft, sonst von dem Privatkläger zu stellen. Ueber die Zulässigkeit des Antrages, der im wesentlichen den Erfordernissen einer Anklageschrift entsprechen muß,[5] entscheidet das Gericht.

2. Das einzuleitende Verfahren richtet sich nach den für die Hauptverhandlung gegebenen Vorschriften.[6] Zu dem anberaumten Termine sind auch die Personen, welche einen rechtlichen Anspruch auf den Gegenstand der Einziehung, Vernichtung oder Unbrauchbarmachung haben, soweit dies ausführbar ist, zu laden. Dieselben sind berechtigt, sich durch einen mit schriftlicher Vollmacht versehenen Vertheidiger vertreten zu lassen. In dem Verfahren selbst können sie die einem Angeklagten zustehenden Befugnisse ausüben. Ihr Nichterscheinen ist jedoch auf den Fortgang des Verfahrens ohne Einfluß.[7]

3. Das Urtheil lautet entweder auf Einziehung u. s. w. des betreffenden Gegenstandes oder auf Abweisung des Antrages. Gegen das Urtheil stehen der Staatsanwaltschaft, dem Privatkläger und den vorher erwähnten Personen die zulässigen Rechtsmittel zu.[8] Es ist dabei gleichgültig, ob

---

[4] StPO. §. 477.

[5] StPO. §§. 198, 421. Vgl. Löwe S. 904, Meves in HH. Bd. II S. 461 ff.

[6] StPO. §. 478 Abs. 1.

[7] StPO. §. 478 Abs. 2 und 3.

[8] StPO. §. 479.

die bei der Einziehung u. s. w. interessirten Personen ihren rechtlichen Anspruch bereits in der ersten Instanz geltend gemacht haben oder nicht.[9] Sind sie bei der Verkündung des Urtheils zugegen gewesen, so beginnt die Einlegungsfrist für die Rechtsmittel mit der Verkündung, sind sie nicht zugegen gewesen, obwol sie ihren rechtlichen Anspruch geltend gemacht haben,[10] mit der Zustellung des Urtheils. Haben sie ihren rechtlichen Anspruch in der ersten Instanz überhaupt nicht geltend gemacht, so ist die Einlegungsfrist von der Verkündung des Urtheils an zu rechnen.

II. Die Beschlagnahme des Vermögens bzw. einzelner Vermögensstücke kommt, abgesehen von dem Verfahren gegen Abwesende, noch bei Hoch- und Landesverrath und bei gewissen Verletzungen der Wehrpflicht vor.[11] Bei Hoch- und Landesverrath[12] kann, nachdem die Untersuchung eröffnet ist, bis zu deren rechtskräftiger Beendigung das Vermögen des Angeschuldigten mit Beschlag belegt werden, um demselben die Mittel für seine verbrecherische Thätigkeit zu entziehen. Die Ausführung der Beschlagnahme regelt sich in diesem Falle nach den §§. 333—335 der Strafprozeßordnung.[13] Bei gewissen Verletzungen der Wehrpflicht[14] kann das Vermögen, soweit es zum Zwecke der Vollstreckung des Urtheils (Geld-

---

[9] Die §§. 478 und 479 der StPO. stehen dieser Ansicht nicht entgegen, Löwe S. 905; a. M. von Schwarze S. 600, Meves in H.H. Bd. II S. 465.

[10] Wiedereinsetzung in den vorigen Stand können sie nicht beanspruchen; a. M. Meves in H.H. Bd. II S. 464 f., der seine Ansicht durch Hinweisung auf StPO. §. 234 zu rechtfertigen sucht. Allein dieser §. kann hier nicht angewendet werden, Löwe S. 905.

[11] StPO. §. 480.

[12] StGB. §. 93.

[13] Vgl. Th. III §. 76 II.

[14] StGB. § 140; vgl. Th. III §. 83 dieses Buches.

strafe und Kosten) erforderlich ist, mit Beschlag belegt werden. Auf die Ausführung dieser Beschlagnahme sind die §§. 325 und 326 der Strafprozeßordnung anzuwenden.[15]

Vierter Abschnitt.

Rechtsmittel.

§. 85

Uebersicht.

Unter Rechtsmitteln versteht die Strafprozeßordnung diejenigen prozessualischen Mittel, durch welche eine Abänderung oder Aufhebung noch nicht rechtskräftiger gerichtlicher Entscheidungen herbeigeführt werden soll. Die Strafprozeßordnung kennt nur drei Rechtsmittel: Beschwerde,[1] Berufung[2] und Revision.[3] Mit der Beschwerde werden Beschlüsse und Verfügungen, mit der Berufung und der Revision Urtheile angefochten.

Als Rechtsmittel gelten nicht: das Gesuch um Wiedereinsetzung in den vorigen Stand[4] gegen die Versäumung von Fristen, der Einspruch gegen einen amtsrichterlichen Strafbefehl[5] und der Antrag auf Wiederaufnahme eines durch rechtskräftiges Urtheil geschlossenen Verfahrens.[6] Bei dem Antrage auf Wiederaufnahme finden jedoch die allgemeinen Bestimmungen über die Rechtsmittel[7] Anwendung.

---

15 Vgl. Th. III §. 75.
1 StPO. §§. 346—353.
2 StPO. §§. 354—373.
3 StPO. §§. 374—398.
4 StPO. §§. 44—47.
5 StPO. §§. 450 f.
6 StPO. §§. 399—413.
7 StPO. §. 405.

Die Eintheilung der Rechtsmittel in ordentliche und außerordentliche Rechtsmittel, je nachdem sie gegen noch nicht rechtskräftige oder gegen rechtskräftige gerichtliche Entscheidungen einzulegen sind, ist in der Strafprozeßordnung nicht durchgeführt.

§. 86.

I. Allgemeine Bestimmungen.

I. Berechtigung zur Einlegung von Rechtsmitteln.

1. Die zulässigen Rechtsmittel gegen gerichtliche Entscheidungen stehen der Staatsanwaltschaft und dem Beschuldigten zu[1] und zwar sind beide, abgesehen von wenigen Ausnahmen,[2] gleich berechtigt. Die Rechtsmittel der Staatsanwaltschaft und des Beschuldigten sind im einzelnen Falle vollständig von einander unabhängig. Die Staatsanwaltschaft kann auch zu Gunsten des Beschuldigten von den Rechtsmitteln Gebrauch machen.[3] Ob ein Rechtsmittel im einzelnen Falle zu Gunsten oder zu Ungunsten des Beschuldigten eingelegt ist, hat das Gericht, wenn eine ausdrückliche Erklärung der Staatsanwaltschaft hierüber fehlt, nach freiem Ermessen zu entscheiden.[4] Es widerspricht diese Berechtigung der Staatsanwaltschaft durchaus nicht ihrer Parteistellung, denn die Einlegung des Rechtsmittels erfolgt in einem solchen Falle lediglich im öffentlichen Inter-

---

[1] StPO. §. 338 Abs. 1.

[2] Vgl. StPO. §§. 209, 270, 378, 379, 369 Abs. 2.

[3] StPO. §. 338 Abs. 2. Es muß dies jedoch innerhalb der für die Staatsanwaltschaft laufenden Frist geschehen, weil jene unabhängig von dem Beschuldigten hierzu berechtigt ist.

[4] Praktisch wichtig ist diese Frage für StPO. §§. 344 Abs. 1, 372, 398 Abs. 2.

esse, wenn auch die eventuelle Wirkung dem Beschuldigten zu gute kommt.[5]

Zur Einlegung von Rechtsmitteln sind außerdem berechtigt: der Privatkläger;[6] der Nebenkläger;[7] die Verwaltungsbehörden, welche die Anklage erhoben oder sich dem Verfahren angeschlossen haben;[8] die Personen, welche einen rechtlichen Anspruch auf den Gegenstand der Einziehung, Vernichtung oder Unbrauchbarmachung geltend machen wollen.[9] Nur hinsichtlich der Beschwerde ist die allgemeine Bestimmung aufgestellt, daß sie von allen Personen erhoben werden kann, welche durch gerichtliche Beschlüsse oder Verfügungen betroffen werden.[10] Hierhin gehören, abgesehen von den bereits erwähnten Personen, Schöffen; Geschworene; Zeugen; Sachverständige; diejenigen, welche Sicherheit geleistet haben; Vertheidiger.[11]

2. Für den Beschuldigten können gewisse Personen Rechtsmittel einlegen. Zu unterscheiden ist dabei, ob dieselben selbständig berechtigt oder von dem Willen des Beschuldigten abhängig sind.

a) Der Vertheidiger hat kein selbständiges Recht zur Einlegung von Rechtsmitteln; er kann dieses Recht binnen der für den Beschuldigten laufenden Frist, aber nicht gegen dessen ausdrücklichen Willen ausüben.[12] Einer besonderen Vollmacht bedarf er hierzu nicht. Für die Zurücknahme eines Rechtsmittels muß er jedoch ausdrücklich ermächtigt sein.[13]

---

[5] Vgl. Motive zur StPO. S. 195 f.

[6] StPO. §. 430.

[7] StPO. §. 441.

[8] StPO. §§. 466 f.

[9] StPO. §. 479.

[10] StPO. §. 346 Abs. 2.

[11] GVG. §§. 56, 96; StPO. §§. 50, 69, 77, 122, 145.

[12] StPO. §. 399. Ausnahme StPO. §. 81.

[13] StPO. §. 344 Abs. 2.

Auch die Angehörigen, welche für einen abwesenden Beschuldigten zur Einlegung von Rechtsmitteln befugt sind, haben kein selbständiges Recht.[14]

b) Selbständig, d. h. neben dem Beschuldigten und ohne Rücksicht auf den Willen desselben, jedoch an die für den Beschuldigten laufende Einlegungsfrist gebunden, können der gesetzliche Vertreter eines Beschuldigten und der Ehemann einer beschuldigten Frau von den Rechtsmitteln Gebrauch machen.[15] Die über die Rechtsmittel des Beschuldigten geltenden Bestimmungen finden hier entsprechende Anwendung.[16]

3. Ein Irrthum in der Bezeichnung des im einzelnen Falle eingelegten Rechtsmittels ist unschädlich.[17] Als Einlegung eines Rechtsmittels ist überhaupt jede Erklärung zu verstehen, durch welche der Berechtigte zu erkennen gibt, daß er sich bei der gefällten gerichtlichen Entscheidung nicht beruhigen könne oder wolle.

4. Allgemeine Bestimmungen über die Fristen und Formen, welche bei der Einlegung bzw. Zurücknahme von Rechtsmitteln zu beobachten sind, finden sich nicht in der Strafprozeßordnung. Nur hinsichtlich des nicht auf freiem Fuße befindlichen Beschuldigten ist vorgeschrieben, daß derselbe alle auf Rechtsmittel sich beziehenden Erklärungen zu Protokoll des Gerichtsschreibers desjenigen Gerichts geben kann, in dessen Gefängniß er sich befindet, oder falls das Gefängniß kein gerichtliches ist, desjenigen Amtsgerichts, in dessen Bezirke das Gefängniß liegt. Hierbei gilt die Frist für

---

[14] StPO. §. 324; vgl. Th. III §. 75 dieses Buches.

[15] StPO. §. 340 Abs. 1.

[16] StPO. §. 340 Abs. 2.

[17] StPO. §. 342.

gewahrt, wenn innerhalb derselben das Protokoll aufgenommen wird.[18]

II. Wirkung der Einlegung.

Die Wirkung der Einlegung ist bei den Rechtsmitteln eine verschiedene. Durch rechtzeitige[19] Einlegung der Beschwerde wird der Vollzug der angefochtenen Entscheidung[20] nicht gehemmt, doch können Ausnahmen zugelassen werden;[21] durch rechtzeitige Einlegung der Berufung und Revision wird die Rechtskraft des Urtheils ganz oder theilweise gehemmt.[22] Der Umfang der Rechtskraft ergibt sich im einzelnen Falle aus den gegen das Urtheil erhobenen Beschwerdepunkten.

Im Gegensatze zu der theilweisen spricht man von relativer Rechtskraft eines Urtheils, wenn die reformatio in pejus verboten ist. Nach der Strafprozeßordnung darf durch ein von dem Beschuldigten oder zu Gunsten desselben eingelegtes Rechtsmittel die Lage des Beschuldigten nicht verschlechtert werden.[23] Es ist aber im Interesse des Beschuldigten noch gestattet, daß durch jedes von der Staatsanwaltschaft zu Ungunsten des Beschuldigten eingelegtes Rechtsmittel die angefochtene Entscheidung auch zu Gunsten des Beschuldigten abgeändert und aufgehoben werden kann.[24]

III. Zurücknahme und Verzicht.

In dem Rechte, ein Rechtsmittel einzulegen, liegt auch

---

18 StPO. §. 341.

19 Rechtzeitig ist ein Rechtsmittel eingelegt, wenn dasselbe innerhalb der Frist bei dem Gerichtsschreiber angemeldet ist, bzw. zur Kenntniß des betreffenden Gerichts gelangt.

20 Bei Beschlüssen und Verfügungen wird man nur im beschränkten Umfange von einer Rechtskraft derselben sprechen können; vgl. hierüber Löwe S. 745 (Anm. 5) und 749 f. (Anm. 9).

21 StPO. §. 349.

22 StPO. §§. 357 Abs. 1, 359, 368, 383 Abs. 1, 392 Abs. 1.

23 StPO. §§. 372, 398 Abs. 2.

24 StPO. §. 343.

das Recht, auf die Einlegung eines Rechtsmittels zu verzichten und ein eingelegtes Rechtsmittel zurückzunehmen. Dieses Recht kann nach Verkündung der Entscheidung jederzeit wirksam ausgeübt werden.[25] Besondere Formen sind hierfür nicht vorgeschrieben. Ein Widerruf des Verzichts oder der Zurücknahme ist aber selbst innerhalb der Einlegungsfrist nicht gestattet.

Die Ausübung des Rechts, ein eingelegtes Rechtsmittel zurückzunehmen, ist in einigen Fällen an eine Bedingung geknüpft. Hat die Staatsanwaltschaft zu Gunsten des Beschuldigten ein Rechtsmittel eingelegt, so kann dasselbe nicht ohne die Zustimmung des Beschuldigten zurückgenommen werden.[26] Ebenso bedarf der Vertheidiger, wie bereits oben erwähnt ist, zur Zurücknahme eines Rechtsmittels einer ausdrücklichen Ermächtigung des Beschuldigten.[27] Und endlich können die Rechtsmittel der Berufung und Revision nach Beginn der Hauptverhandlung nur mit Zustimmung des Gegners zurückgenommen werden.[28]

II. Beschwerde.

§. 87.

1. Zulässigkeit.

1. Zu unterscheiden sind drei Arten der Beschwerde:[1] die Beschwerde im allgemeinen, die weitere Beschwerde und

---

[25] StPO. §. 344 Abs. 1; wichtig für §. 482.

[26] StPO. §. 344 Abs. 1. Es muß dies auch für die Fälle gelten, in welchen der gesetzliche Vertreter des Beschuldigten oder der Ehemann das Rechtsmittel eingelegt haben; Löwe S. 738; a. M. von Schwarze in HH. Bd. II S. 253.

[27] StPO. §. 344 Abs. 2.

[28] StPO. §§. 345, 365, 391.

[1] Die Beschwerde, welche die Disciplin, den Geschäftsbetrieb

die sofortige Beschwerde. Nur auf die erstere, die man als einfache Beschwerde bezeichnen kann, beziehen sich die zunächst folgenden Ausführungen.

2. Die Beschwerde ist gegen alle von den Gerichten erster Instanz oder in der Berufungsinstanz erlassenen Beschlüsse und gegen die Verfügungen des Vorsitzenden und eines beauftragten oder ersuchten Richters zulässig.[2]

Von dieser Regel sind jedoch Ausnahmen gemacht:

a) Die Beschwerde ist in gewissen Fällen[3] ausdrücklich ausgeschlossen.[4]

b) Entscheidungen der erkennenden Gerichte, welche der Urtheilsfällung vorausgehen, unterliegen nicht der Beschwerde. Hierunter sind alle Entscheidungen zu verstehen, welche nach Eröffnung des Hauptverfahrens von dem erkennenden Gerichte selbst bzw. in Vertretung desselben erlassen werden.[5] Ausdrücklich ausgenommen und daher durch Beschwerde anfechtbar sind jedoch die Entscheidungen über Verhaftungen, Beschlagnahmen oder Straffestsetzungen, sowie alle Entscheidungen, durch welche dritte Personen betroffen werden.[6]

---

und Verzögerungen betrifft, ist in der StPO. nicht geregelt. Vgl. Motive zur StPO. S. 198.

[2] StPO. §. 346.

[3] GVG. §§. 41, 52 Abs. 4, 53, 75 Abs. 2, 94 Abs. 1; StPO. §§. 28 Abs. 1, 180 Abs. 2, 199 Abs. 3, 200 Abs. 2, 209 Abs. 1, 279 Abs. 2, 388 Abs. 2.

[4] Es folgt hieraus nicht in allen Fällen, daß die betr. Entscheidung unanfechtbar ist; vgl. StPO. §. 347 und Löwe S. 739 f.

[5] Löwe S. 743; a. M. von Schwarze in HH. Bd. II S. 256, welcher die obige Bestimmung unter Berufung auf die Verhandlungen in der Reichs-Justiz-Kommission auf die Entscheidungen beschränken will, die „nach Einleitung der Hauptverhandlung" von dem in derselben zum Urtheile berufenen Gerichte oder dessen Vorsitzenden ausgehen. Derselben Ansicht auch wol Keller Strafprozeß-Ordnung (1878) S. 386.

[6] StPO. §. 347.

c) Gegen Beschlüsse und Verfügungen der Oberlandesgerichte[7] und des Reichsgerichts findet eine Beschwerde nicht statt.[8]

Die Beschwerde kann von allen Personen, welche sich durch gerichtliche Beschlüsse oder Verfügungen beschwert erachten, eingelegt[9] und sowol auf thatsächliche wie auf Rechtsgründe gestützt werden. Sie wird dadurch nicht ausgeschlossen, daß die angefochtene Entscheidung nicht mehr rückgängig gemacht werden kann.[10]

3. Beschwerdegericht ist die Strafkammer des Landgerichts für die gegen die Beschlüsse und Verfügungen des Untersuchungsrichters, des Amtsrichters und der Schöffengerichte eingelegten Beschwerden. Die Strafkammer ist hierfür mit drei Mitgliedern einschließlich des Vorsitzenden besetzt.[11] Ueber die Beschwerden, welche gegen Beschlüsse und Verfügungen der Strafkammer, des Schwurgerichts oder des Vorsitzenden dieser beiden Gerichte eingelegt sind, entscheidet der Strafsenat des Oberlandesgerichts[12] in der Besetzung von 5 Mitgliedern einschließlich des Vorsitzenden.[13]

§. 88.

2. Verfahren.

1. Die Beschwerde ist bei demjenigen Gerichte, von welchem oder von dessen Vorsitzenden die Entscheidung er-

---

[7] Vgl. jedoch eine Ausnahme im GVG. §. 160 Abs. 1.

[8] StPO. §. 346 Abs. 3.

[9] StPO. §§. 338—340, 346 Abs. 2.

[10] Löwe S. 740; a. M. von Schwarze in H.H. Bd. II S. 257.

[11] Vgl. Th. I §. 8 II 2.

[12] Vgl. Th. I §. 10 II 2 und GVG. §. 183.

[13] In Betreff des Reichsgerichts vgl. Th. I §. 11 II 2.

lassen ist, einzulegen. Dies gilt auch hinsichtlich der von dem Amtsrichter,[1] dem beauftragten oder ersuchten Richter und dem Untersuchungsrichter erlassenen Entscheidungen. In dringenden Fällen kann die Beschwerde auch bei dem Beschwerdegerichte eingelegt werden. Auch wenn von diesem der Fall für dringlich nicht erachtet wird, verliert der Beschwerdeführer hierdurch das Rechtsmittel nicht. Das Beschwerdegericht ist befugt, aber nicht verpflichtet, die Beschwerde an das Gericht u. s. w., von welchem die angefochtene Entscheidung ergangen ist, abzugeben.[2]

Die Einlegung der Beschwerde, welche an eine Frist nicht gebunden ist,[3] kann schriftlich oder zu Protokoll des Gerichtsschreibers erfolgen.[4]

Wird die Beschwerde von dem Gerichte, dem Vorsitzenden oder dem Richter, dessen Entscheidung angefochten ist, für begründet erachtet, so haben sie derselben abzuhelfen. Dies kann auch stets ohne Anfechtung der Entscheidung von Amtswegen geschehen. Wird die Beschwerde nicht für begründet erachtet, so ist dieselbe sofort, spätestens vor Ablauf von drei Tagen, dem Beschwerdegerichte vorzulegen.[5]

2. Die Einlegung der Beschwerde hat keine aufschiebende

---

[1] Die in der StPO. §. 348 Abs. 3 sich findende Beschränkung auf Entscheidungen des Amtsrichters im Vorverfahren ist nicht gerechtfertigt und unhaltbar; Löwe S. 745, von Schwarze in H.H. Bd. II S. 258.

[2] von Schwarze in H.H. Bd. II S. 258; a. M. Keller Strafprozeß-Ordnung (1878) S. 387.

[3] Anders bei der sofortigen Beschwerde; vgl. StPO. §. 353.

[4] StPO. §. 348 Abs. 1 und 3.

[5] StPO. §. 348 Abs. 2. Zu einer Zurückweisung der Beschwerde, weil diese als unzulässig zu erachten sei, ist das Gericht u. s. w., dessen Entscheidung angefochten ist, nicht befugt, anders bei der Berufung und Revision; vgl. StPO. §§. 360, 386.

Wirkung,[6] jedoch kann das Gericht, der Vorsitzende oder der Richter, dessen Entscheidung angefochten, sowie das Beschwerdegericht anordnen, daß die Vollziehung der angefochtenen Entscheidung auszusetzen sei.[7]

3. Das Beschwerdegericht kann die Beschwerde dem Gegner des Beschwerdeführers in den Fällen, wo ein solcher vorhanden ist, zur schriftlichen Gegenerklärung mittheilen, auch etwa erforderliche Ermittelungen anordnen oder selbst vornehmen.[8] Ueber die eingelegte Beschwerde wird ohne vorgängige mündliche Verhandlung entschieden. In geeigneten Fällen kann die Staatsanwaltschaft vorher gehört werden.[9] Das Beschwerdegericht erkennt in der Sache selbst, wenn es die Beschwerde für begründet erachtet.[10] Eine weitere Anfechtung der in der Beschwerdeinstanz erlassenen Entscheidung findet in der Regel[11] nicht statt.

§. 89.

3. Weitere und sofortige Beschwerde.

1. Durch weitere Beschwerde können nur die Beschlüsse des Landgerichts in der Beschwerdeinstanz angefochten werden, insofern sie Verhaftungen des Beschuldigten betreffen.[1] Hierhin gehören die Beschlüsse über Erlassung eines Haftbefehls, Ablehnung desselben, Bestellung einer Sicherheit u. s. w. Ueber die weitere Beschwerde ent-

[6] Ausnahmen GVG. §. 183 Abs. 2; StPO. §. 81.

[7] StPO. §. 349.

[8] StPO. §. 350.

[9] StPO. §. 351 Abs. 1. Es kann dies durch schriftliche oder mündliche Erklärung geschehen.

[10] StPO. §. 351 Abs. 2.

[11] Vgl. jedoch Th. III §. 88 dieses Buches.

[1] StPO. §. 352 Abs. 1.

scheidet der Strafsenat des Oberlandesgerichts als Beschwerdegericht zweiter Instanz.[2]

2. Die sofortige Beschwerde ist nur in den besonders erwähnten Fällen[3] zulässig. Für dieselbe gelten folgende abweichende Bestimmungen:[4]

a) Die sofortige Beschwerde ist binnen der Frist von einer Woche, welche mit der Bekanntmachung der Entscheidung beginnt, einzulegen.[5] Sie kann, auch wenn ein dringender Fall nicht vorliegt, bei dem Beschwerdegericht eingelegt werden.

b) Das Gericht[6] ist nicht befugt, der Beschwerde abzuhelfen, sondern das Beschwerdegericht muß stets entscheiden. Es gilt dies auch in dem Falle, wenn die Einlegungsfrist nicht beobachtet ist.

3. Im Uebrigen sind die Bestimmungen über die Beschwerde im allgemeinen für die weitere und sofortige Beschwerde ergänzend anzuwenden.

III. Berufung.

§. 90.

1. Zulässigkeit.

1. Die Berufung findet statt gegen die Urtheile der Schöffengerichte.[1] Außerdem sind durch Berufung anfechtbar die Urtheile des Amtsrichters, welche mit Zustimmung der Staatsanwaltschaft ohne Zuziehung der Schöffen ergangen

---

[2] Vgl. Th. I §. 10 II 2.

[3] StPO. §§. 28 Abs. 1, 46 Abs. 3, 81 Abs. 3, 122 Abs. 2, 180 Abs. 1, 181, 199 Abs. 3, 209 Abs. 2, 270 Abs. 3, 363 Abs. 2, 412, 455 Abs. 3, 463 Abs. 3, 494 Abs. 4, 501 Abs. 3.

[4] StPO. §. 353.

[5] StPO. §. 35.

[6] Ebenso wenig der Vorsitzende und die erwähnten Richter.

[1] StPO. §. 354; GVG. §§. 27—29, 75.

sind, wenn der Beschuldigte, dem Amtsrichter vorgeführt, nur wegen einer Uebertretung verfolgt wird und die ihm zur Last gelegte That eingesteht.[2]

2. Berufungsgerichte sind die Strafkammern der den Amtsgerichten vorgesetzten Landgerichte;[3] sie sind in der Berufungsinstanz bei Uebertretungen und in der Berufungsinstanz bei Privatklagesachen mit drei Mitgliedern, sonst mit fünf Mitgliedern, einschließlich des Vorsitzenden, besetzt.[4]

3. Die Berufung ist zu Protokoll des Gerichtsschreibers oder schriftlich bei dem Gerichte, welches in erster Instanz erkannt hat, binnen einer Woche einzulegen. Diese Einlegungsfrist beginnt mit der Verkündung des Urtheils und, wenn der Angeklagte dabei nicht anwesend war, für diesen mit der Zustellung des Urtheils.[5]

Diese Regel gilt auch für den Fall, wenn das Urtheil auf Ausbleiben des Angeklagten ergangen ist.[6] Will der Angeklagte gegen ein solches Urtheil, ohne auf das Rechtsmittel der Berufung zu verzichten, die Wiedereinsetzung in den vorigen Stand nachsuchen, so muß er die Berufung entweder zugleich mit dem Gesuche um Wiedereinsetzung oder nach gestelltem Gesuche um Wiedereinsetzung noch innerhalb der Berufungsfrist einlegen. Die weitere Verfügung in Bezug auf die Berufung bleibt dann bis zur Erledigung des Gesuchs um Wiedereinsetzung ausgesetzt.[7]

4. Die rechtzeitige Einlegung der Berufung bewirkt, daß

---

[2] StPO. §. 211 Abs. 2; vgl. auch EG. zur StPO. §. 3 Abs. 3.

[3] GVG. §. 72.

[4] GVG. §. 77.

[5] Ein Verzicht auf die Zustellung ist unzulässig; Löwe S. 751; a. M. von Schwarze in HH. Bd. II S. 268.

[6] StPO. §. 356 Abs. 1; vgl. §§. 231 f.

[7] StPO. §. 356.

das Urtheil, soweit es angefochten ist, nicht rechtskräftig wird.[8] Dem Beschwerdeführer muß nach Einlegung der Berufung sofort das Urtheil mit den Entscheidungsgründen zugestellt werden, wenn er dasselbe vor diesem Zeitpunkt noch nicht erhalten hatte.[9]

5. Eine Rechtfertigung der Berufung ist an sich nicht nothwendig. Der Beschwerdeführer kann jedoch die Berufung, wenn er dies nicht gleich bei der Einlegung gethan, binnen einer weiteren Woche bei dem Gerichte erster Instanz zu Protokoll des Gerichtsschreibers oder in einer Beschwerdeschrift rechtfertigen. Die Rechtfertigungsfrist beginnt mit Ablauf der Einlegungsfrist oder, wenn zu dieser Zeit das Urtheil mit den Entscheidungsgründen noch nicht zugestellt war, mit der Zustellung desselben.[10] Der Beschwerdeführer kann jeden Theil des Urtheils anfechten; beschränkt er sich nicht auf bestimmte Beschwerdepunkte oder ist eine Rechtfertigung überhaupt nicht erfolgt, so gilt der ganze Inhalt des Urtheils als angefochten.[11]

§. 91.

2. Verfahren.

Das Verfahren findet theils vor dem Gerichte erster Instanz, theils vor dem Berufungsgerichte statt.

I. Verfahren vor dem Gerichte erster Instanz.

1. Für den Verlauf einer eingelegten Berufung kommt es zunächst nur darauf an, ob dieselbe rechtzeitig eingelegt

[8] Der nicht angefochtene Theil des Urtheils kann jedoch noch nicht vollstreckt werden; vgl. Th. III §. 96 dieses Buches.

[9] StPO. §. 357. In diesem Falle ist ausdrücklicher Verzicht auf die Zustellung gestattet; vgl. Löwe S. 753.

[10] StPO. §. 358.

[11] StPO. §. 359; vgl. §. 366.

ist oder nicht. Ist die Berufung verspätet eingelegt, so ist sie durch Beschluß des Gerichts erster Instanz, d. h. des Amtsrichters[1] als unzulässig zurückzuweisen. Gegen diesen Beschluß kann der Beschwerdeführer binnen einer Woche nach Zustellung desselben auf die Entscheidung des Berufungsgerichts antragen. Die Akten sind in diesem Falle an das Berufungsgericht einzusenden, ohne daß hierdurch die Vollstreckung des Urtheils gehemmt wird.[2]

2. Ist die Berufung dagegen rechtzeitig eingelegt, so hat der Gerichtsschreiber nach Ablauf der Rechtfertigungsfrist, gleichviel ob eine Rechtfertigung eingelaufen ist oder nicht, die Akten der Staatsanwaltschaft vorzulegen. Hat die Staatsanwaltschaft selbst die Berufung eingelegt, so sind die Schriftstücke über Einlegung und Rechtfertigung dem Angeklagten zuzustellen.[3] Eine Gegenerklärung des Angeklagten ist wegen der eintretenden Hauptverhandlung nicht nothwendig, jedoch zulässig. Die Staatsanwaltschaft bei dem Amtsgerichte übersendet die Akten der Staatsanwaltschaft bei dem Berufungsgerichte und diese übergibt dieselben, wenn sie die Berufung nicht zurücknehmen will, binnen einer Woche[4] dem Vorsitzenden des Gerichts.[5]

II. Verfahren vor dem Berufungsgerichte.

1. Auf die Berufung ergeht von dem Berufungsgerichte entweder ein Beschluß oder ein Urtheil. Das Berufungsgericht kann die Berufung durch Beschluß als unzulässig verwerfen, wenn die Bestimmungen über die Einlegung der Berufung nicht beobachtet sind.[6] Es gilt dies zunächst für

---

[1] GVG. §. 30 Abs. 2.

[2] StPO. §. 360.

[3] StPO. §. 361.

[4] Nichtbeobachtung der Frist ist juristisch einflußlos.

[5] StPO. §. 362.

[6] StPO. §. 363 Abs. 1 Satz 1.

den Fall, wenn der Amtsrichter die Berufung mit Unrecht als rechtzeitig eingelegt erachtet hat, und außerdem für den Fall, wenn der Amtsrichter die Berufung als verspätet eingelegt verworfen, der Beschwerdeführer aber hiergegen auf Entscheidung des Berufungsgerichts angetragen hat.[7] Der Beschluß des Berufungsgerichts kann durch sofortige Beschwerde angefochten werden.[8]

Weist das Berufungsgericht in den obigen Fällen die Berufung nicht durch Beschluß zurück, so muß dieselbe auch wegen Nichtbeobachtung der Bestimmungen über die Einlegung ebenso wie in allen übrigen Fällen durch Urtheil erledigt, d. h. es muß Hauptverhandlung anberaumt werden.[9]

2. Die Vorbereitung der Hauptverhandlung erfolgt nach den für die Hauptverhandlung erster Instanz vorgeschriebenen Bestimmungen.[10] In der Ladung ist der Angeklagte auf die Folgen des Ausbleibens ausdrücklich hinzuweisen.[11] Hat der Angeklagte die Berufung eingelegt, so wird dieselbe bei unentschuldigtem Ausbleiben des Angeklagten sofort verworfen. Dasselbe Resultat tritt ein, wenn in den Fällen, wo dies zulässig,[12] für den Angeklagten auch kein Vertreter erschienen ist.[13] Der Angeklagte kann hiergegen Wiedereinsetzung in den vorigen Stand beanspruchen.[14] Hat der gesetzliche Vertreter oder der Ehemann die Berufung eingelegt, so kann das Gericht in Abwesenheit des Angeklagten verhandeln, aber auch den letzteren zwangsweise vorführen lassen.[15] Ist in diesem Falle weder der Beschwerde-

[7] StPO. §. 360.
[8] StPO. §. 363 Abs. 2.
[9] StPO. §. 363 Abs. 1 Satz 2.
[10] StPO. §§. 213, 215—224.
[11] StPO. §§. 364 Abs. 1, 370.
[12] StPO. §. 233.
[13] StPO. §. 370 Abs. 1.
[14] StPO. §. 370 Abs. 2.
[15] StPO. §. 371. Die Verhaftung des Angeklagten ist in diesem Falle ausgeschlossen.

führer, noch der Angeklagte erschienen, so ist die Berufung sofort zu verwerfen. Und ist endlich die Berufung von der Staatsanwaltschaft eingelegt, so kann das Gericht in Abwesenheit des Angeklagten verhandeln, aber auch die Vorführung oder Verhaftung des letzteren anordnen.[16]

Da in der Strafprozeßordnung besondere Bestimmungen darüber, ob ein verhafteter Angeklagter vorzuführen sei, nicht vorhanden sind, so gelten die für die erste Instanz maßgebenden Grundsätze. Hiernach ist der verhaftete Angeklagte nicht nur berechtigt, seine Vorführung vor das Berufungsgericht zu verlangen, sondern dieses sogar verpflichtet, es zu thun. Befindet sich der Angeklagte wegen der betreffenden Strafsache in Haft, so ist ein Verzicht seinerseits wirkungslos; befindet er sich dagegen wegen einer anderen Strafsache in Haft, so kann er auf das ihm zustehende Recht in den Fällen verzichten, in welchen er sich vertreten lassen darf.[17] Daß das Berufungsgericht trotzdem die Vorführung des verhafteten Angeklagten anordnen kann,[18] ist selbstverständlich.[19]

---

[16] StPO. §. 370 Abs. 1.

[17] StPO. §. 233.

[18] StPO. §. 235.

[19] Ich schließe mich hinsichtlich des verhafteten Angeklagten Löwe's Ansicht (S. 774) vollständig an. Diese Ansicht entspricht der Auffassung, von der man bei dem Verfahren in zweiter Instanz ausgegangen ist. Nur würde ich zur Begründung nicht noch auf StPO. §. 390 Abs. 2 verweisen. Wenn von Schwarze in HH. Bd. II S. 275 für die entgegengesetzte Ansicht sich auf StPO. §. 341 beruft, so paßt dies m. E. nicht, denn daß gerade in diesem §. eine Bestimmung sich hätte finden müssen, wenn der Gesetzgeber anderer Ansicht gewesen wäre, ist eine Annahme, die sich nicht beweisen läßt. Auch kann man nicht sagen, daß dem Angeklagten durch die von ihm verschuldete Verhaftung „das Recht zur freien Disposition über seine Person“ vollständig entzogen würde. Man hat bei der Einschiebung der Berufung in das Rechtsmittel-System der StPO. diese Materie nicht genügend ins Auge gefaßt.

Die in erster Instanz vernommenen Zeugen und Sachverständigen sind wieder zu laden; es kann dies nur unterbleiben, wenn ihre wiederholte Vernehmung zur Aufklärung der Sache nicht erforderlich erscheint.[20] Neue Beweismittel sind zulässig. Bei der Auswahl der zu ladenden Zeugen und Sachverständigen ist auf die von dem Angeklagten benannten Personen Rücksicht zu nehmen.[21]

3. Die Hauptverhandlung in der Berufungsinstanz beginnt wie in der ersten Instanz.[22] Darauf hält ein Berichterstatter in Abwesenheit der Zeugen einen Vortrag über die Ergebnisse des bisherigen Verfahrens, wobei das Urtheil erster Instanz stets zu verlesen ist.[23] Dieser (mündliche) Vortrag richtet sich einerseits nach dem Umfange, in welchem das Urtheil erster Instanz als angefochten anzusehen ist, und andererseits nach dem Zwecke, welcher durch den Vortrag erreicht werden soll.[24] Der Vortrag bezweckt nicht, die Grundlage für das Urtheil des Berufungsgerichts abzugeben, sondern will das letztere in den Stand setzen, um eine Prüfung der erhobenen Berufung in formeller und materieller Hinsicht vornehmen zu können. Auf den Vortrag folgt die Vernehmung des Angeklagten und hieran schließt sich in der Regel die Beweisaufnahme, auf Grund deren das Urtheil zu fällen ist.[25] Nur ausnahmsweise kann eine Beweisaufnahme ganz oder theilweise unterlassen werden, wenn sie für das Urtheil des Berufungsgerichts entbehrlich ist; z. B. wenn die

---

[20] StPO. §. 364 Abs. 2.

[21] StPO. §. 365 Abs. 3 und 4.

[22] Vgl. Th. III §. 68 I.

[23] StPO. §. 365 Abs. 1; vgl. hierüber noch Th. III §. 68 I, II.

[24] Löwe S. 760, 764, Meves S. 165 f., von Schwarze in HH. Bd. II S. 276.

[25] StPO. §. 365 Abs. 2.

Sache wegen Nichtigkeit des Verfahrens in die erste Instanz zu verweisen oder wenn lediglich die erkannte Strafe angegriffen ist.[26]

Hinsichtlich des Umfanges der Beweisaufnahme hat das Berufungsgericht volle Freiheit nur, wenn die Verhandlung eine Uebertretung betrifft oder auf erhobene Privatklage erfolgt.[27] Abgesehen hiervon gelten die für die Hauptverhandlung erster Instanz aufgestellten Grundsätze. Bei der Beweisaufnahme ebenso wie bei der Berichterstattung können Schriftstücke verlesen werden. Auch in dieser Hinsicht sind die allgemeinen Regeln anzuwenden. Nur in Betreff der Protokolle über Aussagen der Zeugen und Sachverständigen, welche in der Hauptverhandlung erster Instanz vernommen sind, ist eine Ausnahme zugelassen. Die Verlesung dieser Protokolle darf, abgesehen von den Fällen, in welchen die Verlesung auch in der Hauptverhandlung erster Instanz gestattet ist,[28] ohne die Zustimmung der Staatsanwaltschaft und des Angeklagten nicht geschehen, wenn die wiederholte Vorladung der Zeugen und Sachverständigen erfolgt ist oder von dem Angeklagten rechtzeitig vor der Hauptverhandlung beantragt worden war.[29]

Nach Schluß der Beweisaufnahme halten die Parteien ihre Schlußvorträge. Der Beschwerdeführer spricht zuerst, dem Angeklagten gebührt das letzte Wort.[30] Haben beide Parteien die Berufung eingelegt, so bleibt es bei der in der Hauptverhandlung erster Instanz üblichen Reihenfolge.[31]

Das Berufungsgericht prüft das Urtheil erster Instanz

---

[26] Vgl. bes. Löwe S. 760 (Anm. 3).

[27] StPO. §. 244 Abs. 2.

[28] StPO. §§. 250, 252.

[29] StPO. §. 366.

[30] StPO. §. 367.

[31] Vgl. Th. III §. 68 III.

nur, soweit es angefochten ist.[32] Richtet sich das angefochtene Urtheil gegen mehrere Angeklagte und ist nur von einem derselben die Berufung eingelegt, so ist ausschließlich dieser zu berücksichtigen und nicht so zu erkennen, als ob die übrigen Angeklagten gleichfalls die Berufung eingelegt hätten.[33]

Bei der Prüfung[34] des angefochtenen Urtheils sind die von dem Beschwerdeführer angegebenen Gründe und gestellten Anträge für das Berufungsgericht nicht maßgebend. Der unangefochtene Theil des Urtheils, wenn sich ein solcher ausscheiden läßt, wird rechtskräftig. Richtet sich der Angriff des Beschwerdeführers gegen die Feststellung der Schuld, so wird hierdurch das ganze Urtheil fraglich. Dasselbe gilt wol auch in dem Falle, wenn die rechtliche Qualifikation der That bestritten wird. Die Anfechtung der erkannten Strafe oder der Kosten läßt den übrigen Theil des Urtheils unangefochten.

Durch das Urtheil des Berufungsgerichts kann, abgesehen von den Fällen, in welchen die Berufung wegen Ausbleibens einer Person sofort zu verwerfen ist, die Berufung für unbegründet oder begründet erklärt werden. Ist die Berufung unbegründet, so erfolgt Verwerfung derselben, ist sie dagegen begründet, so hebt das Berufungsgericht das angefochtene Urtheil ganz oder theilweise auf und erläßt ein neues Urtheil.[35]

Leidet das angefochtene Urtheil an einem Mangel, welcher die Revision wegen Verletzung einer Rechtsnorm über das

---

[32] StPO. §. 368.

[33] Anders bei der Revision, StPO. §. 397.

[34] Vgl. bes. Löwe S. 768 f., von Schwarze in HH. Bd. II S. 282 f., Keller Strafprozeß-Ordnung (1878) S. 484 f.

[35] StPO. §. 369 Abs. 1.

Verfahren[36] begründen würde, so hat das Berufungsgericht das angefochtene Urtheil zwar aufzuheben, aber die Wahl, ob es dem Mangel abhelfen und in der Sache selbst erkennen oder die Sache zur Entscheidung an das Gericht erster Instanz zurückverweisen will.[37] So ist z. B. eine Zurückverweisung nicht nothwendig, wenn der Beschwerdepunkt darin besteht, daß die Vertheidigung in einem für die Entscheidung wesentlichen Punkte durch einen Beschluß des Gerichts unzulässig beschränkt worden ist, und diesem Mangel in der Berufungsinstanz abgeholfen werden kann. Ist dagegen das Gericht erster Instanz nicht vorschriftsmäßig besetzt gewesen, so handelt es sich um einen Fehler von solcher Bedeutung, daß die Zurückverweisung nothwendig ist. Das Gericht, an welches die Sache zurückverwiesen wird, ist an die Ansicht des Berufungsgerichts nicht gebunden; das von ihm erlassene Urtheil kann durch Berufung angefochten werden.

Hat das Gericht erster Instanz mit Unrecht seine Zuständigkeit angenommen, so muß unter Aufhebung des Urtheils die Sache an das zuständige Gericht verwiesen werden, wenn das Berufungsgericht nicht selbst in erster Instanz für die betreffende Sache zuständig ist.[38]

4. In Betreff des an Stelle des aufgehobenen zu erlassenden Urtheils, gleichviel ob dies durch das Berufungsgericht oder das Gericht erster Instanz, an welches die Sache zur Entscheidung verwiesen ist, erfolgt, gilt das Verbot der reformatio in pejus.[39] Hiernach darf, wenn das Urtheil nur von dem Angeklagten oder zu Gunsten des Angeklagten von der Staatsanwaltschaft oder dem gesetzlichen Vertreter des

---

36 Vgl. Th. III §. 92 II. Bei anderen Formfehlern ist dies nicht der Fall.

37 StPO. §. 369 Abs. 1.

38 StPO. §. 369 Abs. 3.

39 StPO. §. 372.

Beschuldigten oder dem Ehemanne der beschuldigten Frau angefochten ist, in dem neuen Urtheil auf eine härtere Strafe[40] als die in dem aufgehobenen Urtheile enthaltene gegen den Angeklagten nicht erkannt werden.

IV. Revision.

§. 92.

1. Zulässigkeit.

I. Die Revision findet statt[1] gegen die Urtheile der Strafkammern der Landgerichte in erster Instanz und in der Berufungsinstanz[2] und gegen die Urtheile der Schwurgerichte.[3] Die Beurtheilung des Revisionsgerichts erstreckt sich dabei nicht blos auf die Urtheile, sondern auch auf alle in dem betreffenden Verfahren dem Urtheile vorangegangenen Entscheidungen, sofern dasselbe auf ihnen beruht.[4]

II. Die Revision kann nicht darauf gestützt werden, daß der betreffende Straffall in thatsächlicher Hinsicht falsch beurtheilt sei. Die thatsächlichen Ergebnisse des Gerichts, welches das angefochtene Urtheil erlassen hat, sind für das Revisionsgericht maßgebend. Die Revision kann vielmehr nur auf die Verletzung eines Gesetzes gestützt werden.[5] Es

---

[40] Trotz der Verschiedenheit im Ausdrucke der §§. 372 und 398 der StPO. ist das Verbot doch in gleichem Sinne zu fassen.

[1] StPO. §. 374; vgl. über die R. bes. Löwe S. 777 ff.

[2] GVG. §§. 73, 74; vgl. StPO. §. 380.

[3] GVG. §. 80.

[4] StPO. §. 375.

[5] StPO. §. 376 Abs. 1. Die StPO. gebraucht „Gesetz" und „Rechtsnorm" in gleichem Sinne und versteht unter Rechtsnormen „nicht blos die ausdrücklichen Bestimmungen der Gesetze, sondern auch alle Grundsätze, welche sich aus dem Sinne und Zusammenhange der gesetzlichen Vorschriften ergeben"; vgl. EG. zur StPO. §. 7.

ist dabei gleichgültig, ob das Gesetz nicht oder nicht richtig angewendet ist und welchem Gebiete dasselbe angehört. Aber die Verletzung des Gesetzes berechtigt nicht schlechthin, sondern nur dann zur Einlegung der Revision, wenn das Urtheil auf der Verletzung des Gesetzes beruht[6] und von dem Beschwerdeführer gerügt[7] ist. Würde das Urtheil, auch wenn im einzelnen Falle die Verletzung des Gesetzes nicht vorgekommen wäre, doch nicht anders ausgefallen sein, so ist die Revision ausgeschlossen.

Die Strafprozeßordnung hat nur in folgenden Fällen die Beobachtung der gesetzlichen Bestimmungen für so wichtig gehalten, daß ihre Verletzung, sobald sie gerügt ist, stets Aufhebung des Urtheils zur Folge hat:[8]

1. wenn das erkennende Gericht oder die Geschworenenbank nicht vorschriftsmäßig besetzt war;[9]
2. wenn bei dem Urtheile ein Richter, Geschworener oder Schöffe mitgewirkt hat, welcher von der Ausübung des Richteramts kraft Gesetzes ausgeschlossen war;[10]
3. wenn bei dem Urtheile ein Richter oder Schöffe mitgewirkt hat, nachdem derselbe wegen Besorgniß der Befangenheit abgelehnt war, und das Ablehnungsgesuch entweder für begründet erklärt war oder mit Unrecht verworfen war;[11]
4. wenn das Gericht seine Zuständigkeit mit Unrecht angenommen hat;
5. wenn die Hauptverhandlung in Abwesenheit der Staats-

[6] StPO. §. 376 Abs. 2.
[7] StPO. §§. 384, 392.
[8] StPO. §. 377.
[9] GVG. §§. 77, 81, 82.
[10] StPO. §§. 22, 23, 31, 32.
[11] StPO. §§. 24, 31.

anwaltschaft oder einer Person, deren Anwesenheit das Gesetz vorschreibt, stattgefunden hat;[12]

6. wenn das Urtheil auf Grund einer mündlichen Verhandlung ergangen ist, bei welcher die Vorschriften über die Oeffentlichkeit des Verfahrens verletzt sind;[13]
7. wenn das Urtheil bzw. der Theil desselben, welcher angefochten ist, keine Entscheidungsgründe hat;[14]
8. wenn die Vertheidigung in einem für die Entscheidung wesentlichen Punkte durch einen Beschluß des Gerichts unzulässig beschränkt worden ist.[15]

III. Die Staatsanwaltschaft und der Angeklagte stehen sich hinsichtlich der Einlegung der Revision nicht gleich. Die Staatsanwaltschaft darf die Verletzung von Rechtsnormen, welche lediglich zu Gunsten des Angeklagten gegeben sind, nicht zu dem Zwecke geltend machen, um eine Aufhebung des Urtheils zum Nachtheile des Angeklagten herbeizuführen.[16] Außerdem ist die Staatsanwaltschaft dadurch beschränkt,[17] daß ihr die Revision, wenn der Angeklagte von den Geschworenen für nichtschuldig erklärt worden ist, nur in den Fällen zusteht, in welchen dieselbe durch die Bestimmungen des §. 377 Nr. 1, 2, 3, 5 der Strafprozeßordnung oder durch die Stellung oder Nichtstellung von Fragen begründet wird.[18]

Bei den von den Strafkammern der Landgerichte in der Berufungsinstanz erlassenen Urtheilen sind beide Parteien

---

12 StPO. §. 225; vgl. Th. III §. 66 dieses Buches.

13 GVG. §§. 170, 173 f., vgl. Th. III §. 44 dieses Buches.

14 StPO. §§. 34, 266.

15 Vgl. hierüber Löwe S. 789 f.

16 StPO. §. 378.

17 StPO. §. 379.

18 StPO. §§. 292 ff. Hierhin gehören alle bei der Fragestellung vorkommenden Fehler.

gleichmäßig beschränkt;[19] sie dürfen die Revision wegen Verletzung einer Rechtsnorm über das materielle Recht zwar allgemein, aber wegen Verletzung einer Rechtsnorm über das Verfahren nur bei Verletzung der Vorschrift des §. 398 der Strafprozeßordnung d. h. dann einlegen, wenn das Berufungsgericht, an welches eine Sache zur anderweiten Verhandlung zurückverwiesen ist, hierbei nicht die rechtliche Beurtheilung, von welcher das Revisionsgericht bei der Aufhebung des Urtheils ausgegangen ist, zu Grund gelegt hat.

IV. Revisionsgerichte sind die Strafsenate der Oberlandesgerichte und des Reichsgerichts in der Besetzung von fünf bzw. sieben Mitgliedern einschließlich des Vorsitzenden.

a) Die Oberlandesgerichte entscheiden über die Revision gegen die Urtheile der Strafkammern in erster Instanz, wenn die Revision ausschließlich auf die Verletzung einer in den Landesgesetzen enthaltenen Rechtsnorm gestützt wird, und über die Revision gegen die Urtheile der Strafkammern in der Berufungsinstanz.[20]

b) Das Reichsgericht entscheidet über die Revision gegen die Urtheile der Strafkammern in erster Instanz, abgesehen von den Fällen, in welchen die Oberlandesgerichte hierüber entscheiden, und über die Revision gegen die Urtheile der Schwurgerichte.[21]

V. Die Revision ist zu Protokoll des Gerichtsschreibers oder schriftlich bei dem Gerichte, dessen Urtheil angefochten wird, binnen einer Woche einzulegen. Diese Einlegungsfrist beginnt mit der Verkündung des Urtheils und, wenn

[19] StPO. §. 380.

[20] GVG. §. 123 Nr. 2 und Nr. 3.

[21] GVG. §. 136 Abs. 1 Nr. 2; vgl. jedoch auch Abs. 2 und Th. I §. 11 II 2 dieses Buches.

der Angeklagte dabei nicht anwesend war, für diesen mit der Zustellung des Urtheils.[22]

Diese Regel gilt auch für den Fall, daß das Urtheil auf Ausbleiben des Angeklagten ergangen ist.[23] Will der Angeklagte gegen ein solches Urtheil, ohne auf das Rechtsmittel der Revision zu verzichten, Wiedereinsetzung in den vorigen Stand beanspruchen, so muß er die Revision entweder zugleich mit dem Gesuche um Wiedereinsetzung in den vorigen Stand oder nach gestelltem Gesuche um Wiedereinsetzung noch innerhalb der Revisionsfrist einlegen. Die weitere Verfügung auf die Revision bleibt dann bis zur Erledigung des Gesuchs um Wiedereinsetzung in den vorigen Stand ausgesetzt.[24]

VI. Die rechtzeitige Einlegung der Revision bewirkt, daß das Urtheil, *soweit es angefochten ist*, nicht rechtskräftig wird. Auch muß dem Beschwerdeführer nach Einlegung der Revision sofort das Urtheil mit den Entscheidungsgründen zugestellt werden, wenn er dasselbe vor diesem Zeitpunkte noch nicht erhalten hatte.[25]

VII. Im Gegensatze zu der Berufung nöthigt die Einlegung der Revision für sich allein nicht das Revisionsgericht, sich mit der Sache zu befassen. Der Beschwerdeführer muß vielmehr noch rechtzeitig[26] den Streitgegenstand für die Revisionsinstanz feststellen und begründen.[27] Es kann dies zugleich

---

[22] StPO. §. 381. Der Angeklagte kann auf die Zustellung nicht wirksam verzichten; Erk. des Reichsgerichts vom 5. Dezember 1879 c. Blasek.

[23] StPO. §. 233.

[24] StPO. §. 382.

[25] StPO. §. 383.

[26] Nur die vor Ablauf der Rechtfertigungsfrist gestellten Anträge und angegebenen Gründe werden berücksichtigt. Auch in der Hauptverhandlung sind Nachträge oder Berichtigungen unzulässig.

[27] StPO. §§. 384, 392; vgl. Motive zur StPO. S. 206 f.

mit der Einlegung der Revision erfolgen; ist dies nicht geschehen, so steht hierfür eine weitere Woche zur Verfügung. Diese Frist beginnt nach Ablauf der Einlegungsfrist oder, wenn zu dieser Zeit das Urtheil mit den Entscheidungsgründen noch nicht zugestellt war, mit der Zustellung desselben.[28]

Aus den sog. Revisionsanträgen und deren Begründung muß ersichtlich sein, ob der Beschwerdeführer die Urtheilsformel in ihrem ganzen Umfange oder nur zum Theil als unrichtig angegriffen hat, und ob die behauptete Verletzung des Gesetzes in der Entscheidung selbst oder in dem ihr zu Grunde liegenden Verfahren oder in beiden zugleich befunden wird. Wenn die behauptete Verletzung des Gesetzes in der Entscheidung selbst liegen soll, so genügt zur Begründung die Angabe, daß die Anwendung des Strafgesetzes auf das festgestellte Sachverhältniß fehlerhaft sei. Handelt es sich dagegen um die Verletzung einer Rechtsnorm über das Verfahren, so müssen auch die den Mangel enthaltenden Thatsachen angegeben sein, aus welchen die Verletzung gefolgert wird. Es genügt daher z. B. nicht die Behauptung, daß die Rechtsnormen über die Vernehmung und Beeidigung der Zeugen verletzt seien, sondern es muß angegeben werden, welcher Zeuge mit Unrecht vernommen oder beeidigt sei.

VIII. Die Rechtfertigung der Revision kann Seitens des Angeklagten[29] **nur** in einer von dem Vertheidiger[30] oder einem Rechtsanwalt unterzeichneten Schrift oder zu Protokoll des Gerichtsschreibers[31] erfolgen.[32]

---

[28] StPO. §. 385 Abs. 1.

[29] Vgl. hinsichtlich des nicht auf freiem Fuße befindlichen Angeklagten StPO. §. 341 und Th III §. 86 I, 5 dieses Buches.

[30] Es ist also vorauszusetzen, daß der Angeklagte in dem vorherigen Verfahren einen Vertheidiger gehabt hat.

[31] StPO. §. 385 Abs. 2.

[32] Die obige Vorschrift gilt auch für die Personen, welche

§. 93.

2. Verfahren.

Das Verfahren findet theils vor dem Gerichte, dessen Urtheil angefochten ist, theils vor dem Revisionsgerichte statt.

I. Verfahren vor dem Gerichte, dessen Urtheil angefochten ist.

1. Für den Verlauf einer eingelegten Revision kommt es zunächst nur darauf an, ob die formellen Vorschriften über die Einlegung beobachtet sind oder nicht. Ist die Revision verspätet eingelegt, oder sind die Revisionsanträge nicht rechtzeitig oder nicht in der vorgeschriebenen Weise angebracht worden, so wird die Revision durch Beschluß des Gerichts, dessen Urtheil angefochten ist, als unzulässig verworfen.[1] Gegen diesen Beschluß kann der Beschwerdeführer binnen einer Woche nach Zustellung desselben auf die Entscheidung des Revisionsgerichts antragen. Die Akten sind in diesem Falle an das Revisionsgericht einzusenden, ohne daß hierdurch die Vollstreckung des Urtheils gehemmt wird.[2]

2. Sind die Vorschriften über die Einlegung und Begründung der Revision dagegen beobachtet, so ist die Rechtfertigungsschrift[3] dem Gegner des Beschwerdeführers zuzustellen. Dieser kann binnen einer Woche eine Gegenerklärung abgeben. Von Seiten des Angeklagten kann dies zu Proto-

für den Angeklagten Rechtsmittel einlegen dürfen; vgl. StPO. §§. 324, 340.

[1] StPO. §. 386 Abs. 1. Der materielle Inhalt der Rechtfertigung unterliegt in diesem Stadium nicht der Prüfung des Gerichts.

[2] StPO. §. 386 Abs. 2.

[3] Der Ausdruck „Revisionsschrift" ist nicht genau, da auch die zu Protokoll des Gerichtsschreibers abgegebenen Erklärungen zuzustellen sind; vgl. StPO. §§. 341, 385 Abs. 2.

koll des Gerichtsschreibers oder in einer besonderen Schrift erfolgen; die letztere braucht jedoch nicht von dem Vertheidiger oder einem Rechtsanwalt unterzeichnet zu sein. Nach Eingang der Gegenerklärung oder nach Ablauf der Frist sendet die Staatsanwaltschaft die Akten an das Revisionsgericht.[4]

II. Verfahren vor dem Revisionsgerichte.

1. Findet das Gericht, an welches die Akten gesendet sind, daß es in dem betreffenden Falle (sachlich oder örtlich) nicht zuständig sei, so hat es durch Beschluß seine Unzuständigkeit auszusprechen und zugleich die Revision an das zuständige Revisionsgericht zu verweisen. Ein Streit über die Zuständigkeit kann zwischen mehreren Oberlandesgerichten oder zwischen einem Oberlandesgerichte und dem Reichsgerichte vorkommen. In allen Fällen ist der Beschluß, welcher nicht angefochten werden kann, in Betreff der Zuständigkeit bindend für das Gericht, an welches die Revision verwiesen wird. An dieses sind die Akten durch die Staatsanwaltschaft abzugeben.[5]

2. Die eingelegte Revision kann durch Beschluß des Revisionsgerichts als unzulässig verworfen werden, wenn die Vorschriften über die Einlegung der Revision oder über die Anbringung und Begründung der Revisionsanträge nicht beobachtet sind.[6] Nach den Motiven zur Strafprozeßordnung sollte zwar die dem Revisionsgerichte beigelegte Befugniß, das Rechtsmittel ohne Hauptverhandlung zurückzuweisen, sich nicht auf den Fall erstrecken, wenn die Vorschriften über die Begründung der Revisionsanträge nicht beobachtet sind, weil die Grenze zwischen einer sachlich unrichtigen und einer

[4] StPO. §. 387.
[5] StPO. §. 388.
[6] StPO. §. 389 Abs. 1.

formell ungenügenden Begründung oft sehr schwer zu ziehen sein wird, allein diese Ansicht hat im Gesetze keinen entsprechenden Ausdruck gefunden.[7]

Weist das Revisionsgericht in dem obigen Falle die Revision nicht durch Beschluß zurück, so muß dieselbe auch wegen Nichtbeobachtung der erwähnten Vorschriften ebenso wie in allen übrigen Fällen durch Urtheil erledigt, d. h. es muß Hauptverhandlung anberaumt werden.[8]

3. Das Verfahren in der Revisionsinstanz ist im wesentlichen ein schriftliches,[9] die Anwesenheit des Angeklagten oder eines Vertheidigers desselben in der Hauptverhandlung daher nicht nothwendig. Es ist jedoch nicht ausgeschlossen, daß der Angeklagte in der Hauptverhandlung allein oder mit einem Vertheidiger erscheint oder sich durch einen mit schriftlicher Vollmacht versehenen Vertheidiger vertreten läßt. Der Angeklagte oder auf dessen Wunsch der Vertheidiger ist deshalb auch von dem Termine der Hauptverhandlung zu benachrichtigen. Der nicht auf freiem Fuße befindliche Angeklagte hat jedoch keinen Anspruch auf Anwesenheit.[10]

4. Auf die Hauptverhandlung vor dem Revisionsgerichte finden die für die Hauptverhandlung erster Instanz aufgestellten Vorschriften entsprechende Anwendung. Ein Berichterstatter setzt das Gericht in Kenntniß über das Sachverhältniß, soweit es für die Entscheidung nothwendig, und über die Beschwerdegründe. Hieran schließen sich die Ausführungen und Anträge der Staatsanwaltschaft und des etwa erschienenen Angeklagten oder Vertheidigers. Der Beschwerde-

[7] Erk. des Reichsgerichts vom 8. Dezember 1879 c. Schmid.

[8] StPO. §. 389 Abs. 2.

[9] Vgl. Th. III §. 44.

[10] StPO. §. 390. Zu benachrichtigen sind auch die in StPO. §. 340 erwähnten Personen.

führer spricht zuerst, dem Angeklagten gebührt das letzte Wort.[11] Eine besondere Beweisaufnahme wird in der Revisionsinstanz nur selten eintreten. In diesen Fällen ist es dem freien Ermessen des Revisionsgerichts überlassen, wie es sich den Beweis für die festzustellenden Thatsachen verschaffen will. Das Revisionsgericht ist nur insofern eingeschränkt, als die Beobachtung der für die Hauptverhandlung vorgeschriebenen Förmlichkeiten nur durch das Protokoll bewiesen werden kann, wenn nicht eine Fälschung des letzteren behauptet wird.[12]

Bei der durch das Revisionsgericht stattfindenden Prüfung ist zu unterscheiden, ob die Revision sich darauf stützt, daß die Verletzung des Gesetzes in der Entscheidung selbst oder in dem ihr zu Grunde liegenden Verfahren befunden wird.[13] Im ersteren Falle entscheidet das Revisionsgericht, ohne an die Angriffe und Ausführungen des Beschwerdeführers gebunden zu sein. Das angefochtene Urtheil kann daher aus anderen als den von dem Beschwerdeführer angegebenen Gründen[14] aufgehoben werden. Im zweiten Falle ist das Revisionsgericht sehr beschränkt; es darf nur diejenigen Thatsachen berücksichtigen, welche bei Anbringung der Revisionsanträge bezeichnet worden sind, und muß Verletzungen des materiellen Rechts vollständig unbeachtet lassen. Es kann mithin leicht der Fall eintreten, daß das Revisionsgericht die Revision verwerfen muß, obwol sich herausgestellt hat, daß eine Vorschrift des materiellen Rechts nicht richtig angewendet worden ist.

5. Das **Urtheil** des Revisionsgerichts lautet entweder

---

11 StPO. §. 391; vgl. Th. III §. 68 III dieses Buches.

12 StPO. §. 274.

13 StPO. §. 392.

14 Dieselben müssen sich selbstverständlich auf die unrichtige Anwendung des materiellen Rechts beziehen.

auf Verwerfung der eingelegten Revision oder auf Aufhebung des angefochtenen Urtheils.[15] Die Aufhebung braucht sich aber nicht immer auf das ganze Urtheil oder auf den ganzen von dem Beschwerdeführer gerügten Theil desselben zu erstrecken; sie trifft das Urtheil nur insoweit dasselbe auf einer Verletzung des Gesetzes beruht. Zugleich mit dieser Aufhebung des Urtheils hat das Revisionsgericht die dem Urtheile zu Grunde liegenden Feststellungen aufzuheben, sofern sie durch die Gesetzesverletzung betroffen werden, wegen deren die Aufhebung des Urtheils erfolgt.[16] Die Folge hiervon ist, daß das Verfahren in einer dem Gesetze entsprechenden Weise zu erneuern ist.

Das Revisionsgericht entscheidet in der Sache selbst:

a) wenn die Aufhebung des Urtheils nur wegen eines Mangels des Verfahrens erfolgt ist, die sonstigen Revisionsgründe aber eine Erneuerung des Verfahrens als überflüssig erscheinen lassen;

b) wenn die Aufhebung des Urtheils nur wegen Gesetzesverletzung bei Anwendung des Gesetzes auf die dem Urtheile zu Grunde liegenden Feststellungen erfolgt ist und ohne weitere thatsächliche Erörterungen nur auf Freisprechung oder Einstellung des Verfahrens oder eine absolut bestimmte, d. h. nach Qualität und Quantität genau festgesetzte Strafe zu erkennen ist oder das Revisionsgericht in Uebereinstimmung mit dem Antrage der Staatsanwaltschaft die gesetzlich niedrigste Strafe für angemessen erachtet.[17]

In allen übrigen Fällen erfolgt Zurückverweisung

---

[15] Vgl. Motive zur StPO. S. 210 f.

[16] StPO. §. 393.

[17] StPO. §. 394 Abs. 1.

der Sache zur anderweiten Verhandlung und Entscheidung und zwar

1. an das Gericht, dessen Urtheil aufgehoben ist, oder
2. an ein demselben Bundesstaate angehöriges benachbartes Gericht gleicher Ordnung[18] oder
3. an das zuständige Gericht, wenn das Gericht der vorigen Instanz sich mit Unrecht für zuständig erachtet hat,[19] oder
4. an ein Gericht niederer Ordnung, wenn die noch in Frage kommende strafbare Handlung zu dessen Zuständigkeit gehört.[20]

Das Gericht, an welches die Sache verwiesen ist, hat die rechtliche Beurtheilung, welche der Aufhebung des Urtheils zu Grunde gelegt ist, auch seiner Entscheidung zu Grunde zu legen. Auch darf dasselbe, wenn das Urtheil nur von dem Angeklagten oder zu Gunsten desselben von der Staatsanwaltschaft oder dem gesetzlichen Vertreter des Beschuldigten oder dem Ehemanne der beschuldigten Frau angefochten worden ist, eine härtere Strafe, als die in dem aufgehobenen Urtheile erkannte, nicht verhängen (Verbot der reformatio in pejus).[21]

Hat von mehreren Angeklagten nur einer die Revision eingelegt, und ist in Folge dessen wegen Gesetzesverletzung bei Anwendung des Strafgesetzes das Urtheil aufgehoben, so ist zu erkennen, als ob alle von der Gesetzesverletzung berührten Angeklagten die Revision eingelegt hätten.[22]

---

[18] StPO. §. 394 Abs. 2.

[19] StPO. §. 395.

[20] StPO. §. 394 Abs. 3.

[21] StPO. §. 398. Vgl. Th. III §. 91 Anm. 40 dieses Buches.

[22] StPO. §. 397.

Fünfter Abschnitt.

Wiederaufnahme eines durch rechtskräftiges Urtheil geschlossenen Verfahrens.

§. 94.

I. Zulässigkeit.

I. Während die Rechtsmittel der Berufung und Revision nur gegen Urtheile eingelegt werden können, welche noch nicht rechtskräftig sind, und Urtheile daher erst rechtskräftig werden, wenn sie durch diese beiden Rechtsmittel nicht mehr anfechtbar sind, setzt der Antrag auf Wiederaufnahme eines Verfahrens, der nach der Strafprozeßordnung nicht als Rechtsmittel anzusehen ist, ein durch rechtskräftiges Urtheil geschlossenes Verfahren voraus. Gegen amtsrichterliche Strafbefehle ist der Antrag auf Wiederaufnahme des Verfahrens unzulässig, weil hierbei ein Verfahren überhaupt nicht stattgefunden hat. Und dasselbe gilt hinsichtlich der Urtheile, durch welche das Verfahren nicht geschlossen, sondern nur eingestellt ist, weil über die Schuld des Thäters gar nicht erkannt ist.

Die Zulässigkeit des Antrages auf Wiederaufnahme eines Verfahrens verstößt an sich gegen den auch nach der Strafprozeßordnung geltenden Grundsatz, daß, sobald über die Schuld eines Thäters rechtskräftig erkannt und eine Freisprechung oder Verurtheilung erfolgt ist, ein neues Verfahren gegen den Thäter wegen derselben That nicht mehr eingeleitet werden darf (non bis in idem).[1] Im Interesse der materiellen Wahrheit ist jedoch die Wiederaufnahme eines

[1] Vgl. Löwe S. 475 ff.

durch rechtskräftiges Urtheil geschlossenen Verfahrens zwar nicht schlechthin, aber doch aus gewissen Gründen sowol zu Gunsten als Ungunsten des Angeklagten gestattet.

II. Zweck der Wiederaufnahme des Verfahrens ist die Freisprechung des Verurtheilten oder die Verurtheilung des Freigesprochenen oder die Anwendung eines milderen Strafgesetzes. Die Wiederaufnahme ist aber nicht gestattet zur Aenderung der Strafe innerhalb des durch dasselbe Gesetz[2] bestimmten Strafmaßes.[3]

Der Antrag hat keine aufschiebende Wirkung, doch kann das Gericht einen Aufschub oder eine Unterbrechung der Strafvollstreckung anordnen.[4]

III. Die Wiederaufnahme des Verfahrens erfolgt nicht von Amtswegen, sondern nur auf Antrag. Der Antrag kann von der Staatsanwaltschaft,[5] dem Angeklagten und den sonst noch zur Einlegung von Rechtsmitteln befugten Personen gestellt werden.[6]

Eine Frist ist für die Stellung des Antrages nicht vorgeschrieben; es ist gleichgültig, ob die zuerkannte Strafe schon vollstreckt oder noch nicht vollstreckt ist. Auch nach dem Tode des Verurtheilten ist die Wiederaufnahme des Verfahrens gestattet. Für diesen letzteren Fall ist jedoch eine beschränkende Bestimmung dadurch aufgestellt, daß die Staatsanwaltschaft überhaupt nicht, sondern nur der Ehegatte, die Verwandten

---

[2] Dieser Ausdruck ist nicht identisch mit „derselbe Paragraph“. Ein Paragraph enthält nicht selten mehrere selbständige Thatbestände, vgl. StGB. §§. 222, 223, 229, 230 u. a. Die Beantwortung der Frage nach den mildernden Umständen gehört stets zur Strafzumessung und deßhalb nicht hierher.

[3] StPO. §. 403.

[4] StPO. §. 400.

[5] Zu Gunsten und zu Ungunsten des Angeklagten.

[6] StPO. §. 405; vgl. Th. III §. 86 I dieses Buches.

auf- und absteigender Linie sowie die Geschwister des Verstorbenen zu dem Antrage befugt sind und zwar nur unter der Bedingung, daß es sich um die Freisprechung des Verurtheilten handelt.[7] Die Wiederaufnahme des Verfahrens zum Zwecke der Aenderung der Strafe ist daher in diesem Falle nicht gestattet.

IV. Die Wiederaufnahme des Verfahrens findet statt

1. zu Gunsten und zu Ungunsten des Verurtheilten bzw. Angeklagten:[8]

a) wenn eine in der Hauptverhandlung zu seinen Ungunsten bzw. Gunsten als echt vorgebrachte Urkunde[9] fälschlich angefertigt oder verfälscht[10] war;

b) wenn durch Beeidigung eines zu seinen Ungunsten bzw. Gunsten abgelegten Zeugnisses oder abgegebenen Gutachtens der Zeuge oder Sachverständige sich einer vorsätzlichen oder fahrlässigen Verletzung der Eidespflicht schuldig gemacht hat;[11]

c) wenn bei dem Urtheil ein Richter, Geschworener oder Schöffe mitgewirkt hat, welcher sich in Beziehung auf die Sache einer mit krimineller[12] Strafe bedrohten Verletzung der Amtspflicht schuldig gemacht hat. Hierbei ist es nicht nothwendig, daß die Verletzung der Amts-

---

[7] StPO. §§. 401, 411 Abs. 1.

[8] StPO. §§. 399 Nr. 1—3, 402 Nr. 1—3.

[9] Die Urkunde muß zu Gunsten oder Ungunsten des Betreffenden als Beweismittel in dem Strafverfahren benutzt und von Einfluß auf das Urtheil gewesen sein.

[10] Der Thatbestand der Urkundenfälschung (StGB. §. 267) braucht nicht vorzuliegen.

[11] StGB. §§. 154, 163. Das Zeugniß oder Gutachten muß ebenso wie die Urkunde (vgl. Anm. 9) von Einfluß auf das Urtheil gewesen sein.

[12] Ordnungs- und Disciplinarstrafen sind ausgeschlossen.

pflicht von Einfluß auf das Urtheil gewesen ist. Die Wiederaufnahme kann aus diesem Grunde zu Gunsten des Verurtheilten jedoch nicht beantragt werden, wenn der Verurtheilte selbst die Verletzung der Amtspflicht veranlaßt hat.

In den Fällen unter a — c ist der Antrag auf Wiederaufnahme, wenn er auf die Behauptung einer strafbaren Handlung gegründet werden soll, nur dann zulässig, wenn wegen der betreffenden Handlung eine rechtskräftige Verurtheilung ergangen ist, oder wenn die Einleitung oder Durchführung eines Strafverfahrens aus anderen Gründen als wegen Mangels an Beweis z. B. wegen Tod, Abwesenheit, Verjährung nicht erfolgen kann.[13]

2. nur zu Gunsten des Verurtheilten:[14]

a) wenn ein civilgerichtliches Urtheil, auf welches das Strafurtheil gegründet ist, durch ein anderes rechtskräftig gewordenes Urtheil aufgehoben ist;

b) wenn neue[15] Thatsachen oder Beweismittel beigebracht sind, welche allein oder in Verbindung mit den früher erhobenen Beweisen die Freisprechung des Angeklagten oder in Anwendung eines milderen Strafgesetzes eine geringere Bestrafung[16] zu begründen geeignet sind.

In den vor den Schöffengerichten verhandelten Strafsachen können nur solche Thatsachen oder Beweismittel beigebracht werden, welche der Verurtheilte

[13] StPO. §. 404.

[14] StPO. §. 399 Nr. 4 und 5.

[15] d. h. solche, welche bei dem angefochtenen Urtheile nicht berücksichtigt werden konnten, gleichviel ob sie der Verurtheilte gekannt hat oder nicht.

[16] Die Anwendung des milderen Strafgesetzes allein genügt daher nicht.

in dem früheren Verfahren einschließlich der Berufungsinstanz nicht gekannt hatte oder ohne Verschulden nicht geltend machen konnte.

3. nur zu Ungunsten des Angeklagten:[17]
wenn von dem freigesprochenen Angeklagten nach der Freisprechung vor Gericht oder außergerichtlich ein glaubwürdiges Geständniß der strafbaren Handlung abgelegt wird.

V. Der Antrag muß den gesetzlichen Grund der Wiederaufnahme und die Beweismittel enthalten.[18] Wird der Antrag von dem Angeklagten oder von den Personen gestellt, welche im Falle des Todes des Angeklagten zu dem Antrage befugt sind,[19] so muß derselbe mittels einer von dem[20] Vertheidiger oder einem Rechtsanwalt unterzeichneten Schrift oder zu Protokoll des Gerichtsschreibers angebracht werden.[21]

VI. Die allgemeinen Bestimmungen über Rechtsmittel[22] finden, soweit nicht Ausnahmen gemacht sind,[23] auch bei dem Antrage auf Wiederaufnahme des Verfahrens Anwendung.[24]

§. 95.

II. Verfahren.

In dem Verfahren, welches auf Grund eines Antrages auf Wiederaufnahme stattfindet, lassen sich drei Stadien unterscheiden: die Prüfung des Antrages, die Wiederaufnahme

---

[17] StPO. §. 402 Nr. 4.
[18] StPO. §. 406 Abs. 1.
[19] StPO. §. 401 Abs. 2; vgl. oben III.
[20] Vgl. Th. III §. 92 Anm. 30.
[21] StPO. §. 406 Abs. 2.
[22] StPO. §§. 338—345; vgl. Th. III §. 86 dieses Buches.
[23] Vgl. z. B. StPO. §. 401.
[24] StPO. §. 405.

der Untersuchung und die anderweite Entscheidung in der Sache selbst.

I. Die Wiederaufnahme des Verfahrens ist bei dem Gerichte zu beantragen, dessen Urtheil mit dem Antrage angefochten wird. Ist ein Urtheil in der Berufungsinstanz ergangen, so wird das Berufungsurtheil in der Regel das angefochtene sein. Eine Ausnahme hiervon tritt aber dann ein, wenn das Berufungsgericht, ohne über die Schuld des Angeklagten zu erkennen, die Berufung als unzulässig verworfen hat. Hinsichtlich der in der Revisionsinstanz erlassenen Urtheile bestimmt die Strafprozeßordnung, daß der Antrag auf Wiederaufnahme nur dann bei dem Revisionsgerichte zu stellen ist, wenn es sich um eine in der Revisionsinstanz begangene, mit krimineller Strafe bedrohte Verletzung der Amtspflicht eines Richters, Geschworenen oder Schöffen handelt.[1] Abgesehen von diesem Falle muß der Antrag also stets, auch wenn der Grund zur Wiederaufnahme des Verfahrens in der Revisionsinstanz liegt, bei dem Gerichte gestellt werden, gegen dessen Urtheil die Revision eingelegt war.[2]

Ueber die Zulassung des Antrages auf Wiederaufnahme entscheidet das Gericht[3] ohne mündliche Verhandlung.[4] Der Antrag wird durch Beschluß als unzulässig verworfen,

a) wenn derselbe nicht in der vorgeschriebenen Form angebracht oder darin

---

[1] StPO. §. 407 Abs. 1.

[2] Vgl. über die bestrittene Auslegung des §. 407 der StPO. Löwe S. 822 f.

[3] Amtsrichter (ohne Schöffen), Strafkammer (auch für die Schwurgerichtssachen), Oberlandesgericht, Reichsgericht. Durch die Fassung des §. 407 der StPO. ist die Annahme nicht ausgeschlossen, daß in Schwurgerichtssachen während der Sitzungsperiode der Schwurgerichtshof über den Antrag zu entscheiden hat.

[4] StPO. §. 407 Abs. 2.

b) ein gesetzlicher Grund der Wiederaufnahme oder

c) ein geeignetes Beweismittel nicht angegeben ist.[5]

II. Erachtet das Gericht den Antrag für zulässig, so wird derselbe dem Gegner des Antragstellers unter Bestimmung einer Frist zur Erklärung zugestellt[6] und ein Verfahren eingeleitet, um die Frage beantworten zu können, ob, wenn die Behauptungen des Antragstellers richtig sind, zu einer erneuten mündlichen Verhandlung zu schreiten sei. Das Gericht beauftragt einen Richter mit Aufnahme der angetretenen Beweise, soweit diese für die Beantwortung der erwähnten Frage erforderlich ist. Dabei ist es dem Ermessen des Gerichts überlassen, ob die Zeugen und Sachverständigen eidlich vernommen werden sollen. Die Parteien können der Beweisaufnahme unter denselben Bedingungen wie in der Voruntersuchung[7] beiwohnen. Nach Schluß der Beweisaufnahme sind die Staatsanwaltschaft und der Angeklagte unter Bestimmung einer Frist zur ferneren Erklärung aufzufordern.[8]

Der Antrag wird durch Beschluß des Gerichts ohne mündliche Verhandlung als unbegründet verworfen,

a) wenn die darin aufgestellten Behauptungen keine genügende Bestätigung gefunden haben oder

b) wenn zwar in dem früheren Verfahren die als echt vorgebrachte Urkunde fälschlich angefertigt oder verfälscht war[9] oder der Zeuge oder Sachverständige sich einer vorsätzlichen oder fahrlässigen Verletzung der Eidespflicht schuldig gemacht hat,[10] allein die Annahme

---

[5] StPO. §. 408 Abs. 1.
[6] StPO. §. 408 Abs. 2.
[7] Vgl. Th. III §. 63 V.
[8] StPO. §. 409.
[9] StPO. §§. 399 Nr. 1, 402 Nr. 1.
[10] StPO. §§. 399 Nr. 2, 402 Nr. 2.

ausgeschlossen ist, daß diese Handlungen auf das Urtheil von Einfluß gewesen sind.[11]

III. Erachtet das Gericht den Antrag für begründet, so verordnet es die Wiederaufnahme des Verfahrens und die Erneuerung der Hauptverhandlung.[12] Die erneute Hauptverhandlung findet in der Instanz statt, in welcher das angefochtene Urtheil erlassen ist.

Das Gericht urtheilt nach freiem Ermessen auf Grund der neuen Verhandlung. Kommt das Gericht zu der Ansicht, daß ein von dem früheren Urtheil abweichendes nicht zu erlassen ist, so ist nach der Strafprozeßordnung das frühere Urtheil aufrecht zu erhalten, in den übrigen Fällen unter Aufhebung desselben anderweit in der Sache zu erkennen.[13] Dabei ist das Gericht jedoch insofern beschränkt, als es eine härtere Strafe als die in dem früheren Urtheile erkannte nicht verhängen darf, wenn die Wiederaufnahme nur von dem Verurtheilten oder zu Gunsten desselben von der Staatsanwaltschaft oder von dem gesetzlichen Vertreter des Beschuldigten bzw. dem Ehemann einer beschuldigten Frau beantragt worden ist.[14]

IV. Ausnahmsweise kann das Gericht[15] den Antrag auf Wiederaufnahme ohne Erneuerung der Hauptverhandlung durch Urtheil erledigen, wenn der Verurtheilte bereits verstorben[16] und auf Freisprechung zu erkennen ist. Ist dies letztere jedoch nicht der Fall, so ist der Antrag nicht

[11] StPO. §. 410 Abs. 1.

[12] StPO. §. 410 Abs. 2.

[13] StPO. §. 413 Abs. 1. Ueber die inkorrekte Fassung dieses §. vgl. Löwe S. 827 f.

[14] StPO. §. 414 Abs. 2.

[15] Vgl. Anm. 3.

[16] Dies gilt auch für den Fall, wenn der Verurtheilte gestorben ist, nachdem er selbst den Antrag gestellt hat.

zu verwerfen, sondern abzulehnen. Das Gericht kann auch in anderen Fällen ohne Erneuerung der Hauptverhandlung den Antrag erledigen, wenn auf Grund der bereits vorliegenden Beweise auf Freisprechung zu erkennen ist und die Staatsanwaltschaft bzw. der Privatkläger ihre Zustimmung ertheilt haben.[17]

Mit der Freisprechung ist in allen diesen Fällen die Aufhebung des früheren Urtheils zu verbinden. Auf Verlangen des Antragstellers ist die Aufhebung durch den deutschen Reichsanzeiger auf Kosten der Staatskasse bekannt zu machen. Nach dem Ermessen des Gerichts kann dies auch noch durch andere Blätter erfolgen.[18]

V. Die Beschlüsse, welche von dem Gericht in erster Instanz[19] hinsichtlich des Antrages auf Wiederaufnahme ergehen, können durch sofortige Beschwerde[20] angefochten werden. In Betreff der Urtheile gelten die allgemeinen Regeln.[21]

Sechster Abschnitt.

Strafvollstreckung und Kosten des Verfahrens.

§. 96.

I. Strafvollstreckung.

Die in dem siebenten Buche der Strafprozeßordnung über die Strafvollstreckung enthaltenen Bestimmungen beziehen

---

17 StPO. §. 411 Abs. 1 und 2.

18 StPO. §. 411 Abs. 3 und 4.

19 Vgl. StPO. §. 346 Abs. 3. Wol zu unterscheiden von dem Gerichte erster Instanz, da die betreffende Entscheidung auch von einem höheren Gerichte ausgehen kann; vgl. Löwe S. 831.

20 Vgl. Th. III §. 89.

21 StPO. §. 412.

sich nur auf die von den ordentlichen Gerichten innerhalb des Geltungsgebietes der Strafprozeßordnung[1] in einem Urtheile[2] erkannten kriminellen[3] Strafen. Sie regeln nicht die Art und Weise, in welcher die einzelnen Strafen zu vollstrecken sind, sondern fast ausschließlich nur den Betrieb der Strafvollstreckung.[4] Auch in dieser Hinsicht sind sie jedoch nicht vollständig. So fehlt namentlich eine Bestimmung über die Vollstreckung der von dem Reichsgerichte erkannten Todes- und Freiheitsstrafen.[5]

Die ergänzenden Bestimmungen über die Art und Weise, in welcher die einzelnen Strafen zu vollstrecken sind, finden sich theils in dem Strafgesetzbuche,[6] theils wird sie das noch zu erlassende Strafvollzugsgesetz enthalten. Bis zu diesem Zeitpunkte gelten in dieser Hinsicht die landesrechtlichen Bestimmungen.

I. Vollstreckende Behörden.

1. Die Strafprozeßordnung geht von der Anschauung aus, daß die Vollstreckung der Strafen nicht Sache des Richteramts sei, und hat dieselbe daher der Staatsanwaltschaft übertragen. Die Amtsanwälte sind jedoch ausdrücklich hiervon ausgenommen.[7]

In Schöffengerichtssachen[8] kann durch Anordnung der

---

[1] Vgl. Einleitung §. 2.

[2] oder was dem Urtheile gleich zu achten ist; vgl. StPO. §§. 450, 463, 491, 492, 494.

[3] Es sind daher ausgeschlossen die im Laufe eines Verfahrens vorkommenden Ordnungsstrafen; vgl. hierfür GVG. §§. 181, 182, StPO. §. 36.

[4] Ueber die Rechtshülfe bei der Strafvollstreckung vgl. GVG. §§. 163--165.

[5] Vgl. hierüber Löwe S. 908.

[6] StGB. §§. 13 ff.

[7] StPO. §. 483 Abs. 1 und 2.

[8] Vgl. über diesen Ausdruck Th. I §. 6 Anm. 15.

Landesjustizverwaltung die Strafvollstreckung den Amtsrichtern übertragen werden.[9]

2. Die vollstreckende Behörde ist befugt, behufs Vollstreckung einer Freiheitsstrafe[10] einen Vorführungs- oder Haftbefehl zu erlassen, wenn der Verurtheilte auf die an ihn ergangene Ladung zum Antritt der Strafe sich nicht gestellt hat oder sich verborgen hält. Zu demselben Zwecke ist auch die Erlassung eines Steckbriefes gestattet, wenn der Verurtheilte flüchtig ist oder sich verborgen hält.[11]

3. Ein Einfluß des Gerichts auf die Strafvollstreckung zeigt sich darin, daß das Gericht unter Umständen einen Aufschub oder eine Unterbrechung der Strafvollstreckung anordnen kann[12] und daß in gewissen Fällen[13] gerichtliche Entscheidungen nothwendig sind. Diese Entscheidungen werden von dem Gerichte erster Instanz[14] ohne mündliche Verhandlung erlassen; doch muß der Staatsanwaltschaft und dem Verurtheilten vor der Entscheidung Gelegenheit zur Stellung und Begründung von Anträgen gegeben werden. Gegen diese Entscheidungen kann, wenn dieselben nicht von dem Reichtsgerichte erlassen sind, sofortige Beschwerde eingelegt werden.[15]

4. Gerichtliche Entscheidungen sind in den folgenden Fällen nothwendig:

a) wenn eine verhängte Geldstrafe nicht beigetrieben werden

---

[9] StPO. §. 483 Abs. 3.

[10] Diese Zwangsmittel sind für Todes- und Geldstrafen nicht erforderlich, für den Verweis nicht gestattet.

[11] StPO. §. 489.

[12] Vgl. StPO. §§. 400, 490.

[13] Das Beschwerderecht an die vorgesetzten Beamten der Staatsanwaltschaft wird hierdurch nicht beseitigt.

[14] Amtsrichter (ohne Schöffen), Strafkammer in der Besetzung von drei Richtern, und der vereinigte zweite und dritte Straffenat des Reichsgerichts.

[15] StPO. §. 494 Abs. 1, 2 und 4.

kann und die Festsetzung der für diesen Fall eintretenden Freiheitsstrafe unterlassen worden ist;[16]

b) wenn über die Auslegung eines Strafurtheils oder über die Berechnung der erkannten Strafe Zweifel entstehen;[17]

c) wenn Einwendungen gegen die Zulässigkeit der Strafvollstreckung erhoben werden;[18]

d) wenn in den Fällen des § 487 der Strafprozeßordnung ein Antrag auf Aufschub der Strafvollstreckung von der Staatsanwaltschaft abgelehnt[19] ist;[20]

e) wenn die Staatsanwaltschaft die in einer von der Strafanstalt getrennten Krankenanstalt verbrachte Zeit nicht anrechnen will, weil der Verurtheilte die Krankheit mit der Absicht herbeigeführt hat, die Strafvollstreckung zu unterbrechen;[21] und

f) wenn es sich um die Festsetzung einer Gesammtstrafe handelt. Hier tritt jedoch gerichtliche Entscheidung nur ein, wenn Jemand durch verschiedene rechtskräftige Urtheile zu Strafen verurtheilt ist und das zuletzt erkennende Gericht die Bestimmungen des § 79 des Strafgesetzbuchs über die Zuerkennung einer Gesammtstrafe außer Betracht gelassen hat. Die Zurückführung der erkannten Strafen auf eine Gesammtstrafe

---

16 StPO. §. 491; vgl. auch §. 463.

17 StPO. §. 490 Abs. 1.

18 StPO. §. 490 Abs. 1; z. B. wenn der Herangezogene seine Identität mit dem Verurtheilten bestreitet oder behauptet, die Geldstrafe schon gezahlt zu haben. Die Einwendungen können auch von dritten Personen, besonders von den Angehörigen des Verurtheilten, gemacht werden; vgl. noch StPO. §. 485 Abs. 2.

19 StPO. §. 490 Abs. 2.

20 In den unter b, c, d mitgetheilten Fällen wird der Fortgang der Strafvollstreckung an sich nicht gehemmt, doch kann das Gericht die Strafe aufschieben oder unterbrechen lassen; vgl. StPO. §. 490 Abs. 3.

21 StPO. §. 493.

durch eine nachträgliche gerichtliche Entscheidung muß dagegen unterbleiben, wenn das zuletzt erkennende Gericht die betreffenden Bestimmungen des Strafgesetzbuchs vermöge einer unrichtigen Auffassung desselben nicht angewendet hat.[22]

Die nachträgliche gerichtliche Entscheidung hinsichtlich der Gesammtstrafe ergeht, wenn die Urtheile von verschiedenen Gerichten erlassen sind, von demjenigen Gerichte, welches die schwerste Strafart oder bei Strafen gleicher Art die höchste Strafe erkannt hat. Würden hiernach mehrere Gerichte zuständig sein, so entscheidet das Gericht, dessen Urtheil zuletzt ergangen ist, bzw. wenn dieses ein Gericht höherer Instanz ist, das Gericht erster Instanz. Und das Reichsgericht setzt die Gesammtstrafe fest, wenn eines von den mehreren Urtheilen von dem Reichsgerichte in erster Instanz erlassen war.[23]

II. Voraussetzungen der Strafvollstreckung.

Die allgemeinen d. h. bei der Vollstreckung einer jeden Strafe nothwendigen Voraussetzungen sind:

a) Das Urtheil muß rechtskräftig sein.[24] Ein theilweise rechtskräftiges Urtheil darf ebenso wenig vollstreckt werden wie ein Urtheil, welches nur gegenüber dem Angeklagten Rechtskraft erlangt hat, von der Staatsanwaltschaft bzw. dem Privat- und Nebenkläger aber noch angefochten werden kann. Um die hierin für den Angeklagten liegende Härte zu mildern, schreibt die Strafprozeßordnung vor, daß auf eine zu vollstreckende Freiheitsstrafe diejenige Untersuchungshaft unverkürzt anzurechnen ist, welche der Angeklagte erlitten hat, seit er auf Einlegung eines Rechtsmittels verzichtet oder das eingelegte Rechtsmittel zurückgenommen

---

[22] StPO. §. 492; vgl. noch Löwe S. 918 ff.

[23] StPO. §. 494 Abs. 3.

[24] StPO. §. 481.

hat, oder seitdem die Einlegungsfrist abgelaufen ist, ohne daß er eine Erklärung abgegeben hat.[25]

b) die Vollstreckung einer Strafe erfolgt auf Grund einer von dem Gerichtsschreiber zu ertheilenden, mit der Bescheinigung der Vollstreckbarkeit versehenen, beglaubigten Abschrift der Urtheilsformel.[26]

c) Als allgemeine Voraussetzung müßte noch gelten, daß der Verurtheilte nicht geisteskrank sei. Die Strafprozeßordnung hat diesen Umstand jedoch nur bei der Todes- und den Freiheitsstrafen als Hinderungsgrund der Vollstreckung anerkannt.[27]

III. Besondere Bestimmungen für einzelne Strafen.

1. Todesstrafe.

a) Todesurtheile bedürfen ebenso wenig wie andere Urtheile zu ihrer Vollstreckung der Bestätigung; sie sollen jedoch erst vollstreckt werden, wenn die Entschließung des Staatsoberhauptes bzw. in den Strafsachen, in denen das Reichsgericht in erster Instanz erkannt[28] hat, die Entschließung des Kaisers[29] ergangen ist, von dem Begnadigungsrechte keinen Gebrauch machen zu wollen.[30]

---

[25] StPO. §. 482.

[26] StPO. §. 483 Abs. 1.

[27] StPO. §§. 485 Abs. 2, 487 Abs. 1.

[28] Niederschlagung einer anhängigen Untersuchung ist daher nicht zulässig.

[29] Dem Kaiser ist in den obigen Reichsgerichtssachen ein Begnadigungsrecht eingeräumt, StPO. §. 484. Der Kaiser übt außerdem das Begnadigungsrecht in Elsaß-Lothringen aus, RGes. betr. die Vereinigung von Elsaß-Lothringen mit dem deutschen Reiche vom 9. Juni 1871 §. 3, und in den Strafsachen, in welchen der Konsul oder das Konsulargericht in erster Instanz erkannt hat, RGes. über die Konsulargerichtsbarkeit vom 10. Juli 1879 §. 42.

[30] StPO. §. 485 Abs. 1.

b) Todesurtheile dürfen an schwangeren und geisteskranken Personen nicht vollstreckt werden.[31]

c) Die Vollstreckung der Todesstrafe geschieht in einem umschlossenen Raume, in Gegenwart von zwei Mitgliedern des Gerichts erster Instanz,[32] eines Beamten der Staatsanwaltschaft, eines Gerichtsschreibers und eines Gefängnißbeamten. Zwölf Vertreter bzw. Mitglieder der Gemeinde, wo die Hinrichtung stattfindet, haben derselben beizuwohnen. Außerdem ist einem Geistlichen, dem Vertheidiger und nach dem Ermessen der Staatsanwaltschaft auch noch anderen Personen der Zutritt zu gestatten. Das über die Hinrichtung aufzunehmende Protokoll ist von dem Beamten der Staatsanwaltschaft und dem Gerichtsschreiber zu unterzeichnen.

Der Leichnam des Hingerichteten ist den Angehörigen desselben auf ihr Verlangen zur einfachen, ohne Feierlichkeiten vorzunehmenden Beerdigung zu verabfolgen.[33]

2. Freiheitsstrafen.

Ein Aufschub der Vollstreckung einer Freiheitsstrafe[34] tritt ein, wenn der Verurtheilte in Geisteskrankheit verfällt, oder bei anderen Krankheiten, wenn von der Strafvoll-

---

[31] StPO. §. 485 Abs. 2.

[32] Es kann zweifelhaft sein, was hierunter zu verstehen, ob das Gericht, welches das Todesurtheil gefällt hat d. h. das Schwurgericht bzw. an dessen Stelle die Strafkammer des Landgerichts und das Reichsgericht, oder das Gericht, in dessen Sprengel das Todesurtheil vollstreckt werden soll. Für die erstere Ansicht, die m. E. die richtige ist, Löwe S. 914, auch von Schwarze S. 605, der jedoch das Reichsgericht nicht berücksichtigt, für die letztere Keller, Strafprozeß-Ordnung (1878) S. 515 f., der von der Ansicht ausgeht, daß am Vollstreckungsort stets ein Landgericht sich befindet.

[33] StPO. §. 486.

[34] Ueber die Unterbrechung einer bereits begonnenen Vollstreckung einer Freiheitsstrafe vgl. StPO. §§. 400, 490.

streckung eine nahe Lebensgefahr für den Verurtheilten zu besorgen steht, oder wenn dieser sich in einem körperlichen Zustande befindet, bei welchem eine sofortige Vollstreckung mit der Einrichtung der Strafanstalt unverträglich ist.[35] Ob im einzelnen Falle mit der Vollstreckung zu beginnen ist oder nicht, hängt von dem Ermessen der Staatsanwaltschaft ab. Es kann jedoch gerichtliche Entscheidung herbeigeführt werden.[36]

Im Gegensatze hierzu kann auf Antrag des Verurtheilten ein Aufschub eintreten, wenn durch die sofortige Vollstreckung dem Verurtheilten oder der Familie desselben erhebliche, außerhalb des Strafzwecks liegende Nachtheile erwachsen. Der Strafaufschub darf den Zeitraum von vier Monaten nicht übersteigen und kann an eine Sicherheitsleistung oder andere Bedingungen geknüpft werden.[37] Lehnt die Staatsanwaltschaft den Antrag ab, so steht dem Antragsteller nur die Beschwerde an die vorgesetzten Beamten der Staatsanwaltschaft zu; gerichtliche Entscheidung kann nicht herbeigeführt werden.[38]

3. Vermögensstrafen.

Die Vermögensstrafen (Geldstrafe und Einziehung) werden nach den Vorschriften über die Vollstreckung der Urtheile der Civilgerichte[39] vollstreckt. Dies gilt auch für die an den Verletzten zu zahlenden Buße.[40]

4. Verweis.

Ueber die Form, in welcher der Verweis nach eingetretener Rechtskraft des Urtheils zu vollstrecken ist, fehlt es an

---

35 StPO. §. 487.

36 StPO. §. 490 Abs. 1; vgl. oben II 3.

37 StPO. §. 488.

38 Vgl. noch über die Rechtshülfe bei der Vollstreckung von Freiheitsstrafen GVG. §§. 163 f.

39 CPO. §§. 644 ff.

40 StPO. §. 495.

einer reichsrechtlichen Bestimmung; eine landesrechtliche darf aber nicht erlassen werden. Der Richter bzw. nachträglich das Gericht[41] wird daher festzusetzen haben, wie der Verweis zu vollstrecken sei, und die Staatsanwaltschaft dafür sorgen, daß er vollstreckt werde. Auf Grund der vorhandenen Bestimmungen kann jedoch die Frage, durch wen der Verweis zu ertheilen sei, nicht beantwortet werden.

§. 97.

II. Kosten des Verfahrens.

I. Arten der Kosten.

1. Die Bestimmungen der Strafprozeßordnung, welche im siebenten Buche über die Kosten des Verfahrens sich finden, beziehen sich nicht auf die Kosten, welche die Strafrechtspflege im allgemeinen, sondern nur auf diejenigen, welche ein einzelnes Verfahren bis zur Vollstreckung der erkannten Strafe verursacht. Die Bestimmungen sind nicht vollständig, beschränken sich vielmehr auf die Aufstellung einiger allgemeiner Grundsätze. Sie werden ergänzt durch das Gerichtskostengesetz vom 18. Juni 1878.

2. Die Kosten, welche ein einzelnes Verfahren verursacht, zerfallen in Gebühren und Auslagen.[1] Die Gebühren sind dafür zu entrichten, daß die Organe der Strafrechtspflege in Funktion getreten sind. Die Auslagen sind von den Gerichten gemacht und ihnen zu ersetzen. Hierhin ge-

---

[41] StPO. §. 490.

[1] Die StPO. unterscheidet zwischen Kosten und Auslagen. Wird schlechthin von Kosten gesprochen, so sind die Auslagen mitbegriffen. Der Begriff ist daher im weiteren und engeren Sinne zu nehmen. Die obige Unterscheidung tritt besonders in dem GKG. hervor.

hören[2] die Schreib-, Post- und Telegraphengebühren, die Kosten für öffentliche Bekanntmachungen,[3] die Gebühren für Zeugen und Sachverständige,[4] die Tagegelder und Reisekosten der Beamten, die an andere Behörden oder Beamte[5] oder an Rechtsanwälte[6] für deren Thätigkeit zu zahlende Beträge, die Kosten eines Transports von Personen und die Haftkosten. Außerdem werden aber auch noch unter Umständen die Auslagen des Angeschuldigten, des Privatklägers und des Nebenklägers berücksichtigt.[7]

II. Verpflichtung zur Tragung der Kosten.

1. Jedes Urtheil, jeder Strafbefehl und jede eine Untersuchung einstellende Entscheidung[8] muß darüber Bestimmung treffen, von wem die Kosten des Verfahrens zu tragen sind.[9] Diese Bestimmung kann mit den gegen das Urtheil u. s. w. zulässigen Rechtsmitteln angefochten werden.

Die Höhe der Kosten wird von dem Gerichte jeder Instanz besonders und zwar außerhalb der Hauptverhandlung festgesetzt. In gleicher Weise ist zu verfahren, wenn über die Höhe der Kosten oder über die Nothwendigkeit der unter ihnen begriffenen Auslagen Streit entsteht.[10] Die auf die Höhe der Kosten sich beziehende Entscheidung ist durch Beschwerde anfechtbar.[11]

2. Die Höhe der Gebühren richtet sich nach der

---

[2] GKG. §§. 79, 80.

[3] StPO. §§. 40, 320, 326, 333, 335, 411, 473, 476.

[4] StPO. §§. 70, 84; vgl. GebO. für Zeugen und Sachverst. vom 30. Juni 1878.

[5] Vgl. auch GebO. für Gerichtsvollzieher vom 24. Juni 1878.

[6] StPO. §. 150; GebO. für Rechtsanwälte §§. 63 ff.

[7] StPO. §§. 499 Abs. 2, 503, 505.

[8] Vgl. StPO. §§. 196, 202, 203.

[9] StPO. §. 496 Abs. 1.

[10] StPO. §. 496 Abs. 2.

[11] GKG. §. 4 Abs. 2 und 3.

rechtskräftig erkannten Strafe.[12] Besondere Bestimmungen sind für die Fälle getroffen, in denen eine erkannte Strafe nicht als Maßstab für die Höhe der Gebühren genommen werden kann.[13] Auch für das Verfahren auf erhobene Privatklage sind abweichende Bestimmungen aufgestellt.[14]

3. Die Verpflichtung zur Tragung der Kosten liegt demjenigen ob, welcher dieselben schuldhaft verursacht hat. Sie erstreckt sich nicht immer auf alle Kosten des Verfahrens, sondern reicht nur so weit als die Schuld des Verpflichteten.[15] Als Verpflichtete kommen besonders in Betracht: der Angeschuldigte, gleichviel ob er verurtheilt oder freigesprochen ist, der Privatkläger, der Nebenkläger, der Vertheidiger,[16] Zeugen und Sachverständige,[17] der Denunziant,[18] der Antragsteller.[19] Außerdem ist die Staats- bzw. Reichskasse[20] verpflichtet, in gewissen Fällen die Kosten des Verfahrens ganz oder theilweise zu tragen. Diese Verpflichtung tritt nicht nur ein, wenn es an einem anderen Verpflichteten fehlt, sondern auch dann, wenn der an sich Verpflichtete nicht im Stande ist, die Kosten zu ersetzen.

4. Die Verpflichtung zur Tragung der Kosten ist eine civilrechtliche. Ist daher der Verpflichtete nicht im Stande, die Kosten zu tragen, so tritt keine Umwandlung des Betrages in Freiheitsstrafe ein, sondern die Kosten sind niederzuschlagen.

Die Kosten werden zu verschiedenen Terminen fällig.

---

[12] Vgl. GKG. §§. 59 f.

[13] Vgl. GKG. §§. 68, 69, 75, 78.

[14] StPO. §. 503; GKG. §§. 70 f.; vgl. hinsichtlich des Nebenklägers §. 74.

[15] Vgl. die besonderen Bestimmungen über die Kosten der Rechtsmittel StPO. §. 505.

[16] StPO. §. 145.

[17] StPO. §§. 50, 69, 77.

[18] StPO. §. 501.

[19] StPO. §§. 502, 504.

[20] StPO. §. 506.

Für den verurtheilten Angeschuldigten gilt die Rechtskraft des Urtheils als Fälligkeitstermin.[21] Stirbt der Betreffende vor eingetretener Rechtskraft des Urtheils, so haftet sein Nachlaß nicht für die Kosten.[22] In anderen Fällen gilt der Grundsatz, daß die Gebühren und Auslagen fällig werden, sobald das Verfahren oder die Instanz durch unbedingte Entscheidung über die Kosten oder durch anderweite Erledigung beendigt ist.[23] Die Schreibgebühr für verlangte Abschriften und Ausfertigungen wird jedoch sofort nach Anfertigung der Schriftstücke fällig.[24]

III. Einzelne Fälle.

1. Der Angeklagte hat, wenn er zu Strafe verurtheilt wird, die Kosten, mit Einschluß der durch die Vorbereitung der öffentlichen Klage und die Strafvollstreckung entstandenen, zu tragen.[25] Bei wechselseitigen Beleidigungen und Körperverletzungen[26] ist die Verurtheilung in die Kosten jedoch dadurch nicht ausgeschlossen, daß ein Theil oder beide Theile für straffrei erklärt werden.[27]

Wird ein Angeklagter in einer Untersuchung, welche mehrere strafbare Handlungen umfaßt, nur in Ansehung eines Theils derselben verurtheilt, so sind ihm auch nur die hierdurch verursachten Kosten aufzuerlegen.[28]

Bei Mitangeklagten, welche hinsichtlich derselben That zu Strafe verurtheilt sind, werden die Gebühren von jedem besonders erhoben.[29] Für die Auslagen, abgesehen von den durch die Strafvollstreckung oder die Untersuchungs-

---

21 GKG. §. 96.
22 StPO. §. 497 Abs. 2.
23 GKG. §. 93.
24 GKG. §. 97.
25 StPO. §. 497 Abs. 1.
26 StGB. §§. 199, 233.
27 StPO. §. 500.
28 StPO. §. 498 Abs. 1.
29 GKG. §. 61.

haft entstandenen, haften die Mitangeklagten als Gesammtschuldner.[30]

Der freigesprochene oder außer Verfolgung gesetzte Angeklagte hat nur solche Kosten zu tragen, welche er durch eine schuldbare Versäumniß[31] verursacht hat. Die ihm erwachsenen nothwendigen Auslagen können nach Ermessen des Gerichts der Staats- bzw. Reichskasse auferlegt werden.[32]

2. In dem Verfahren auf erhobene Privatklage hat der Verurtheilte auch die dem Privatkläger (und dem Nebenkläger) erwachsenen nothwendigen Auslagen zu erstatten. Stirbt der Verurtheilte vor der Rechtskraft des Urtheils, so hat der Privatkläger die Kosten zu tragen.[33] Im Gegensatze hierzu fallen dem Privatkläger die Kosten des Verfahrens und die dem Beschuldigten erwachsenen nothwendigen Auslagen zur Last, wenn der Beschuldigte außer Verfolgung gesetzt oder freigesprochen, oder wenn das Verfahren eingestellt wird.[34] Ist das Verfahren durch den Tod des Privatklägers eingestellt,[35] so haftet der Nachlaß des Privatklägers für die Kosten. Zu den nothwendigen Auslagen gehören in diesen Fällen die Gebühren und Auslagen des Anwalts, jedoch nur soweit solche nach §. 87 der Civilprozeßordnung die unterliegende Partei der obsiegenden ersetzen muß.[36]

Nach Ermessen des Gerichts kann eine angemessene Ver-

---

[30] StPO. §. 498 Abs. 2.

[31] z. B. durch Ausbleiben in der Hauptverhandlung oder in einem anderen Termine.

[32] StPO. §. 499; vgl. auch §. 505.

[33] StPO. §. 503 Abs. 1.

[34] StPO. §. 503 Abs. 2.

[35] StPO. §. 433 Abs. 1; vgl. auch §. 429.

[36] StPO. §. 503 Abs. 5.

theilung der Kosten zwischen dem Privatkläger und dem Angeklagten eintreten, wenn den Anträgen des Privatklägers nur zum Theil entsprochen ist.[37]

Mehrere Privatkläger und mehrere Angeklagte haften für die Kosten als Gesammtschuldner.[38]

Uebernimmt die Staatsanwaltschaft die Durchführung der durch Privatklage eingeleiteten Untersuchung, so erstreckt sich die Verpflichtung des Privatklägers zur Tragung der Kosten nur auf die bis zur Uebernahme erwachsenen Kosten.[39]

3. Bei den strafbaren Handlungen, welche nur auf Antrag verfolgt werden, hat der Antragsteller die Kosten zu tragen, wenn das Verfahren wegen Zurücknahme des Antrages eingestellt wird.[40] Auch dem Antragsteller, welcher durch einen Beschluß des Gerichts[41] die Erhebung der öffentlichen Klage veranlaßt hat, fallen die Kosten zur Last, wenn der Angeschuldigte außer Verfolgung gesetzt oder freigesprochen oder wenn das Verfahren eingestellt wird. Das Gericht kann jedoch den Antragsteller von der Tragung der Kosten ganz oder theilweise entbinden. Vor der Entscheidung über den Kostenpunkt ist der Antragsteller in diesem Falle nur dann zu hören, wenn er nicht berechtigt ist, als Nebenkläger aufzutreten.[42]

4. Das Gericht kann endlich dem Anzeigenden, der durch eine wider besseres Wissen gemachte oder auf grober Fahrlässigkeit beruhende Anzeige ein, wenn auch nur außergerichtliches Verfahren[43] veranlaßt hat, die der Staatskasse

---

[37] StPO. §. 503 Abs. 3.

[38] StPO. §. 503 Abs. 4; GKG. §. 73.

[39] Hinsichtlich des Nebenklägers vgl. StPO. §. 437 Abs. 1; GKG. §. 74.

[40] StPO. §. 502.

[41] Vgl. Th. III §. 62.

[42] StPO. §. 504.

[43] Gemeint ist hiermit das Vorbereitungsverfahren; vgl. Th. III §. 62.

und dem Beschuldigten erwachsenen Kosten auferlegen. Und zwar kann dies auf Antrag der Staatsanwaltschaft, des Beschuldigten oder auch von Amtswegen erfolgen. Die Entscheidung des Gerichts hierüber ist durch sofortige Beschwerde anfechtbar.[44]

---

[44] StPO. §. 501.

Anhang.[1]

1.

Zur Zuständigkeit der Schöffengerichte.

(S. 20 Anm. 9.)

Vergehen, welche nur mit Gefängniß von höchstens drei Monaten, oder Geldstrafe von höchstens sechshundert Mark, allein oder neben Haft, oder in Verbindung mit Einziehung bedroht sind:

A. Aus dem Strafgesetzbuche.

1. Widerstand gegen die Staatsgewalt §. 121 Abs. 2.

2. Vergehen wider die öffentliche Ordnung §§. 123 Abs. 1, 138.

3. Münzvergehen §. 148.

4. Urkundenfälschung §. 276.

5. Strafbarer Eigennutz und Verletzung fremder Geheimnisse §§. 292, 299.

B. Aus anderen Reichs-Gesetzen.

1. Ges. betr. die privatrechtliche Stellung der Erwerbs- und Wirthschaftsgenossenschaften vom 4. Juli 1868 §§. 27, 67.

2. Ges. betr. das Urheberrecht an Schriftwerken u. s. w. vom 11. Juni 1870 §. 24.[2]

3. Ges. über das Postwesen des deutschen Reichs vom 28. Okt. 1871 §§. 18, 19, 23.

---

[1] Nicht berücksichtigt sind die Reichs-Gesetze, bei denen die Zuständigkeit sich nach dem Betrage einer Abgabe, Steuer u. s. w. richtet.

[2] Gilt auch für die R.Ges. betr. das Urheberrecht an Werken der bildenden Künste vom 9. Januar 1876 §. 16, betr. den Schutz der Photographien vom

4. Ges. betreffend die Beschränkungen des Grundeigenthums in der Umgebung von Festungen vom 21. Dezember 1871 §. 32.

5. Seemannsordnung vom 27. Dezember 1872 §§. 81 Abs. 1 und 2, 83, 84, 86, 88 Abs. 2 (theilweise), 93, 94, 98, 99.

6. Ges. betr. die Verpflichtung deutscher Kauffahrteischiffe zur Mitnahme hülfsbedürftiger Seeleute vom 27. Dezember 1872 §. 8.

7. Ges. betr. die Registrirung und Bezeichnung der Kauffahrteischiffe vom 28. Juni 1873 §. 4.

8. Münzgesetz vom 9. Juli 1873 Art. 13.

9. Impfgesetz vom 8. April 1874 §§. 14—17.

10. Ges. über die Presse vom 7. Mai 1874 §. 19.

11. Strandungsordnung vom 17. Mai 1874 §. 43.

12. Bahnpolizei-Reglement für die Eisenbahnen Deutschlands vom 4. Januar 1875 §. 62.

13. Ges. über die Beurkundung des Personenstandes und der Eheschließung vom 6. Februar 1875 §. 68 (vgl. GVG. §. 74 Nr. 4).

14. Bankgesetz vom 14. März 1875 §. 56.

15. Ges. über die eingeschriebenen Hülfskassen vom 7. April 1876 §§. 34, 35.

16. Patentgesetz vom 25. Mai 1877 §. 40.

17. Ges. betr. die Zuwiderhandlungen gegen die zur Abwehr der Rinderpest erlassenen Vieh-Einfuhrverbote vom 21. Mai 1878 §. 3.

18. Ges. betr. den Spielkartenstempel vom 3. Juli 1878 §§. 10, 15, 16.

19. Ges. betr. die Abänderung der Gewerbeordnung vom 17. Juli 1878 Art. 2 Nr. 2—7.

20. Ges. gegen die gemeingefährlichen Bestrebungen der Sozialdemokratie vom 21. Oktober 1878 §§. 17 Abs. 1, 20, 21.

21. Ges. betr. den Verkehr mit Nahrungsmitteln, Genußmitteln und Gebrauchsgegenständen vom 14. Mai 1879 §§. 8, 9, 11.

---

10. Januar 1876 §. 9 und betr. das Urheberrecht an Mustern und Modellen vom 11. Januar 1876 §. 14.

2.

Ueberweisung an die Schöffengerichte.

(S. 21 Anm. 18.)

Vergehen, welche nur bedroht sind mit Gefängnißstrafe von höchstens sechs Monaten oder Geldstrafe von höchstens eintausendfünfhundert Mark, allein oder in Verbindung mit einander oder in Verbindung mit Einziehung:

A. Aus dem Strafgesetzbuche.

1. Widerstand gegen die Staatsgewalt §. 116 Abs. 1.

2. Vergehen wider die öffentliche Ordnung §§. 134, 136, 145.

3. Meineid §. 160 (theilweise).

4. Vergehen wider die Sittlichkeit §§. 172, 184.

5. Vergehen wider die öffentliche Freiheit §. 241.

6. Strafbarer Eigennutz und Verletzung fremder Geheimnisse §§. 285, 293, 296, 300.

7. Gemeingefährliche Verbrechen und Vergehen §. 320.

B. Aus anderen Reichs-Gesetzen.

1. Ges. betr. den Spielkartenstempel vom 3. Juli 1878 §§. 12—14.

2. Ges. gegen die gemeingefährlichen Bestrebungen der Sozialdemokratie vom 21. Oktober 1878 §. 19.

3. Ges. betr. den Verkehr mit Nahrungsmitteln, Genußmitteln und Gebrauchsgegenständen vom 14. Mai 1879 §§. 10, 14 (theilweise).

3.

Zur Zuständigkeit der Landgerichte.

(S. 26 Anm. 15.)

Vergehen, welche nicht zur Zuständigkeit der Schöffengerichte gehören, und Verbrechen, welche mit Zuchthaus von höchstens fünf Jahren, allein oder in Verbindung mit anderen Strafen bedroht sind:

A. Aus dem Strafgesetzbuche.

1. Theilnahme §. 49a.

2. Beleidigung des Landesherrn §§. 95, 97.

3. Beleidigung von Landesfürsten §§. 99, 101.

4. Feindliche Handlungen gegen befreundete Staaten §§. 102 (theilweise), 103, 103a, 104.

5. Verbrechen und Vergehen in Beziehung auf die Ausübung staatsbürgerlicher Rechte §§. 107, 108, 109.

6. Widerstand gegen die Staatsgewalt §§. 110, 111 Abs. 2, 112, 113, 114, 115 Abs. 1, 116 Abs. 1, 117, 120, 121 Abs. 1, 122 Abs. 1 und 2.

7. Verbrechen und Vergehen wider die öffentliche Ordnung §§. 123 Abs. 3, 124, 125 Abs. 1, 126—137, 139, 140—145.

8. Münzverbrechen und Münzvergehen §§. 150, 151.

9. Meineid §§. 156, 159, 160, 162, 163.

10. Falsche Anschuldigung §. 164.

11. Vergehen, welche sich auf die Religion beziehen §§. 166—168.

12. Vergehen in Beziehung auf den Personenstand §§. 169 (theilweise), 170.

13. Verbrechen und Vergehen wider die Sittlichkeit §§. 171, 172, 173, 174, 175, 179, 180, 181, 182, 183, 184.

14. Beleidigung §§. 185, 186, 187, 189, wenn die Verfolgung durch öffentliche Klage geschieht; §. 197.

15. Zweikampf §§. 201—203, 205, 210.

16. Verbrechen und Vergehen wider das Leben §§. 216, 218, 221 Abs. 1 und 2, 222.

17. Körperverletzung §§. 223, 230, wenn die Verfolgung durch öffentliche Klage geschieht; §§. 223a, 224, 227.

18. Verbrechen und Vergehen wider die persönliche Freiheit §. 235 (theilweise), 236 (theilweise), 237, 239 Abs. 1, 240, 241.

19. Diebstahl und Unterschlagung §§. 242, 246, wenn der Werth des Gestohlenen u. s. w. fünfundzwanzig Mark übersteigt.

20. Raub und Erpressung §§. 253, 254.

21. Begünstigung und Hehlerei §§. 257, 258, 259, wenn die Handlung, auf welche die B. u. H. sich beziehen, nicht zur Zuständigkeit der Schöffengerichte gehören.

22. Betrug und Untreue §§. 263, wenn der Schaden fünfundzwanzig Mark übersteigt, 266.

23. Urkundenfälschung §§. 267, 268 Abs. 1, 271, 273 (theilweise), 274, 275, 277, 278, 279.

24. Strafbarer Eigennutz und Verletzung fremder Geheimnisse §§. 284—291, 293, 294, 296, 296a, 297, 298, 300, 301, 302.

25. Sachbeschädigung §. 303, wenn der Schaden fünfundzwanzig Mark übersteigt, 304, 305.

26. Gemeingefährliche Verbrechen und Vergehen §§. 309, 313 Abs. 2, 314, 316, 317, 318, 321 Abs. 1 und theilweise auch Abs. 2, 326—330.

27. Verbrechen und Vergehen im Amte §§. 331, 332, 333, 336, 338, 339, 340 Abs. 1, 341 (theilweise), 342, 343, 345 Abs. 2, 346, 347, 348, 350, 352, 353, 353a, 354, 355, 356.

B. Aus anderen Reichs-Gesetzen.

1. Ges. betr. das Urheberrecht an Schriftwerken u. s. w. vom 11. Juni 1870 §§. 18, 20, 25.[3]

2. Seemannsordnung vom 27. Dezember 1872 §§. 81 Abs. 3, 83, 84, 87, 88 Abs. 2 (theilweise), 89—91, 96, 97.

3. Ges. über die Presse vom 7. Mai 1874 §. 18.

4. Ges. über Markenschutz vom 30. November 1874 §. 14.

5. Ges. betr. die Ausgabe von Banknoten vom 21. Dezember 1871 §. 2.

6. Bankgesetz vom 14. März 1875 §§. 55, 57—59.

---

[3] Vgl. Anm. 2.

7. Ges. betr. die Beseitigung von Ansteckungsstoffen bei Viehbeförderungen auf Eisenbahnen vom 25. Februar 1876 §. 5.

8. Ges. betr. die Schonzeit für den Fang von Robben vom 4. Dezember 1876.

9. Konkursordnung vom 10. Februar 1877 §§. 210, 211.

10. Patentgesetz vom 25. Mai 1877 §. 34.

11. Ges. betr. Zuwiderhandlungen gegen die zur Abwehr der Rinderpest erlassenen Vieh-Einfuhrverbote vom 21. Mai 1878 §§. 1, 2, 4 (theilweise).

12. Ges. betr. den Spielkartenstempel vom 3. Juli 1878 §§. 12, 13, 14.

13. Ges. betr. die Abänderung der Gewerbeordnung vom 17. Juli 1878 Art. 2 Nr. 1.

14. Ges. gegen die gemeingefährlichen Bestrebungen der Sozialdemokratie vom 21. Oktober 1878 §§. 17 Abs. 2, 18, 19, 22, 25, 28.

15. Ges. betr. den Verkehr mit Nahrungsmitteln, Genußmitteln und Gebrauchsgegenständen vom 14. Mai 1879 §§. 12, 14 (theilweise).

4.

Zur Zuständigkeit der Schwurgerichte.

(S. 29 Anm. 16.)

Verbrechen, welche mit Zuchthaus von mehr als fünf Jahren, allein oder in Verbindung mit anderen Strafen, oder welche mit Todesstrafe bedroht sind:

A. Aus dem Strafgesetzbuche.

1. Hoch- und Landesverrath §§. 80, 81, 83, 84, 85, 87, 88, 89, 90, 91, 92, insofern sie nicht gegen den Kaiser oder das Reich gerichtet sind (Vgl. S. 29 f., 34).

2. Beleidigung des Landesherrn §§. 94, 96.

3. Beleidigung von Bundesfürsten §. 98.

4. Feindliche Handlungen gegen befreundete Staaten §. 102 (theilweise).

5. Verbr. in Beziehung auf die Ausübung staatsbürgerlicher Rechte §. 105.

6. Widerstand gegen die Staatsgewalt §§. 115 Abs. 2, 118, 122 Abs. 3.

7. Verbr. wider die öffentliche Ordnung §. 125 Abs. 2.

8. Münzverbrechen §§. 146, 147.

9. Meineid §§. 153, 154.

10. Verbr. in Beziehung auf den Personenstand §. 169.

11. Verbr. wider die Sittlichkeit §§. 176 Nr. 1 und 2, 177, 178.

12. Zweikampf §. 206.

13 Verbr. wider das Leben §§. 211, 212, 214, 215, 217, 219, 220, 221 Abs. 3.

14. Körperverletzung §§. 225, 226, 229.

15. Verbr. wider die persönliche Freiheit §§. 234, 235 (theilweise), 236 (theilweise), 239 Abs. 2 und 3.

16. Raub und Erpressung §§. 249, 250, 251, 252, 255.

17. Betrug §. 265.

18. Urkundenfälschung §§. 268 Nr. 2, 272, 273 (theilweise).

19. Gemeingefährliche Verbr. §§. 306, 307, 308, 312, 313 Abs. 1, 315, 321 Abs. 2 (theilweise), 322, 323, 324.

20. Verbr. im Amte §§. 334, 340 Abs. 2, 341 (theilweise), 344, 345 Abs. 1, 349, 351.

B. Aus anderen Reichs-Gesetzen.

1. Konkursordnung vom 10. Februar 1877 §§. 209, 212.

2. Ges. betr. Zuwiderhandlungen gegen die zur Abwehr der Rinderpest erlassenen Vieh-Einfuhrverbote vom 21. Mai 1878 §. 4 (theilweise).

3. Ges. betr. den Verkehr mit Nahrungsmitteln, Genußmitteln und Gebrauchsgegenständen vom 14. Mai 1879 §. 13.

Register.

(Die Zahlen verweisen auf die Seiten.)

Buchdruckerei von Gustav Schade (Otto Francke) in Berlin N.

FSC
www.fsc.org
MIX
Papier | Fördert
gute Waldnutzung
FSC® C083411

Kolibri 360 GmbH
Ferdinand-Jühlke-Straße 7
99095 Erfurt, Deutschland
produktsicherheit@kolibri360.de